21世纪国际经济与贸易专业系列教材

外经贸应用文写作

主编 王振槐 马方正

合肥工业大学出版社

图书在版编目(CIP)数据

外经贸应用文写作/王振槐，马方正主编．—合肥：合肥工业大学出版社，2010.7

ISBN 978-7-5650-0238-0

Ⅰ.①外… Ⅱ.①王…②马… Ⅲ.①对外贸易—应用文—写作—教材 Ⅳ.①H152.3

中国版本图书馆CIP数据核字(2010)第126775号

外经贸应用文写作

主编 王振槐 马方正　　　　责任编辑 疏利民

出 版	合肥工业大学出版社	版 次	2010年7月第1版
地 址	合肥市屯溪路193号	印 次	2012年8月第3次印刷
邮 编	230009	开 本	710毫米×1000毫米 1/16
电 话	总编室：0551—2903038	印 张	22.75
	发行部：0551—2903198	字 数	396千字
网 址	www.hfutpress.com.cn	印 刷	合肥现代印务有限公司
E-mail	press@hfutpress.com.cn	发 行	全国新华书店

ISBN 978-7-5650-0238-0　　　　定价：36.00元

编写说明

本教材的编写目的是为了让从事外经贸工作的学生熟练地掌握外经贸应用文写作的基础知识，培养学生对外经贸应用文体的写作技能，以便将来更好地服务行业，提高工作效率。

本教材着重介绍了外经贸行政、事务、进出口业务、中外合资、财经、商品宣传、公共关系、社交礼仪等文体的理论知识及写作技能。针对普通本专科院校财经类专业师生，特别是国际商务类专业学生在外经贸业务知识的理论和实践上具有重要指导意义。

本教材在具体使用过程中，授课教师可根据不同专业的特点，对其内容有所侧重。

本教材共十二章，具体工作分工如下：

王振槐、马方正：负责制定全书编写计划及编写要求并负责全书统稿审稿工作；马方正撰写第四章、第七章、第九章、第十章。

王振槐：第一章、第五章、第十二章；

杨本元：第六章、第八章；

孙正军：第二章；

张　燕：第三章；

方　明：第十一章。

本教材在编写过程中，参考了有关专著、教材、刊物和文献，引用了一些优秀的例文，在此，我们向各位专家和同仁表示衷心的感谢。

由于水平有限，本教材在编写中难免存在不足之处，敬请有关专家及同仁批评指正。

目录

第一章 总 述

学习提示

本章学习的目的主要是要求学生了解应用文的历史发展，重点把握外经贸应用文的特点、作用以及写作的基本要求。

第一节 应用文的历史沿革及其作用

应用文作为一种文章的文体，是随着我国社会政治和经济生活的需要和发展而产生、发展起来的，它的历史源远流长。

早在殷商时代，甲骨卜辞、商代和周初的铜器铭文、《尚书》中的殷周文告等，可以说是我国散文的萌芽。甲骨卜辞，是商代王室进行占卜时镌刻在龟甲、兽骨上的简短记录，这些卜辞少则几个字，多则百余字，是我国最早记事文体的萌芽和原始形态。铸在殷、周铜器上的铭文，有许多是记功颂德的文字，是我国颂赞体文章的渊源。《尚书》是我国以记言为主的一部古老的历史文献总集。《尚书》中商书、周书中的文字，大都是由史官执笔记载的官方文告，其中有誓词、诏令、诰言、训辞等，按后代文体的分类，就属于公牍文类中的下行公文。这些文章的体制，一直对后代中央王朝的公牍文体有着深远的影响。

春秋战国时期，是我国古代文化蓬勃发展的时期。这一时期，诸子蜂起，百家争鸣，散文得到勃兴。这一时期出现的历史散文，如《左传》、《战国策》等，对后世古代文体的发展有很大的影响。这些史学著作在记述社会生活和历史人物活动时，往往把当时流行和使用的各种文体，包括现在所说的应用文体如实地引录下来。如宋代陈骙在他所著的《文则》中，列举了《左传》一书所载括的“八体”：命、誓、盟、祷、谏、让、书、对。这“八体”中，“命”，是天子朝告诸侯的文书，属于诏令体；“盟”，是国与国之间的盟约，是属于今日的协议、合同之类的应用文体的萌芽；“谏”即臣子对天子的规劝，类似于今日的意见、建议；“书”即书信。春秋之际，列国纷争，相互交往，聘问频繁，于是用使者传达信息的书牍文体一时得以发展。除陈骙所列举的“八体”外，《左传》中的正考父之鼎铭，属于箴铭体；鲁哀公孔子之诔，则属于哀祭体。这些都说明，早在先秦时代，我国的应用文体就已经萌芽而且已经有了相当的发展。从我国文体史看来，先秦时代是我国种类众多的各式文体开始萌芽的重要时期，后世的许多文体一般在先秦时代就已滥觞和有所孕育。如北宋颜之推的《颜氏家训·文章篇》就说：“夫文章者，原出《五经》：诏、命、策、檄，生于《书》（《尚书》）者也；序、述、论、议，生于《易》（《周易》）者也；歌、咏、赋、颂，生于《诗》（《诗经》）者也；祭祀、哀诔，生于《礼》（《礼记》）者也；书、奏、箴、铭，生于《春秋》者也。”这里颜氏所列举的诏、命、策、檄、序、祭祀、哀诔、书、奏、箴、铭等，在古代文体中分别属于公牍文、序跋文、哀祭文、书牍文、箴铭文，正是今日所说的应用文的萌芽。

到了秦汉时期，应用文体又得到新的发展。秦时，“诏令”一体正式确立下来，书、议等文体又有发展，如李斯的《谏逐客书》、《焚书议》等。同时又出现了我国最早的“碑志"体，如出自秦相李斯之手的一些刻石文，如泰山、琅玡、芝罘、会稽等处的刻石，形式模仿雅颂，多是三句为韵，四言为句，是我国最早的碑文体，与后世碑志文有源流关系。两汉时期，由于社会生活的发展，各类文体逐渐齐备，特别是奏议文体和诏令文体备受重视。奏议文如奏、表、议、疏、启、弹、事等是臣下给帝王的上书，属于上行公文，像贾谊的《论积贮疏》，晁错的《论贵粟疏》、《言兵事书》等；诏令体，如诏、令、制、谕等是帝王给臣民的旨令，属于下行公文。另外汉代又出现了一种新的文体——檄文，类似于现代的文告一类文体，如司马相如的《喻巴蜀檄》。两汉时期还有一些信札类的文体，如司马迁《报任安书》、杨恽《报孙会宗书》等，是书信体的一大发展。

魏晋南北朝时期，文坛开始有文、笔之分，同时对文章体裁划分的研究蔚然成风并取得显著成果，记叙、议论、说明、抒情、描写五大类表达方式已趋齐备，对后代文体产生巨大的推动力。这一时期应用文体的突出发展是属于奏议类的“表”兴盛起来，如诸葛亮的《出师表》、曹操的《求自试表》等，陈述政事，表达实情，均为名作；属于诏令类的“檄移”在汉代萌生，在此时得到发展，如陈琳《为袁绍檄豫州》、南齐孔稚圭的《北山移文》等；属于“碑铭”类的“墓志铭”也出现了，如庾信《吴明彻墓志铭》。值得一提的是，这一时期开始正式出现了对文体的分类研究。曹丕的《典论·论文》正式提出了文体问题，他把当时较为流行的文体分为八类，归纳为四科，即奏议、书论、铭诔、诗赋，用“雅”、“理”、“实”、“丽”概括地说明了它们各自具有的主要特征，开了以体论文，探讨写作特点的风气。晋初的陆机在他的《文赋》中也具体论述了文体问题。特别是晋代的挚虞的《文章流别集》、南朝梁刘勰的《文心雕龙》和萧统的《文选》，它们都是古代文体论方面的奠基著作。

唐宋时期是我国文化发展上的繁荣时期，这一时期古代散文文体臻于完备且极为发达，一些应用文体在发展、创造上全面丰收。首先，是“赠序”一类新文体的诞生和繁荣。晋代早有“赠序”，但撰写者不多，到了唐代才正式定体并盛行起来，如李白文集中就有“赠序”十八篇，韩愈文集中有“赠序”三十四篇，柳宗元文集中有“赠序”二十九篇。其次，书于文章、著作前后的“序跋”文体，也有发展。“序”始于汉代，如杨雄的《法言·序》；承于晋代，如王羲之《兰亭集序》，但作者不多，且多以议论为主。到了唐代，“序”成为一种新的文体而流传于世。“跋”正式成为一种文体是在宋代，如欧阳修的文集中就有“跋”数十篇。再次，“传状”、“箴戒”这两大文体也有发展。唐宋时期，由于散文、诗词的繁荣中作者广泛运用文学的构思、语言的修辞、谋篇的技巧和音节的顿挫等各种手法，极大地增强了古代散文的艺术性，以至于使某些传统的应用文、公牍文在内容、形式及语言上成为佳品。

明清时期，由于封建统治者实行文字狱和八股取士等高压政策，一度出现文体衰歇，应用文体没有多大发展。明代中叶以后，文坛涌现了唐宋、公安、竟陵等文学流派，其保持了唐宋时期古文正统的“记”、“跋”、“序”等文体并加以发展。清代桐城派文章以“碑志”、“传状”文体居多，是实用性的文体，如方苞的《狱中杂记》、《左忠毅公逸事》等。到了晚清，社会动荡，各种文体稍现振兴之势。龚自珍首开局面，提出革除弊政、追求个性解放的主张。太平天国的领袖们也提出“文以纪实”、不用古典之文的改革主张。特别值得提出的是，明清时期，文化科学技术的研讨较为系统深入，学术空气较浓，说明性应用文体得到充分发展，如明代徐光启《农政全书》、宋应星《天工开物》、李时珍《本草纲目》，清代康熙御定的《数理精蕴》等自然科学说明文和社会科学说明文著作不断涌现，这对现代应用文的发展起了很好的推动作用。

“五四”以来，新文化运动的产生，标志着我国文学的发展在内容和形式上都发生了具有划时代意义的转变，人们大胆摒弃文言，使用语体和标点，进入了白话文写作的新阶段，各种文体竞相发展。新民主主义革命时期的文学在内容和形式上更是有着日新月异的变化。其间经历了思想文化战线的许多曲折和斗争，产生和发展了杂感、小品、短评、随笔、报告、通讯、日记、书信、回忆录等许多文章体裁。建国以后，随着社会主义建设事业的蓬勃发展，各行各业对应用文体越来越重视，于是，这种具有广泛的实用性和固定格式的应用文作为与记叙文、议论文、说明文相并列的一大文体，得到了应有的地位。

十一届三中全会以来，我国实行改革开放的政策，对外经济贸易事业获得了迅速发展，外经贸应用文便成为了从事外经贸业务工作的必不可少的工具。

综上所述，应用文体总是紧随着社会的政治、经济、文化的发展而发展、演变的。决定应用文体产生、发展的根本原因是社会的经济发展，但它的产生、发展、演变又有其自身的历史继承性。就其内容而言，它的发展与一定时期的文化政策和政治状况密切相关；就其形式而言，大致经历了由简到繁、由少到多、由粗糙到渐趋完善的过程。了解和认识我国应用文体的历史沿革，对于我们借鉴和继承我国古代应用文体的精华，了解和认识应用文体的源流，认识和掌握应用文体的特点，学习和写作应用文，都是十分必要的。

外经贸应用文是应用文体的一个分支，是广泛运用于外经贸领域，在对外经济贸易活动中为适应对内管理和对外业务工作需要而形成的具有特定内容和形式的应用文体。外经贸应用文是从事外经贸业务的重要工具，它在我国对外经济贸易工作中发挥着重要的作用。

一是宣传和贯彻党和国家对外经济贸易的路线、方针、政策，加强我国和世界人民之间的友好往来。外经贸应用文是政策性很强的专业性应用文，它担负着直接传达党和国家外经贸政策的任务，同时由于外经贸业务是一种具有经济外交性质的国际交往活动，在实现一定经济目的的同时，还具有加强各国之间的联系、增进各国人民之间的相互了解和建立国际间友好关系的作用。

二是加强国际间联系，交流信息，开展外经贸活动的业务，进行外经贸工作必不可少的工具。改革开放以来，我国外经贸事业取得了突飞猛进的发展，我国与其他国家、地区的贸易往来日益频繁。为开拓国际市场，增加出口创汇，促进国际间经济贸易合作，需要选择市场，物色客户，就必须用到商品调研、外贸函电、合同等；要推销产品，扩大声誉，就必须用到广告；要保护我方经济权益，就必须用到仲裁文书等。

三是加强对外经济贸易部门的管理，建立各企业间、部门间的公务联系。

上级领导部门通过发文传达工作部署、意见和决策，对下面的工作进行具体指导；下级机关通过报告、请示，把问题、情况和意见反映到上级机关。同时，在各企业、各部门之间，凭借应用文书可以沟通情况，加强联系，促进各项工作的顺利开展。

四是积累和提供资料。外经贸应用文记载外经贸部门和个人的各种活动，反映外经贸部门各个不同时期各个侧面的情况和成果。因此，其为各部门、各单位，特别是为国家积累和提供了现实资料和历史资料，这对于外经贸活动的进一步开展，促进外经贸事业的发展，具有重要的参考价值。

第二节 外经贸应用文的特点及分类

外经贸应用文作为应用文的一个分支，既具有一般应用文的特点，如对象明确、惯用的固定格式、习惯用语等，又具有区别于一般应用文的特点，主要表现在：

一、内容的政策性和策略性

外经贸业务是一种涉外的业务，在某种意义上说外经贸单位是代表国家与外商做生意，这就决定了外经贸应用文的写作必须符合党和国家的有关方针、政策和法规，必须以党的方针政策为指导，遵照国家颁布的法规、条例，否则不仅会导致交易的失败，给国家和企业带来经济上的损失，还会给国家带来不良的政治影响。同时在对外经济贸易活动中，我们面对的是错综复杂、变化迅速的国际市场，因此在与外商进行洽谈和交易时，撰写外经贸应用文还要灵活机动，讲究策略，把生意做活做好，多创外汇，以利于国家外经贸事业的发展。

二、格式的国际通用性

外经贸应用文的格式不仅关系到应用文的形式是否符合规范要求的问题，而且关系到是否符合法定程式，是否被对方承认和接受的问题。外经贸应用文的格式、语言不仅要符合法定程式，还要考虑到国际的通用性和习惯性，如外经贸函电、合同、仲裁文书等。

三、语言的针对性和准确性

应用文体本身具有明确的读者对象，而外经贸应用文由于外经贸活动涉及不同国家、不同民族、不同的政治文化背景和不同的民俗风情，因此它的语言往往因对象不同而不同，具有明确的针对性。在外经贸业务活动中，与外商通过洽谈，达成协议，签订合约。合约一经签订，就具有法律效力，因此外经贸应用文十分注意语言的准确性，凡文中涉及的时间、地点、事件、数字必须准确无误，措辞造句不能模棱两可，不能产生歧义，否则就会给我方带来经济损失。

四、写作的时效性

时效，既指“及时”，又指“有效”。时效性是由外经贸业务活动本身的性质决定的。外经贸应用文的写作应注重“及时”，“及时”才谈得上“有效”。撰写外经贸应用文应有明确的时间观念。发盘、还盘有严格的时限，向外商索赔，也有严格的时限；商情调研，如果不及时提供国际市场、商品、价格等方面瞬息万变的情报，就不能起到传递信息、提供依据、指导决策的作用；仲裁申请书，如不讲究时效，就会失去请求赔偿的权利。至于业务函电、合同等的时效性就更强，如果拖延就可能失去宝贵的商业机会，甚至造成重大的经济损失。

外经贸应用文作为应用文的一个分支，由于外经贸业务活动范围广泛，内容复杂，中间环节多，既包括对内管理，又包括对外业务，涉及金融、税收、运输、保险、海关、商检、法律等众多方面，因此其下属的类别也较多，分类也较复杂。按照内容和形式要统一的原则，本着便于学习和掌握外经贸应用文的目的，我们根据文种的功能及业务性质范围的分类标准，将外经贸应用文分为十一类。

一、外经贸公务文书

包括命令、指示、决定、公告、通告、通知、通报、请示、报告、批复、函、会议纪要、议案等。

二、外经贸事务文书

包括计划、总结、简报、规章制度等。

三、外经贸业务文书

包括中文函电、业务会谈纪要、外经贸业务合同等。

四、外经贸商情文书

包括商情调研［国别（地区）调研、市场调研、商品调研、价格调研和客户调研］和商情报道。

五、外经贸财经文书

包括经济活动分析、审计报告、招标书、投标书等。

六、外经贸仲裁文书

包括仲裁申请书、仲裁答辩书等。

七、外经贸商品宣传文书

包括商品广告、商品报道、商品说明书等。

八、国际技术贸易进出口文书

包括许可证合同、成套设备项目合同等。

九、中外合资企业文书

包括项目建议书、可行性研究报告、中外合资协议书、中外合资合同、中外合资企业章程等。

十、外经贸公共关系文书

包括公共关系书信、公共关系广告、演讲稿、国际公共关系等。

十一、外经贸社交礼仪文书

包括社交致辞、柬帖、悼词、讣告等。

第三节　怎样才能学好外经贸应用文

外经贸应用文的写作，既具有一般文章的写作规律，又具有外经贸业务特点的写作规律。因此，学好、写好外经贸应用文，首先必须具备一般文章的写作基础。

一般文章的写作具有“双重转化”性。首先是现实生活、客观事物向认识主体即作者“头脑”的转化。这是由事物到认识的“第一重”转化；然后是作者认识、观念、感情向文字表现的转化，有“理”有“物”有“序”有“文”地将头脑里所获得的意识、观念、情感转化为书面语言，这是由认识到表现的“第二重”转化。既然是“双重转化”，那么由“物”到“意”的第一重转化中，就离不开写作者对现实生活、客观事物的认识并加工的“摄制”力，而由“意”到“文”的第二重转化中，就离不开写作者的“表现”力。“摄制”力，就是摄取、构制的能力，它包括观察、捕捉的能力，感受、体验的能力，分析、概括、想象的能力，提炼、开掘的能力。所谓“表现”力，就是驾驭文字再现“意识”的能力，它包括谋篇、定体的能力，选技、用笔的能力，遣词、造句的能力等。

一般文章写作中的这“双重转化”中，第一重转化是极为重要的。生活单调，思想贫弱，不善于观察，不长于思考、分析、概括，缺乏“发现”的能力，对于写作来讲，是致命的弱点，是“先天”的不足。因此，打好一般文章的写作基础，必须从培养观察、发现能力，训练分析、概括、想象能力着手，才是根本的办法。第二重转换同样是极为重要的，思维条理的紊乱、篇章组织能力的薄弱、表现技巧的缺乏、语言素养的低下，同样是严重的问题，是“后天”的失调。因此，要打好一般文章的写作基础，必须培养和训练构思能力，锻炼表达的技巧，掌握一定的语法、修辞、逻辑知识，具备一定的文字基本功。总之，具备一般文章写作基础是学好、写好外经贸应用文的前提。

其次，必须熟悉外经贸业务，这是学好、写好外经贸应用文的一个重要条件。生活是写作的源泉，对于外经贸应用文来说，外经贸事业的有关方针、政策、法规、条例及业务活动，是不可缺少的写作之源。我们要了解党和国家制定的对外贸易的各项方针、政策、法规，掌握有关国际贸易的法律、条例、惯例，熟悉商品进出口业务的各个环节、对外经济贸易合作的方式及内容。有了丰富的业务知识，获取大量的实践材料，才能写出符合业务要求的应用文。

再次，要学习和掌握外经贸各种业务应用文的写作格式、写作要求和技能，这是学好、写好外经贸应用文的关键。外经贸应用文由于外经贸业务活动范围广泛，内容繁杂，环节多，因此，分列出不同的类别。不同类别的外经贸应用文有不同的写作格式、写作要求和技能，因此在学习中必须掌握不同类别的外经贸应用文的文体特点、写作格式、写作要求和技能，并严格遵循这些格式、要求写作。要注意通过比较，掌握外经贸应用文体写作格式、要求上的同中之异和异中之同，注意学习和掌握不同文体外经贸应用文语言要求上的异同。总之，在比较中掌握不同文体的“个性”。

最后，要勤于学习，多读、多写，这是学好、写好外经贸应用文的根本途径。任何写作都具有很强的实践性，外经贸应用文的写作更是如此。在具备了一定的方针、政策、法规、条例的认识水平，具备了一定的业务知识和文体写作知识及技能的条件下，多读、多写才能真正把认识、知识转化为能力、本领。一方面是多读，一是多读外经贸应用文写作的理论知识，特别是学好、读懂外经贸应用文写作的教材，用知识武装头脑；二是多读有关外经贸事业和业务活动的资料，用资料充实丰富自己；三是多读各类外经贸应用文体的范文、例文，因为范文、例文中全都说明着“应当怎样写”。在阅读中应注意精读与泛读相结合，注意将文体、格式、要求的理性知识与感性知识相结合。另一方面要多写。写是一种实践，一种“历练”，是促成写作能力转化的关键，从这个角度讲，学好、写好外经贸应用文，绝不是课上听讲、课下研读写作指导一类书籍所能奏效的。能力的获得，决定于多写的历练。多写，才能由知识转化为能力，才能感悟和体会写作格式、写作要求、写作语言的分寸与艰难，才能使技能由生而熟，由熟生巧。

综合训练

1. 应用文在中国历史上经历了怎样的产生、发展、演变的过程？

2. 外经贸应用文在我国对外经济贸易中有哪些积极作用？

3. 什么是外经贸应用文？外经贸应用文区别于一般应用文的特点是什么？分为哪些种类？

4. 学习外经贸应用文的前提、条件、关键和途径分别是什么？请结合自身情况，谈谈如何学好外经贸应用文。

第二章　外经贸行政公务文书

学习提示

通过本章的学习，要求学生了解外经贸行政公文的概念、特点、类别及写作要求、办理要求；掌握外经贸行政公文的书面格式、用途及写作时应注意的问题；重点掌握决定、公告、通告、通知、通报、报告、请示、批复、议案、意见、函、会议纪要的写法。

第一节　行政公文概述

一、公文的含义

公文的概念有狭义和广义之分。狭义的公文，是指国家党政机关的文件；广义的公文，除了指国家党政机关的文件外，还包括其他各行各业的公务文书、法律法规文本等。因此，可以这样说，公文是党政机关、社会团体、企事业单位等处理公务的一种重要文字工具。它是传达贯彻党和国家的方针、政策，发布行政法规和规章，施行行政措施，请示和答复问题，指导、布置和商洽工作，报告情况、交流经验的文字工具。

行政机关公文（包括电报等）属于狭义公文，是指国家各级行政机关在行政管理过程中形成的具有法定效力和规范体式的文书，它是依法行政和进行公务活动的重要工具。

二、行政公文的特点

行政公文与报刊文章、图书资料等书面文字材料显然不同，具有以下特点：

（一）由法定的作者制作和发布

法定的作者，是指依据法律或者有关章程、条例、决定等成立的，并且能以自己的名义行使权利和承担义务的组织。任何一篇公文的产生都是制发机关集体意志的体现，每一篇公文一般都经过讨论、起草、修改、审核、签发等程序。因此，公文是法定作者在他的权限范围内为行使职权而制作和发布的，其作者不是某个具体的撰稿人，而是指公文的制发者，即机关单位。即使是签署个人姓名的公文，也只是他代表所在机关、单位行使职权的一种表现。

（二）有强烈的权威性和时效性

由于公文由法定的作者制成和发布，尤其是党和国家机关中的特定机关和首长发布的公文，代表了制发机关的法定权威，其内容与党和国家的方针、政策、法律、法令密切相关，直接反映了国家机关的指挥意志、政策意向、行动要求和人民群众的根本利益，是实施行政管理的重要工具。因此，它具有法定的强制性和约束力。对每一份具体的公文来说，又有它的特定效用。它代表着制发机关赋予的具体使命，要求受文机关认真贯彻执行，或者予以答复。公文的效用有一定的时间性，没有一份公文是永恒有效的。随着形势的发展、情况的变化，以及制发机关本身的更替，旧的公文就会被新的公文所代替。

（三）有明确的制作目的和特定的阅读对象

各级机关、单位制作公文，或是指导工作、布置任务，或是反映情况、请示问题，或是联系事宜、商洽工作，都具有具体明确的实用目的，都是针对工作中发生的新情况、新矛盾、新问题，提出解决的方法、措施。公文有特定的阅读对象，公文有目的性、实用性的特点，决定了公文的阅读对象是定向的，从起草公文开始，就已经明确了阅读者及其身份。

（四）有严格的体式和一定的行文程序

体式的规范是公文独具的、不同于其他文体的特征。各种公文一般都具有规定的标题、正文、发文机关等基本组成部分，每个具体文种往往还有自身的写作要求。公文在文头制作、书写格式、纸张尺寸、公文结构等方面也有特别规定。这些规定和要求，在撰写和办理公文时都必须严格遵守，不能自行其是，更不允许自行创造。公文的制发和办理，都必须经过一定的程序。如发文要经过草拟、审核、签发、复核、缮印、用印、登记、分发等程序；收文要经过签收、登记、审核、拟办、承办、催办等程序，不能随意处理公文。

三、行政公文的作用

行政公文的主要作用包括四个方面，即领导与指导作用、宣传与教育作用、联系与知照作用、凭证与依据作用。

（一）行政公文的领导与指导作用

行政公文的领导与指导作用，主要体现在公文的下行文中。公文下行文的最主要作用，就是领导与指导作用。上级机关有什么新的方针政策需要下达，有什么新的行政措施需要下级贯彻执行，有什么新的工作任务需要下级完成，都是通过下行文来进行，这是上级机关对于下级机关行使领导权和领导职责的最主要和最本质的体现。下级机关在工作中遇到了什么问题，或者在执行上级机关提出的新的行政措施和工作任务时有什么问题弄不明白，需要上级机关做出指示、做出指导，也是通过公文来进行。因此可以说，领导与指导作用是公文最重要的作用之一。

（二）行政公文的宣传与教育作用

行政公文的宣传与教育作用也是通过下行文来进行的。公文具有向下进行宣传与教育的功能。通过行文，使下级机关及时了解国家新的法律、法规，新的方针政策和新的行政措施；通过行文，使下级机关及时了解上级机关新的奋斗目标和新的工作措施。在日常行政工作中，如果出现了新情况，也常常是通过公文进行宣传，使各有关单位及时了解，以便争取主动，及时采取新的行政措施。另外，在日常行政管理工作中，上级机关如果发现了新典型、新经验，也时常通过公文进行介绍和宣传，使下级机关及时了解和学习新典型，并借鉴新的工作经验，使各自的工作更好地开展。公文的教育作用也大致是这样，大都是通过这种方式得以实现。特别是当工作中出现问题时和当工作中的教训需要严肃对待并需认真吸取时，常常也是通过公文的行文来实现的。

（三）行政公文的联系与知照作用

行政公文的联系与知照作用主要是指公文的联系工作和告知情况的作用。在实际工作中，上级与下级之间，平级之间，还有不相隶属机关、单位之间，时常要进行联系或协商。而联系与协调最正式、最郑重、最可靠和最有效的方法与途径，就是通过公文来进行。特别是不相隶属机关、单位之间的工作往来，更是要发挥公文的联系作用。至于公文的知照作用也是一样。上级与下级之间、平级之间、不相隶属的机关与单位之间，有些情况需要沟通，需要彼此告知，最正式、最郑重、最可靠和最有效的方法与途径也是公文。

（四）行政公文的凭据与依据作用

无论是进行国家的行政管理，还是进行各机关、各企事业单位的管理，最基本和最终的依据和凭证都应该是公文。从某种意义上说，公文是机关、企事业单位内部的“法”，是各机关、各企事业单位内部的工作法规和工作准则。在机关、企事业单位内部，没有一种文章能够替代公文的这个位置，也没有任何一种文章能够发挥公文这样的作用。这是由公文的性质所决定的。因此，任何机关、任何社会团体，任何企事业单位的行政与工作，都必须以公文作为最基本的和最终的凭证和依据。也只有如此，各行政机关、各社会团体和各企事业单位的工作才可能正常而有序地开展，才可能理性、周全并稳妥地进行，才可能把失误与疏漏减少到最低程度以至于最终避免失误和疏漏，才可能真正立于不败之地。公文的凭证与依据的作用如此重要，因此，像公文的领导与指导作用、宣传与教育作用、联系与知照作用一样，必须引起高度重视，并且一定要通过写作实践和公文办理，充分发挥这一作用。

四、行政公文的分类

行政公文有多种分类方法。

（一）按用途划分

按用途可以分为13种，即：命令（令）、决定、公告、通告、通知、通报、议案、报告、请示、批复、意见、函、会议纪要。这是《公文处理办法》规定的公文种类，简称文种。

（二）按行文方向划分

按行文方向可以分为三类：

（1）下行文。上级机关向下级机关或群众的行文。如命令、决定、通知、通报、通告、批复等。

（2）上行文。下级机关向上级机关的行文，即上报公文，主要有报告和请示。

（3）平行文。不相隶属机关（含平行机关）之间相互往来的公文，主要有函。

（三）按阅知范围划分

按阅知范围可以分为三类：

（1）秘密公文。需要限定阅知范围、保守秘密的公文。按《中华人民共和国保守国家秘密法》规定，秘密公文分成三个等级：“绝密”、“机密”和“秘密”。秘密等级简称密级。秘密公文应当标明密级。

（2）内部公文。非秘密公文，但只在内部运行、需要注意保存的公文。大部分公文属于内部公文。内部公文不得随意丢弃或卖给废品收购部门。

（3）周知性公文。需要向国内外宣布或在一定范围内公布的公文，如公告、通告和某些需要众所周知的命令（令）、决定、通知、通报等。这些公文需要张贴出去或在报刊发表，或在电台、电视台播放，以便做到家喻户晓。

（四）按缓急时限划分

按缓急时限可以分为两类：

(1) 紧急公文。需要紧急送达和办理的公文。紧急公文应标明紧急程度；“特急”和“急件”（紧急电报分为“特提”、“特急”、“加急”、“平急”）。

(2) 常规公文。按常规送达和办理的公文。大部分公文属于此类公文。

五、行政公文的格式

行政公文格式是指一份完整的行政公文一般应当具备的项目、各项目的的标识规则和用纸、排版等的要求。

为了保证公文的完整性、权威性和规范化，并便于撰制、办理和存档备查，《公文处理办法》对公文格式做了明文规定。国家质量技术监督局还发布了《国家行政机关公文格式》。本节所讲的公文格式，主要是依据这两个文件的规定。

公文的构成项目很多，公文的用纸尺寸和排版形式等也有严格规定。为了便于了解和掌握，下面分成四组加以说明。

（一）眉首

眉首部分位于公文首页上方，约占首页的 1/3，由发文机关标识、发文字号、签发人、份数序号、秘密等级和保密期限、紧急程度等项组成。其下方加一红色反线（与版心等宽），作为该部分与下面主体部分的界线。

1. 发文机关标识（公文版头）

由发文机关名称（全称或规范化简称，下同）后加“文件”组成。如“国务院文件”、“国家安全部文件”等。对一些特定的公文可只标识发文机关名称。

联合行文时应把主办机关名称排列在前，“文件”二字置于发文机关名称右侧，上下居中排布；如联合行文机关过多，必须保证公文首页显示正文。

发文机关标识上边缘至版心上边缘为 25mm，上报的公文则扩大为 80mm（供上级机关批示用）。发文机关标识推荐使用小标宋体字，字号自行酌定，用红色标识。

2. 发文字号

由发文机关代字、发文年份和发文顺序号组成。如“京政办发〔1997〕10 号”，其中的“京政办”是北京市人民政府办公厅的代字，“〔1997〕”是发文年份，“10号”是发文顺序号。发文机关代字与发文年份之间一般加“发”字，也有的加“字”字，还有的省略此字。议案、批复和函，一般在发文机关代字之后加“函”字，如国务院这三种公文的发文字号便写作“国函〔20××〕×号”。联合行文，只标识主办机关的发文字号。

年份、序号用阿拉伯数字标识。年份应写全，用六角括号“〔〕”括入（不用圆括号和方括号）；序号不编虚位（如1不编为01），前不加“第”字。

发文字号位于发文机关标识下，两者之间空2行，用3号仿宋体字，居中排布。

在报刊上发表或翻印公文如省去眉首部分，可把发文字号移到公文标题之下居中或偏右。

3. 签发人

上报的公文，应当标明签发人姓名，即在发文字号右侧标识“签发人：×××”。这时发文字号应居左空1字，签发人姓名居右空1字。

如有多个签发人，主办单位签发人姓名排列在上，最后一个签发人姓名与发文字号处在同一行。

签发人用3号仿宋体字，签发人姓名用3号楷体字。

所有的公文都需要由本机关领导人签发。

重要的或涉及面广的，必须由正职或者主持日常工作的副职领导人签发；经授权，有的公文可由秘书长或办公厅（室）主任签发。但领导人是在发文稿纸的“签发”栏内签署意见，并写上姓名和审批时间，只有上报公文才在正式行文上标识签发人。

4. 份数序号

同一公文稿印制若干份时每份公文的顺序编号叫份数序号。如需标识份数序号，用阿拉伯数字顶格标识于版心左上角第1行。

份数序号一般应根据该公文印刷的份数来决定编几位，但至少不应少于两位，如“1”应编为“01”。

《公文处理办法》规定“绝密”、“机密”级公文应标明份数序号。其他公文编不编份数序号，由发文机关自行掌握。

5. 秘密等级和保密期限

如需标识秘密等级，用3号黑体字，顶格标识在版心右上角第1行，两字之间空1字；如需同时标识密级和保密期限，用3号黑体字，顶格标识在版心右上角第1行，两者之间用“★”隔开，这时密级两字间则不空一字。

密级的确定和标识应按国家有关规定如《国家秘密保密期限的规定》、

《国家秘密文件、资料和其他物品标志的规定》等执行，既要防止因未标明密级而失密，又要防止随意扩大密级。

6. 紧急程度

紧急公文应当标明紧急程度，其位置也在版心右上角第1行，用3号黑体字，两字之间空1字；如需同时标识密级与紧急程度，则应密级居上，紧急程度居下。

确定紧急程度应根据公文送达和办理时间的实际需要，严格掌握，非紧急公文不能填写这一项目，紧急公文也应恰当选用紧急程度，防止漏标和随意提高。

（二）主体

主体部分是每份公文的内容部分，由公文标题、主送机关、正文、附件说明、成文日期、发文机关印章、附注等项组成。

1. 公文标题

一切公文和其他文章一样必须有标题。公文标题位于红色反线之下，与红色反线之间空2行，用2号小标宋体字，可分一行或多行居中排布；回行时，要做到词意完整，排列对称，间距恰当。

公文标题的写法与绝大多数文章标题的写法不同，按规定一般应标明发文机关名称、事由（正文的主要内容）和文种，用介词结构“关于……的”把这三部分连接起来。个别情况下可以省略发文机关名称或事由，但这二者不能都省略。文种在任何情况下都不能省略。这样，公文标题便有三种写法：

（1）三项式标题。由发文机关名称、事由和文种组成。这是公文的常规标题，大部分公文都采用这种标题。如《国务院关于加强水土保持工作的通知》，其中的“国务院”是发文机关名称（规范化简称），“加强水土保持工作”是事由，“通知”是文种。

（2）两项式标题。有两种：

①由发文机关名称和文种组成，省略了常规标题中的事由。如《中华人民共和国国务院令》、《北京市人民政府通告》。

一般在正文极短的情况下采用这种省略事由的两项式标题。正文只有几句话或极为简短的几条，内容一目了然，虽然标题中未标明事由，仍不影响表达的开门见山。如果内容较长而在标题中却不标明事由，则显然是不妥当的。

②由事由和文种组成，省略了发文机关名称。如《关于白条不得报销入账的通知》、《关于开展青年志愿者活动情况的报告》。

采用这种省略发文机关名称的两项式标题有两种情况：一是内容不太重要的事务性公文，二是各机关、团体、企事业单位的内部行文。凡重要公文，为体现郑重性和权威性，其标题都不应省略发文机关名称。

公文标题写作的难点在于如何概括好事由。概括事由的方法大多采用动宾结构，如《中共中央宣传部、新闻出版署关于禁止“买卖书号”的通知》，其事由中的“禁止”是动词，“买卖书号”是宾语。概括事由的要求是准确、简要，防止题文不符、意思含糊、文字过多。

2. 主送机关

公文的主要受理机关，称为主送机关，其位置如同书信对收信人的称呼，放在正文上方（标题下空 1 行），用 3 号仿宋体字顶格排布，回行时仍顶格。

主送机关如果只有一两个，应当用其全称或规范化简称。如果主送机关有多个，则可用同类型机关的统称，如国务院一份公文的主送机关便写作“各省、自治区、直辖市人民政府，国务院各部委、各直属机构”。

主送机关应写机关名称或统称，而不应写领导者个人。如果是周知性公文，则应省略这一项目，而不必写“全厂职工”、“全校教职工”之类的公众称呼。

3. 正文

正文位于主送机关下一行，用来表达公文的具体内容。正文每个自然段左空 2 字，回行顶格。数字、年份不能回行。

如何写正文，应根据每份公文的实际需要和惯用体式来确定，有话则长，无话则短，没有适合一切公文正文的统一模式。

4. 附件

有附件的公文，应在正文下空 1 行，左空 2 字，用 3 号仿宋体字标识附件的顺序和名称，以提醒阅者注意并使主件和附件连成一体。序号用阿拉伯数字，附件名称不加书名号，其后也不加标点符号。写法如下：

附件：1. ××××××××

　　　2. ××××××××

附件置于主件之后，与主件一起装订，并在附件左上角第 1 行顶格标识“附件”二字。

应当说明的是，附件是用来说明正件的材料，处于从属地位。而发布令所发布的行政法规和规章，通知所印发、批转、转发的文件，以及议案之后的方案，都不处于从属地位，不能视为附件，因此不能在正文之后加附件说明。

5. 成文日期

成文日期直接关系到公文的时效，因此应完整写出年、月、日。为了便于盖章，成文日期的数字应使用汉字；年份中的“零”写为“〇”（不要写成“0”）。

成文日期以领导人签发的日期为准，联合行文以最后签发机关领导人的签发日期为准；电报以发出日期为准；会议通过的公文以通过日期为准。

6. 发文机关印章

加盖发文机关印章，这是发文机关对公文生效负责的凭证，也是公文区别于其他文章的显著标志。

单一机关制发的公文加盖印章，应上距正文 2mm～4mm，端正、居中下压成文日期；当印章下方无文字时，采用下套方式，即仅以弧压在成文时间上；当印章下弧有文字时，盖章采用中套式，即印章中心线压在成文日期上。印章用红色。成文日期右空 4 字，其上不署发文机关名称。

联合行文需加盖两个印章时，应将成文日期拉开，左右各空 7 字；主办机关印章在前；两个印章均压成文日期。两个印章应整齐排布，互不相交或相切，相距不超过 3mm（下同）。

联合行文需加盖 3 个以上印章时，为防止出现空白印章，应将各发文机关名称（可用简称）排在发文日期和正文之间。主办机关印章在前；每排最多排 3 个印章，两端不得超出版心；最后一排如余 1 个或 2 个印章，均居中排布；在最后一排印章之下右空 2 字标识成文日期。

大多数公文都应加盖发文机关印章。《公文处理办法》规定：“公文除‘会议纪要’和以电报形式发出的以外，应当加盖印章。联合上报的公文，由主办机关加盖印章；联合下发的公文，发文机关都应当加盖印章。”

《中国共产党机关公文处理条例》对此项目有不同规定：第一，它除了要求加盖发文机关印章外，还要求有发文机关署名，即把印章盖在发文机关名称的正中位置；第二，它规定不加盖发文机关印章的公文，除会议纪要外，还有印制的有特定版头的普发性公文。

当公文排版后所剩空白容不下印章位置时，应采取调整行距、字距的措施加以解决，务使印章与正文同处一面，不得采取标识“此页无正文”的方法解决。

7. 附注

公文如有附注，用 3 号仿宋体字，居左空 2 字加圆括号标识在成文时间下一行。

附注一般是对公文的发放范围、使用需注意的事项等加以说明，如“此件发至县团级”、“此件可见报”等，不是对行文内容作出解释或注释。对公文的解释或注释一般在正文中采取句内括号或句外括号的方式解决。

《公文处理办法》规定，请示应当在附注处注明联系人的姓名和电话。

（三）版记

公文末页下方是版记部分，由主题词、抄送机关、印发机关、印发日期等项组成。

1. 主题词

主题词用 3 号黑体字，居左顶格标识，词目用 3 号小标宋体字，词目之间空 1 字。

主题词是反映公文内容的一组标准化词语，最少 2 个，最多 7 个。主题词应根据公文内容从上级机关制发的公文主题词表中选择。标引次序应按主题词的涵义由大到小、从内容到形式。

主题词是为了适应办公现代化特别是使用计算机管理而新增加的一个项目。它可以提高公文检索的速度，提高办事效率，为实现办公自动化奠定基础。

2. 抄送机关

位于主题词之下，其上下用反线（与版心等宽）与主题词和印发机关隔开，形成一个栏。

“抄送”左空一字用三号仿宋体字标识，后用冒号；抄送机关间用顿号隔开，回行时与冒号后的抄送机关对齐；在最后一个抄送机关后标句号。

抄送机关是指除主送机关外需要执行或知晓公文的其他机关，包括上级、下级和不相隶属机关，简称“抄送”，应当使用全称或者规范化简称、统称。过去曾分为抄报机关（上级机关）、抄送机关（不相隶属机关）和抄发机关（下级机关），现在统称为抄送机关，但在排列顺序上仍应上级机关在前，不相隶属机关和下级机关在后。按《公文处理办法》规定，向下级机关的重要行文应同时抄送直接上级机关，向上级机关的请示不得同时抄送下级机关。抄送机关应当是确实需要了解公文内容的机关，防止太多太滥，增加不相干机关的负担。

位于主体部分正文之上的主送机关，如果太多而使公文首页不能显示正文时，可移至这里，居于主题词之下、抄送机关之上，形成一个栏，标识方法与抄送机关相同。

3. 印发机关和印发日期

位于抄送机关之下（无抄送机关在主题词之下）占1行位置，用3号仿宋体字。印发机关左空一字；印发日期右空一字，用阿拉伯数字标识。

印发机关不是发文机关，而是发文机关印制公文的主管部门，一般应是该机关的办公厅（室）或文秘部门。如果发文机关没有专门的办公厅（室）或文秘部门，也可标识发文机关。

印发日期是为了反映公文的生成时效，它一般略晚于领导签发的日期，应以公文付印的日期为准。

印发机关的名称如果字数太多，可以自行简化，以使它和印发时间只占1行的位置。印发时间应完整地标明年、月、日。这一栏之下也应加一反线，与版心等宽。

版记部分置于公文最后一页，最后一项置于最后一行。

（四）其他

《国家行政机关公文格式》还对公文的特定格式、公文用纸、排版、装订要求等作出规定，摘要分述如下：

1. 公文的特定格式

上述公文眉首、主体和版记各项目的格式，是用于政策性和规范性公文，称为“文件格式”。此外还有与文件格式略有不同的特定格式，主要有以下两种：

(1) 信函格式

在制发公文的实践中，经常使用一种“信函格式”公文，用于处理日常事务的平行文或下行文。这种“信函格式”公文与“文件格式”公文有以下不同：

发文机关标识只用发文机关全称，不加“文件”二字；它的上边缘与上页边的距离为30mm，亦推荐用红色小标宋体字，字号可自行酌定；在发文机关标识下4mm处印一条红色武文线（上粗下细），长度为170mm；在距下页边20mm处印一条红色文武线（上细下粗），长度亦为170mm；份数序号、密级、紧急程度可以放在武文线下左上角顶格（很少同时出现这三项），发文字号放在武文线下右上角顶格；首页的页码以放在文武线之上右下角为宜。

“信函格式”公文其他各项目的标识方法均同于“文件格式”。

(2) 命令格式

各级国家行政机关发布行政法规和规章的命令格式规定为：

发文机关标识由发文机关全称加“命令”或“令”组成，用红色小标宋体字，字号自行酌定；其上边缘距版心上边缘20mm；发文机关标识之下空2行居中标识令号（不用发文字号），即“第×号”；令号之下空2行即为正文，中间没有反线、公文标题和主送机关；正文下1行右空4字标识签发人签名章，签名章左空2字标识签发人职务；联合发布的命令（令）的签发人职务应标识全称；签名章之下1行右空2字标识成文日期；不用抄送机关，而在抄送机关的位置标识分送机关。

“命令格式”其他项目与“文件格式”相同。

2. 公文用纸幅面及版面尺寸

（1）公文用纸幅面尺寸为国际标准A4型（210mm×297mm），淘汰长期沿用的16开型。

（2）公文用纸天头（上白边）为37mm±1mm，订口（左白边）为28mm±1mm，版心尺寸为156mm×225mm（不含页码）。

3. 排版规格、页码位置和装订要求

（1）正文用3号仿宋体字，一般每面22行，每行28个字。双面印刷。

（2）页码用4号半角白体阿拉伯数字标识，置于版心下边缘之下一行，左右各放一条4号一字线，一字线距版心下边缘7mm。单页码居右空1字，双页码居左空1字。空白页和空白页以后的页不标识页码。

（3）公文应左侧装订，不掉页。多数公文采用骑马订；若采用平订，后背不可散页明订。

六、行政公文的处理程序

公文的处理程序是指在机关单位内部就公文的运转处理而安排的一系列工作程序。其中每一道程序又叫一个工作环节，各个环节前后衔接，构成公文处理的整个流程。具体程序如下：

（一）收文处理程序

凡是外单位送给本机关的文件材料，统称收文。收文处理一般包括签收、登记、分办、拟办、批办、承办、催办、查办等程序，这些环节又可归纳为两个阶段。

1. 公文的收受与分流

包括：签收、登记和分办。

签收　凡属外来公文一般由文秘管理部门所属的收发室负责。签收前要认真清点、核对、查看实收件数与投送单上的件数是否吻合，并查对信件上的收件单位是否与本单位名称相符。查实无误，收件人就在送件人的投递单上或回执单上签字，并注明年月日。

登记　登记是管理和保护公文的重要工作。其意义在于：便于管理和保护公文，防止积压和丢失；便于对公文进行统计和核对。凡上级下发公文，下级请示公文，同级呈送公文，“三密”公文，都要逐件进行登记。登记的方式可采用簿式、卡片式、联单式和电脑登录式等。其中，簿式易于保存，是普遍采用的登记方式。登记的内容主要有收文时间、来文单位、公文标题、密级、缓急时限、发文字号和份数等。

分办　分办是指登记以后，根据公文的内容和性质，分别送往有关业务部门或有关领导承办。来文不论是上级机关的查询和下级机关的请示，还是平级机关的询问事项，都要求作出具体的处理或答复。

2. 办理收文

主要包括：拟办、批办、承办、催办与查办。

拟办　就是由收文单位的文秘管理部门对需要办理的来文提出初步意见，供领导批办时参考。拟办实际上是一种辅助决策活动，对来文处理有重要影响。文秘管理部门提出拟办意见时，应熟悉工作情况，掌握来文精神，意见的提出应合理可行，表达简洁明确。

批办　批办属于领导决策活动，是由机关领导人对某一公文提出应由谁办和如何办的处理意见。批办一般由机关领导人或文秘管理部门负责人承担。作为文秘管理部门，送批的文件应该筛选得当，并按领导人的职责分送。作为领导人，批办公文应该及时，意见要明确具体，要限定承办期限，要指明承办部门或承办人。对牵涉几个部门的事情，要批明由哪个部门主办，哪个部门协办，以免互相推诿；对要传阅的文件，应指明传阅范围；对已经提出拟办意见的文件应表明是否同意和有何修改意见等。

承办　承办是指有关部门或人员根据领导批示意见，对公文内容和要求的具体执行办理。承办是公文处理的实质性阶段。承办单位或个人要全面准确地领会批办精神，忠实地执行领导意图。如有疑问，应及时请示或反映自己的意见，不得自行其是。承办的要求是：其一，统筹规划、妥善安排，即对公文分清主次缓急，有计划有步骤地进行办理，确保紧急、重要的公文优先迅速办理。一般地说，公文处理的时限是：特急件，应随收随办，在当时或当天办理完毕；急件，亦应随收随办，最迟以不超过三天为限；限时处理的公文，以规定时间为限，不应迟缓；未限时的一般公文最多以不超过七天为限。其二，对来文的处理，要从本地区、本机关的实际出发，做到因地制宜，因时制宜。其三，实行岗位责任制，保证办文质量，提高办文效率。

催办和查办　公文延误积压是文书工作常见的毛病。因此，催办和查办也是公文处理的重要环节。催办是指文秘管理部门根据时限和有关要求，对承办工作进行督促和检查的活动。查办是指文秘管理部门就领导人的批办意见和上级部门的查办文件，对承办部门执行公文的工作及其效果进行核查的活动。公文的催办和查办都是带有监督性质的管理活动，它们是解决办文拖拉、推诿等不良风气，加快文件运转，提高办文效率的重要措施。但是，两者又有区别，催办的重点在于使公文按“时”办毕，而查办的重点则在于使公文保质保量地办理完毕，产生实效。催办一般是以一件公文为单位展开；查办则是以一件事情为单位进行。文秘管理部门应该制定有关制度，严格工作纪律，使催办和查办工作逐步走上规范化和科学化的轨道，提高工作效率。

（二）发文处理程序

凡是本机关撰写的需要上报、下发或送给外单位的文件，统称发文。发文处理程序包括：拟稿、审核、签发、缮印、校对、用印、登记、分发、传递等。相对而言，发文办理程序比收文办理程序具有更强的确定性和不可逆性。发文处理可分为三个阶段：

1. 文稿的形式

主要包括：拟稿、审核、签发。

拟稿　对收来的公文，有的处理方法比较简单，但是有的来文情况比较复杂，往往是最新发现或牵涉面比较广的问题，需要答复或者说明，这就需要拟稿。拟稿就是公文承办人根据领导的交代或批办意见草拟文稿的过程。拟稿要经过一个准备、酝酿的过程，文秘人员在拟稿时要认真领会领导人对某项工作或某个问题的看法或意图，掌握精神实质，搜集有关材料，反复进行研究，最后拟成文稿，文稿要符合公文写作的要求。

审核　稿件拟好以后，文秘管理部门应当协助领导做好审核把关工作。审核是提高公文质量和控制公文数量的重要环节，审核的主要任务是把好行文关、政策关、文字关。审核的主要内容包括：其一，是否需要行文；其二，文稿内容是否符合党和国家的方针政策和有关法规；文中提出的意见、措施和要求是否明确具体，切实可行；其三，是否与有关部门、地区协商、会签；其四，文字表述、文种使用、公文格式，是否符合《国家行政机关公文处理办法》的有关规定。文稿审核合格后，审核人要签上姓名和审核时间，送机关领导人签发。

签发　签发是指机关主管领导对审核过的文稿进行最后审定并签署印发。签发实质上是行政领导者对公文的有关问题进行最终决策，对公文质量及其管理功能起决定性作用。根据有关规定，行政公文由本机关领导人签发。重要的、涉及面广的公文必须由正职或主持日常工作的副职领导人签发；经过授权，有的公文可以由秘书长或办公厅（室）主任签发。公文在签发前必须认真审核，签发人审阅文稿后，认为可发，则在签发栏内签上姓名和年月日。凡属几个单位联合发文的，这几个单位领导人都要一一会签。

2. 公文的制作

主要包括缮印、校对、用印或签署。

缮印和校对　文稿经过签发后，由文秘管理部门统一登记，编好发文字号，即送交打印。缮印要按公文格式进行，文件的字数多少要和纸幅大小相适应，尽量避免末页无正文的现象。字迹要求清晰、整洁，行文排列匀称。打印时要分清主次缓急，急件先印。密级较高的文件应专人打印，大量印刷应指定专门场所。校对就是依据原稿对打印稿进行校对，校正错误。校对者要在校过的文稿上签名，以示负责。

用印或签署　即在缮印、校对完毕的公文正本上加盖发文机关的印章，或请有关领导者依法签名，以表明公文的法律性质和法律效力。用印的要求主要有：印章名称原则上应与公文制发机关的名称一致；上级机关为下级机关的公文代盖印章时，应注明“（代章）”字样。印章应盖在成文日期上方，要求上不压正文，下要骑年盖月，印迹必须完整、清晰、端正。联合下发的公文，有关发文机关都应当加盖印章。用印情况须作正式记录。

3. 公文的发送

主要包括：登记和分发传递。

登记　即在发送之前，对印刷公文主要内容进行登记，以备查询。如文件标题、发文字号、密级、缓急程度、发文机关、发文日期、主送机关和抄送机关、印制份数及时间等。

分发传递　这是对用印或签署的公文按发文范围进行分装和发出。分装是指按规定具体配发和封装公文。发出是指将封装完毕的公文，以适当的传递方式发给受文者。公文的传递主要通过邮政系统、计算机和传真机等传输渠道或设备进行。传递公文要求准确、迅速和安全，传递秘密公文必须采取保密措施。利用计算机和传真机传输秘密公文必须采用加密装置。绝密级公文不得利用计算机和传真机传输。

（三）办毕公文的处理程序

在收文处理和发文处理过程中都存在处置办理完毕公文的问题。如何处理各类办毕公文的归宿，是去、是留、是存、是毁，对充分发挥公文的功能效用具有十分重要的作用。办毕公文的处理主要包括立卷、归档和销毁。《国家行政机关公文处理办法》规定："公文办完后，应根据《中华人民共和国档案法》和有关规定，及时将公文定稿、正本和有关材料整理立卷，电报随同文件一起立卷"；"公文归档，应当根据其相互联系、特征和保存价值分类整理立卷，要保证档案的齐全、完整，能正确反映本机关的主要工作情况，以便于保管和利用"；还要"按照有关规定定期向档案部门移交"；"没有存档和存查价值的公文经过鉴别和主管领导人批准，可以定期销毁"。

1. 立卷

公文立卷就是将办理完毕的零散文件，根据它们之间的联系，分门别类地组成一个或数个案卷。案卷是一组互为联系或具有共同特征、并经过系统整理的文件集合体，它是文书档案的基本保管单位。

立卷是公文处理过程中的最后环节，也是现行公文转化为档案的必经步骤。立卷具有重要作用，它能使文件之间保持历史的联系，便于查找利用，能保护文件的完整与安全，便于保管，能为档案工作奠定基础。公文立卷有一定的范围，并非片纸只字有文必立。立卷的范围一般指本单位在工作活动中形成和使用的、已办理完毕、具有查考价值的收发文件，主要包括：本单位工作中形成的、直接反映本单位主要职能活动的重要文件；与本单位的文件有密切联系的上、下级单位的重要文件；本单位进行工作需要遵循和查考的一般性文件。公文立卷的方法主要有两种：一是按照公文材料的共同特征立卷，主要包括：按时间特征立卷、按作者特征立卷、按问题特征立卷、按文种特征立卷、按收发特征立卷和按地区特征立卷；二是按预编案卷类目立卷，预编案卷类目是指在当年度根据历年来公文形成与处理的情况，将次年度可能产生的案卷进行预测，并预先划分类目，下达立卷点实行的一项公文处理方法。案卷目录由档案人员与文秘人员共同拟定，送交文秘管理部门领导人审阅定稿。

2. 归档

归档是指文秘管理部门将办理完毕的文件材料整理立卷后，定期移交给单位档案室集中保管。归档既是公文处理工作的终结环节，又是档案工作的起始环节，起着承上启下的作用。归档是国家规定的一项制度，又叫"归档制度"。建立和健全归档制度是非常重要的，它是单位档案室工作的起点，也是国家积累档案财富的重要保证。

健全档案制度，一般包括归档范围、归档时间和归档要求三方面内容。确定归档范围，就要明确哪些文件应该归档，哪些文件不必归档。在《机关文件材料归档和不归档的范围》(1987年12月4日国家档案局发布，自1987年12月4日起施行)中，对归档和不归档的文件材料的范围作了明确的规定，总的来说，凡是反映本机关(各级党、政机关和人民团体称为机关)工作活动、具有查考利用价值的文件材料均属归档范围，它们包括上级机关、本机关、同级机关、非隶属机关以及下级机关的某些文件材料。在规定时间方面，要实现定期归档。定期归档，就是办理完毕的文件材料由文秘管理部门整理、立卷后定期向档案室移交，移交的时间一般是在第二年上半年。在归档要求方面，根据《机关档案工作条例》(1983年4月28日中共中央办公厅、国务院办公厅发布，自1983年4月28日起施行)的规定，归档案卷应符合下列要求：归档的文件材料应齐全、完整；文件和电报按其内容的联系，合并整理、立卷；归档的文件材料，保持它们之间的历史联系，区分保存价值，分类整理、立卷，案卷标题简明确切，便于保管和利用。

3. 销毁

凡是没有查考和存档价值的公文，经过严格筛选和鉴别，列出清单，经主管领导人批准后，可以销毁。销毁公文的主要方式有：焚毁、重新制成纸浆、粉碎、清洗消磁(磁盘、磁鼓、磁带等)，销毁文件要进行登记，要有专人监督，保证不漏销，不丢失，不泄密。

第二节　命令(令)、决定

一、命令(令)

(一) 命令(令)的含义

命令(令)适用于依照有关法律公布行政法规和规章；宣布施行重大强制性行政措施；嘉奖有关单位及人员。

命令和令不是两个文种，而是同一种文种在撰写时根据使用惯例和汉语成双配对的需要所使用的不同名称。命令(令)属于指挥命令性公文，具有权威性、强制性和约束力。命令(令)在某些情况下具有法律效力。

(二) 命令(令)的特点

1. 具有高度的权威性

根据宪法规定，国家主席、全国人大常委会委员长、国务院总理、各部部长、各委员会主任、县以上各级人民政府以及其他法定机关和负责人有权发布命令（令）。并非所有机关或负责人都可以发布命令（令），党的机关，其他行政机关和各人民团体、企事业单位不使用命令（令）。而且，即使有权使用命令（令）的机关或负责人也应慎重使用，能用别的文种（如决定、指示、通知等也可以发出某种指令）便用其他文种替代，“慎乃出令，令出惟行”（《尚书》），以保证命令（令）的高度权威性和约束力。

2. 具有法定的强制力

命令（令）是宪法和法律赋予国家机关或负责人对重要工作进行决策指挥的权力，它具有强制性地统一人们行为准则的功能，对一切受文机关和有关人员都带有直接的约束力，任何机关和人员都必须无条件地严格遵照执行，违抗命令或延误执行，都将受严肃处理甚至严厉惩罚。

3. 具有语言的果断性

由于命令（令）是由国家机关发出，要求强制执行，所以在表达上要求语言高度准确，篇幅简约精要，语气坚决果断，风格质朴庄重，可使用祈使句，比较多地使用“必须”、“不得”、“应即”等决断性词语，直截了当提出要求，作出规定，不必作出解释和说明。

（三）命令（令）的类型

命令（令）按用途可分为：发布令、行政令、嘉奖令、惩戒令和撤销令五种。

（四）命令（令）的一般写法

命令（令）在格式上都由标题、正文、签发机关或签发人、签发日期等几个主要部分组成。标题要写明发文机关的全称和文种，有些命令（令）可以省略发文事由；特殊情况下可以不写发文机关而写明发文事由，如《向全国进军的命令》。命令（令）一般在正文前写明受文机关或人员，但大多数命令（令）属于周知性公文，可不写受文机关。正文简练明确，条理分明。落款有署机关名称的，也有署机关负责人姓名的；凡署机关负责人姓名的，必须标明其职务全称。

（五）命令（令）的写作要求

命令（令）是一种最具权威性、强制施行的指挥性公文，使用和撰写这种公文主要有以下要求：

（1）慎重使用。为保持命令（令）的高度权威性和起到令行禁止的效用，使用这种公文应当特别慎重，尽量少用，能用别的文种（如有的决定、通告、通知等也可以发出某种指令）便不用命令（令）。如果各单位都轻易使用它，用多了，用滥了，就会降低它的权威性和严肃性。这一点古人已有认识，《尚书》中记载周成王的一段话："慎乃出令，令出惟行。"意思是说：发布命令要慎重，一旦发出就必须执行。我国宪法对有权使用命令（令）的行政机关做了如下限定：国务院及其各部、各委，县级以上地方各级人民政府。党的机关，其他行政机关和各人民团体、企事业单位不使用命令（令）。军队机关和其他需要高度统一指挥的司法、航空、铁道等部门不受此限。《公文处理办法》对命令（令）的适用范围也限定在发布行政法规和规章、宣布重大强制性行政措施等极其严肃、庄重的事项上。这样严格限制使用机关和事由，对于保证命令（令）高度的权威性和约束力是很有必要的。

（2）语句果断。正由于命令（令）是由权威机关发出，要求强制执行，所以在表达上应当使用果断的语句，使受令单位和个人无条件地执行。命令（令）主要使用果决的祈使句（又称命令句），较多地运用"必须"、"不得"、"均应"等决断性词语。这是有关法律赋予发令机关的职权，是处理重大事项或紧急情况的需要，有关单位和个人是可以理解的。

（3）篇幅简短。发号施令的要求之一是语言精要，篇幅简短，使受令者很容易了然于心，见之于行。为此撰写命令（令）时应直截了当地提要求、作规定，而不必做详细解释和说明。

（六）例文与简析

【例文一】

中华人民共和国国务院令

第557号

《中华人民共和国食品安全法实施条例》已经2009年7月8日国务院第73次常务会议通过，现予公布，自公布之日起施行。

总理温家宝

二〇〇九年七月二十日

【例文二】

国务院　中央军委关于授予金春明同志“雷锋式消防战士”荣誉称号的命令

国函〔2006〕31号

公安部：

国务院、中央军委决定：授予辽宁省公安消防总队本溪市支队明山区大队特勤中队一班班长金春明“雷锋式消防战士”荣誉称号。

金春明，男，朝鲜族，1977年12月出生，黑龙江省尚志市人，中共党员。金春明同志1995年12月入伍以来，始终以雷锋同志为榜样，视人民群众的利益高于一切，在平凡的岗位上作出了不平凡的业绩。他忠于职守，英勇顽强，不畏艰险，冲锋在前，共参加灭火救援战斗1500多次，抢救遇险群众65人，先后11次立功，7次被评为优秀士兵，被本溪市公安局授予“忠诚卫士”荣誉称号，被公安部授予“模范消防战士”荣誉称号。他胸怀报效祖国和人民的志向，勤学苦练，奋发有为，练就了过硬本领，曾连续三年获得本溪市公安消防支队技能大比武冠军，先后被评为辽宁省公安消防部队“十大杰出官兵”、“十佳战斗班班长”和全国公安消防部队执勤岗位练兵“十佳技术能手”。他牢记为人民服务的宗旨，心系群众，爱民为民，以弘扬雷锋精神为已任，长期照顾孤寡老人，全力资助贫困学生，深受驻地人民群众的好评，曾先后8次被评为优秀共产党员，分别被共青团本溪市委员会和本溪市委精神文明建设指导委员会办公室授予“希望工程特殊贡献奖”和“学雷锋标兵”荣誉称号，先后荣获“辽宁省雷锋奖章”、“辽宁省青年五四奖章”和“中国青年五四奖章”，并被评为全国民族团结进步模范个人、军民共建社会主义精神文明先进个人。

金春明同志忠于党的事业，在生与死的考验中，敢于赴汤蹈火、冲锋陷阵，为保卫人民群众生命财产安全作出了突出贡献。他爱岗敬业，爱警习武，苦练本领，勇攀高峰，是新时期消防官兵的杰出代表。他自觉传承、大力弘扬雷锋精神，从警为民，乐于奉献，为人民抛洒一片爱心，是新时期青年的楷模。金春明同志以朴实无华、一心为民的高尚情操、勇攀高峰的进取精神、精湛过人的专业技能、冲锋在前的英雄气概、无私奉献的优秀品德，忠实地践行了“三个代表”重要思想和全心全意为人民服务的宗旨，用雷锋精神抒写了新时期革命军人爱民为民的壮丽诗篇。

国务院、中央军委号召全体公安民警、武警官兵和全军指战员以金春明同志为榜样，认真学习邓小平理论和“三个代表”重要思想，牢固树立和落实科学发展观，继承和发扬我党、我军优良传统，不断提高队伍的整体素质和战斗力，全心全意为人民服务，努力完成党和人民赋予的各项任务，为保障人民安居乐业和全面建设小康社会作出新贡献。

国务院总理　温家宝
中央军委主席　胡锦涛
二〇〇六年五月二日

二、决定

（一）决定的含义

决定适用于对重要事项或者重大行动做出安排，奖惩有关单位及人员，变更或者撤销下级机关不适当的决定事项。

用“决定”来做出安排，必须是“重大行动”和“重要事项”，布置日常工作和处理一般事项可以使用其他文种，如“通知”等。

党务机关也使用“决定”，用来发布、传达贯彻党的方针、政策，也可以用来对重要行动和事项做出安排和处理，或者决定党的重要机关的变动。

人民代表大会或它的常务委员会也常用“决定”。政府机关向同级人民代表大会或常务委员会提请审议的议案，人民代表大会或常务委员会在审议后应做出相应的决定。

（二）决定的特点

决定有以下特点：

1. 行文严肃。当上级机关以决定向下级机关行文时，必须是对重要事项或重大行动作出安排。下级机关接到上级机关的决定，必须认真贯彻执行，不能随意变通执行。

2. 事实明确。上级机关在决定中对重要事项、重大行动所做出的安排，在目的、要求和完成时间等内容上必须明确，不能含糊或模棱两可。

3. 说理清楚。上级机关在决定中对重要事项或行动，需要向下级机关阐明原因、目的和主张，要求下级应该做什么，怎样去做，并说明理由。

（三）决定的类型

常用的决定按内容划分为四种：

行动型决定：安排重大行动的决定。

事项性决定：安排重要事项的决定。

奖励性决定：奖励有关单位及人员的决定。

惩戒性决定：惩戒有关单位及人员的决定。

（四）决定的一般写法

决定的正文大都包括三个部分：决定的缘由、根据；决定事项；执行要求。

决定的缘由、根据部分主要说明做出决定的背景，概述做出决定的道理、根据或目的，表明做出决定的必要性或重要性。有的写得比较简单，有的写得比较复杂。

决定事项指决定的具体内容，决定的结果。内容单一的决定可用一段或一两句简洁的文字直述决定意见或处理结果。内容复杂的决定可用条款式的写法或用列出小标题的方式一一写明决定的若干问题。要求条理分明，语言明确、简练。

执行要求旨在加深人们对决定的认识和理解，以提高执行的自觉性。可根据情况写出具体要求提出希望或发出号召，以增强执行的效果。

（五）决定的写作要求

撰写决定有三点要求：

一是要熟悉有关的法律规定和方针政策，保证决定内容的正确性。

二是要掌握切实可靠的材料，了解有关情况，使做出的决定符合实际。

三是决定要准确反映发文机关的一致看法和意见，代表发文机关的态度，撰写时必须严肃、认真。

【例文三】

全国人大常委会关于我国加入世贸组织的决定

（2000年8月25日第九届全国人民代表大会常务委员会第十七次会议通过）

第九届全国人民代表大会常务委员会第十五次会议听取并审议了对外贸易经济合作部受国务院委托所作的《关于我国加入世界贸易组织进展情况的报告》，对我国政府为我国加入世界贸易组织所作的努力予以充分肯定。

会议认为：我国作为世界上最大的发展中国家，加入世界贸易组织，有利于我国改革开放和经济发展，也是建立完整开放的国际贸易体系的需要。我国加入世界贸易组织，只能以发展中国家的身份加入，并坚持权利与义务平衡、循序渐进开放市场的原则，以确保国家控制国民经济命脉，维护国家经济安全和国家主权。

根据第十五次会议以后我国加入世界贸易组织谈判的新的进展情况，本次会议决定：同意国务院根据上述原则完成加入世界贸易组织的谈判和委派代表签署的中国加入世界贸易组织议定书，经国家主席批准后，完成我国加入世界贸易组织的程序。

【例文四】

潜山县人民政府关于进一步加强招商引资工作的决定

潜政发〔2008〕9号

为进一步提高我县对外开放水平，优化投资经营环境，扩大招商引资实效，助推经济社会持续快速健康发展，现就进一步加强招商引资工作作如下决定：

一、总体思路

以党的十七大精神和“三个代表”重要思想为指导，以科学发展观为统领，进一步解放思想、振奋精神、深化改革、扩大开放。充分发挥我县的资源优势、政策优势、区位优势、环境优势和后发优势，围绕机电制造、纺织服装、医药、日用化工和汽车零部件、旅游工艺品以及农副产品深加工等优势产业，在政府引导、企业为主、部门服务、全方位参与的前提下，充分整合、调动各种有利因素；瞄准东部沿海发达地区，以开发区、旅游度假区和乡镇特色园区为主平台，以引进大项目、高新项目和有助于形成产业聚集、发展循环经济、实现产业升级和形成新经济增长极的项目为重点；进一步完善和优化投资环境；坚持把招商引资作为推进工业强县、旅游兴县、园区建设、城镇化建设的主抓手不动摇，加大招商引资力度，提高招商引资质量，扩大招商引资规模，打造我县发展新优势，促进全县经济社会全面、可持续发展。

二、基本原则

既要注重总量扩张，又要注重项目质量；既要突出工业项目引进，又要结合县情引进三产服务项目；既要注重项目引进，又要抓项目开工率和资金到位率；既要考虑项目经济效益，又要考虑项目的环保效益；既要注重引大项目、好项目，更要节约用地，提高投资强度。

三、工作目标

根据我县经济和社会发展的总体要求，“十一五”期间，平均每年递增40%以上，3年内累计到位境内资金80亿元以上，境外资金5000万美元以上，1000万元以上的工业、旅游项目100个以上，5000万元以上的工业、旅游项目20个以上，亿元以上的工业、旅游项目10个以上。

四、工作措施

（一）加强招商引资组织领导

招商引资工作是全社会的一项系统工程，全县上下必须切实增强做好招商引资工作的紧迫感和责任感，牢固树立发展是第一要务，招商是第一重点，党政主要领导是第一责任人的观念，真正把招商引资工作作为“一号工程、一把手工程”，继续升温加压，用新的机制和举措，迅速掀起全民参与、大力招商的新高潮。各乡镇、各部门要强化责任意识和任务意识，单位主要负责同志要学习、熟悉招商引资业务，掌握工作规律和技巧，要做到工作计划性强、措施过硬、落实有力，没有完成时序进度的单位实行主要领导“离岗招商”。各部门要牢固树立招商引资工作一盘棋的思想，从大局出发，加强部门之间的沟通协调，形成“领导带动、乡镇互动、部门联动、企业主动”的工作机制。建立招商引资领导接待制度和重点项目联系推进责任制。在谈、在建的重点招商项目确定县级班子成员跟踪督查、挂帅督办。各乡镇、各部门主要负责同志要主动介入本乡镇、本部门招商引资工作，广交朋友，以商会友，着力推动与协调项目的对接与实施工作。

（二）完善招商引资工作基金

县财政每年安排400万元，作为招商引资工作基金，专户储存，专项用于招商工作经费、年度考核奖励。基金由县招商引资领导小组调控使用。每年年初，各单位按其年度任务预支工作经费，年终没有完成任务的单位，预支的工作经费将由县财政在该单位下年度公用经费中扣回。

（三）建立招商引资风险金制度

将财政全额供给单位在职人员的年度奖金作为招商引资风险金，由县财政统筹，纳入招商引资工作基金；当年完成年度招商引资目标任务低于50%的单位不返还风险金，完成任务50%及以上的按比例返还风险金，全面完成任务的全额返还风险金。招商工作基金和招商风险金滚动使用，当年余额转为下年度招商引资工作基金。

（四）扩大对外舆论宣传

宣传、招商部门要认真策划组织专项对外招商引资的宣传、推介和交流活动，要积极组织编撰、制作招商引资对外宣传品。新闻舆论单位要不断创新宣传内容和形式，进一步加大我县对外招商引资工作的宣传报道力度，充分利用各类活动，突出宣传我县名牌产品、优势企业及优惠政策，及时宣传报道我县招商引资典型事例。各相关职能部门和重点企业应积极主动地在县城各主要出口、公共场所及重点交通路段，合理设置大型招商引资和对外开放的公益广告牌及形象口号。

（五）创新招商引资方式

充分发挥园区、企业的招商主体和县政府招商顾问作用，突出科学招商、产业招商和以商招商，围绕我县优势产业和骨干企业开展招商。动员鼓励骨干企业积极参与大型的投融资洽谈活动和省市组织的招商引资活动，主动与国内外大公司、大财团接触，寻求合作机会。选派干部到发达地区挂职招商；继续在全县抽调精干人员组建3～5支专业招商小分队，分区域对口进行驻点招商，驻点招商办主任和成员在全县范围内公开选聘或选调，是机关干部和事业单位工作人员的，原行政组织关系和福利待遇不变，对驻点招商实行定招商地区、定目标任务、定完成时间、定招商经费、定专项奖惩制度。每个县直招商组就是一个招商团，要组建1支招商小分队，牵头单位主要负责人为队长；每个乡镇组建1支招商小分队，由2～3人组成，乡镇党委或政府主要负责人任队长；开发区要抽调精干人员至少组建2支小分队，队长由副科级以上领导干部担任。各组建的招商小分队要常年驻外招商，小分队成员一经确定中途不得调整，确需调整的须经县委组织部、县招商局同意。

（六）夯实招商项目基础

加快招商引资项目的研究开发和包装推介，扩大对内对外招商引资项目开发的范围和领域。要根据我县产业发展规划和投资市场导向，每季度一次收集汇总全县招商引资项目，从中筛选出一批规模大、技术含量高、发展前景好、能够延伸产业链、对整体经济有带动作用的项目列入全县招商引资项目储备库。各乡镇、各部门要扎扎实实做好项目前期工作，切实提高项目吸引力和招商引资成功率。农业部门要准确掌握国内外同行业最新发展动态，结合自身的比较优势和市场需求，有针对性地围绕农业产业编制出好项目、大项目、具有吸引力的优势项目。县发改委、经委等部门要围绕全县现有骨干企业，从上下游配套型企业入手，包装一批科技含量高、发展前景广、产业带动强、关联度大的项目。县建设、国土、旅游和文化等部门要结合规划调整编制一批城镇建设和旅游文化项目。

（七）提高平台承载能力

创新园区建设模式，多渠道筹措资金，加快县开发区、旅游度假区和乡镇特色产业园基础设施建设。开发区要确保完成11.9平方公里道路网建设，着手新辟开发区新区；要坚持供地数量与投资强度相挂钩，提高土地利用率。乡镇特色产业园加快配套设施建设，提高承载力，积极引导、引进中小企业入园发展。加大园区土地整理、置换和盘活闲置土地力度，千方百计争取和筹措用地指标，用足用活园区政策，充分发挥好园区招商引资平台作用。

（八）落实各项优惠政策

国家、省、市、县出台的各项外商投资优惠政策，各乡镇、各部门要认真贯彻落实，杜绝只顾眼前利益，不按政策办事，言行不一的行为出现。对外商投资承诺的条件要坚决兑现，树立以诚招商，取信于商的良好投资环境。

（九）优化招商引资环境

有行政审批权限的单位要继续清理削减行政审批项目。县行政服务中心实行“朝九晚五”制，并尽快实施行政审批“两集中、两到位”。县直各部门、各单位要加强对本部门、本单位工作人员管理，努力提高行政效能。县纪检监察会同组织部门出台有刚性、约束力、操作性强的问责机制。监察部门要继续组织开展好行风评议。县纪检监察部门、公安机关和经济110要加大对破坏发展环境的投诉案件查处和企业周边环境秩序的综合整治力度，从重惩处扰乱企业正常生产经营秩序、侵害客商人身财产安全的各种不法行为和犯罪案件。

（十）强化目标责任考核

各乡镇、县直招商组和县级班子领导成员招商引资目标任务完成情况每两月一通报，每季一调度，每半年现场观摩，年中、年底县电视台通报。实行招商引资工作述职制度，县委常委每年向县委全委会述职招商引资工作，县政府副县长每年向政府全体会议述职招商引资工作，乡镇、县直单位主要负责人每半年向县委组织部述职招商引资工作，述职中涉及招商引资任务完成情况的需招商部门审核。组织部要对招商引资任务完成进度不理想的单位实行诫勉谈话制度。要把招商引资作为绩效考核的重要内容，提高其权重。修订完善招商引资考核办法，对工业项目、旅游项目和带有牵动性的商业及其他项目第一引荐人和引荐单位进行重奖，项目第一引荐人是机关干部和事业单位工作人员的，除享受奖励外，有突出贡献的优先提拔使用；没有完成招商引资年度目标且年度考核倒数三名的乡镇和部门，单位主要负责人在下一年度全县招商引资工作会议上作表态发言；未完成招商引资年度目标且考核最后一名的乡镇和部门，全体干部职工当年一律不提拔、不评先、不评优。

（十一）各有关职能部门对照本决定的相关条款负责完善有关考核和实施办法

本决定自发布之日起执行，过去出台的文件与本决定有抵触的，以本决定为准。

潜山县人民政府

二〇〇八年三月十一日

五、决定和命令（令）、决议的区别

（一）决定和命令的区别

决定和命令（令）都是具有很高权威性和约束力的文种，二者有相似之处，但并不相同。其区别是：

第一，使用者有所不同：命令（令）只限于县以上各级人民政府使用，而决定则无此限制，各机关、团体、企事业单位都可以使用。

第二，执行要求有所不同：行政令要求无条件强制执行，而行动性决定虽然也必须执行，但其安排往往有一定灵活性和变通余地。

第三，内容繁简有所不同：命令（令）主要是发出必须做什么和不准做什么的指令，不作或很少作阐述和说明，因此篇幅都比较简短。而决定，除简单的事项性决定外，则不仅提出做什么的要求，而且还阐明指导思想和方针、政策，提出措施和方法，因此篇幅比较长，几千字的决定颇为常见，这是命令（令）不可能出现的情况。

（二）决定和决议的区别

决议是党的机关和国家权力机关的重要公文，也是工会、共青团等群众团体和职工代表大会等群众参加民主管理的组织使用的公文。决定与决议的不同之处是：

第一，决定可以由会议作出，也可以由领导集体作出，而决议必须由会议讨论通过，所以在其标题下应标明会议名称和通过日期。

第二，决定和决议都是决策性公文，但决策性决定偏重务实，决策性决议侧重务虚，决议比决定的理论性更强。中共中央关于经济体制改革作出的是决定，而关于精神文明建设作出的是决议。

第三节　公告、通告

一、公告

（一）公告的含义

公告适用于向国内外宣布重要事项或者法定事项。公告通常是国家向国内外宣布某些重大事项时才使用，一般单位不宜用公告行文。新华社、司法机关，以及一些政府机关有时可根据授权使用公告。

（二）公告的特点

1. 法规性

公告以国家宪法、法律和法规为依据，并且紧密结合具体情况而制定，具有法定权威和行政约束力。

2. 庄重性

发布公告的单位是国家领导机关、地方行政机关。公告的内容是国内外关注的大事。公告是公开郑重的宣布，因此内容、形式、行文语言都要求庄重、慎重。

（三）公告的类型

公告，从行文的内容和作用来划分，可以分为重要事项的公告和法定事项的公告。

1. 重要事项的公告

重要事项的公告，是用来宣布有关国家的政治、经济、军事、科技、教育、人事、外交等方面需要告知全民的重要事项，包括：代表资格审查公告；国家主要领导人健康状况的公告；罢免代表资格或撤销人大常委会组成人员职务的公告等。

2. 法定事项的公告

法定事项的公告，是依照法律和法规的规定，一些重要事情和主要环节必须以公告的方式向全民公布。包括：公布重要法律的公告；关于重要制度变更的公告等。

（四）公告的一般写法

公告写作比较简单，在结构上一般包括标题、正文和发文机关名称、日期等部分。

(1) 标题。公告的标题一般有三种形式：一是由发文机关名称、事由和文种组成；二是由发文机关名称和文种组成；三是只标示文种。

(2) 正文。公告的正文，一般由三个部分构成：依据部分，写明发布公告事项的根据；事项部分，即发布公告事件的内容；结语部分，常用“现予公告”、“特此公告”等习惯用语作结。

(五) 公告的写作要求

首先，要直陈其事，一事一告，内容就实避虚；语言要严肃庄重，不发议论，不加说明。

其次，一般单位不能随意滥用公告。

【例文五】

中国人民银行公告

中国人民银行定于2005年10月21日发行2005北京国际钱币博览会熊猫加字银质纪念币1枚。该纪念币为中华人民共和国法定货币。

一、纪念币图案

(一) 正面图案

北京天坛祈年殿，并刊国名、年号及“2005北京国际钱币博览会纪念”字样。

(二) 背面图案

母子大熊猫图，并刊“loz Ag.999”字样及面额。

该枚纪念币正背面外环及边部、正面天坛图案外环采用镀金工艺。

二、纪念币规格及发行量

1盎司银质纪念币为普制币，含纯银1盎司，成色99.9%，形状为圆形，直径40毫米，面额10元，发行量30000枚。

三、该枚纪念币由上海造币厂铸造，中国金币总公司总经销

中国人民银行

二○○五年十月二十日

二、通告

（一）通告的含义

通告适用于公布社会各有关方面应当遵守或者周知的事项。它是一种在公务和业务管理中应用范围广泛、使用频率较高的具有知照性和一定约束力的普发性下行公文。

（二）通告的特点

1. 使用的广泛性

通告不仅可以在一定范围内公布重大事项，还可以用来公布社会生活中的一些具体事务，如节假日的交通管制，道路施工期间的交通封锁改道等。通告的使用单位也很广泛，不仅国家机关可以使用，地方各级人民政府乃至基层单位，都可以在自己的职权范围内使用。

2. 内容的强制性

通告中所提出的规定、要求，带有法规性质，各单位和个人都必须认真遵照执行，如有违反，将受到严肃查处。

（三）通告的种类

通告，按其作用的不同，可分为事项性通告和法规性通告两种。

1. 事项性通告

事项性通告，是国家机关、社会团体或企事业单位为使某项涉及群众的事项迅速得以周知而发布的公文，包括告知性通告、限期办理性通告和就某一事项发出指示、政策的通告。

2. 法规性通告

法规性通告，是国家的各级权力机关、人民政府和人民法院、人民检察院等机关以通告的形式直接发布的具有普遍约束力的法律、法规文件，要求所辖地域的人们必须认真遵守，不得违背。

（四）通告的一般写法

1. 标题

通告的标题由发文机关名称、事由、文种三部分组成；有的省去事由；内容简单或难以概括标题的，只写“通告”二字。

2. 正文

通告的正文一般由三部分内容构成。首先写清楚发布通告的目的和法律的依据。接着以“特此通告如下”作为过渡语，转入第二部分内容即通告的具体事项。第二部分一般采用分条列项的方法写出（通告事项单一的可例外)。最后单列一段，提出希望和要求，或说明实施期限和告知有效范围。结语，一般采用“此告”、“特此通告”等语。

(五) 通告的写作要求

1. 语言通俗易懂，准确明白

为便于受文对象的认读、理解、记忆和遵守，通告在语言表述上既要注意适应广大群众的普遍水平，做到通俗易懂，又要注意结合专门事项的要求恰当使用专业术语，使表达准确、明白。

2. 注意通告与公告的主要区别

通告、公告都是知照性公文，都具有很强的知照作用。但同时它们在许多方面具有严格的区别，不可混用。

(1) 重要程度不同

公告用来宣布国内外关注的重大事件；通告多用于宣布一般性的事项。

(2) 受文对象不同

公告范围很广，向国内外宣布，全国公民乃至全世界周知；而通告则是就某一部分的某项问题发布的，它只适用于某一限定范围内。

(3) 发布权限不同

公告是国家领导机关使用的公文，一般部门和单位不得使用这一文种；而通告是基层企业单位、事业单位、街道、村民委员会等均可制作、使用的一种公文。

【例文六】

××市人民政府关于××风景区限制机动车通行的通告

为进一步保护××风景区的生态环境，保障游客的安全，现就进一步在××风景区实施限制机动车通行的有关事项通告如下：

一、从××风景区南大门起至西大门的所有风景区专用道路列为限制机动车区域。其中南大门至明珠楼桃花洞上门岗为先限路段，桃花洞上门岗至西大门为缓限路段。

二、自2007年4月19日起，每天上午6时至下午5时，除执行特殊公务的警车、消防车、救护车、工程救险车和××风景区环保电瓶车、××风景区管理部门工作车辆以及经核定的驻风景区单位工作车辆外，其他机动车辆禁止驶入先限路段。缓限路段在××风景区西侧大型停车场建成使用前暂时允许通行。

三、需进入××风景区限车区域执行特殊公务的机动车，应主动向××风景区门岗值班人员说明，经确认后迅速放行；对非执行特殊公务的机动车，门岗应拒绝放行。

四、××风景区驻地单位的后勤补给运输车辆和在××风景区担负建设任务的施工单位的工程运输车辆，可以在上午9时之前、下午5时之后通行，其他时间禁止通行。

五、除××风景区管理部门工作车辆和××风景区环保电瓶车、经核定的驻风景区单位工作车辆以及执行特殊公务的警车、消防车、救护车、工程救险车等可以往来行驶外，其他机动车严禁逆向行驶。

如特殊情况确需逆行的，须报告××风景区管理部门批准后方可行驶。

特此通告。

××市人民政府

二〇〇七年三月十九日

第四节　通知、通报

一、通知

（一）通知的含义

通知适用于批转下级机关的公文，转发上级机关和不相隶属机关的公文，传达要求下级机关办理和需要有关单位周知或者执行的事项，任免人员等。

通知是一种使用范围较广的文种。凡需要特定机关和人员知道、办理的事宜，都可以用通知。通知大部分是下行文，也有一部分是平行文，即发给不相隶属的单位或个人。

（二）通知的特点

1. 使用的广泛性

通知的发文机关，几乎不受级别的限制。大到国家级的党政机关，小到基层的企事业单位，都可以发布通知。在内容方面，大到全国性重大事项、法规、规章，小到单位内部告知一般事项，都可用通知行文。另外，在发文方式上也灵活、方便。

2. 功用的指导性

上级机关向下级机关用通知行文，都明显体现出指导性。特别是部署工作、批转和转发文件的通知，都在实现着通知的指导功能，受文单位要在规定的时间内完成通知布置的任务。

（三）通知的种类

按照具体用途的不同，可以把通知划分为以下几类：

1. 颁转性通知

颁转性通知有三种：一是印发性通知，可分颁发、发布、印发三种。印发性通知是指用来发布行政法规和规章或印发有关文件的通知。二是转发性通知，是用来转发上级机关、同级机关和不相隶属机关的公文的通知。三是批转性通知，是用来批示转发下级机关发来的公文的通知。

2. 指示性通知

指示性通知主要用于阐述重要政策、布置重要工作或重大执行事项，具有指令性与强制执行的作用。这类通知主要用于上下级之间、职能部门与具体实施部门之间，通知中的相关规定必须严格遵照执行。

3. 知照性通知

知照性通知主要用于告知事项、传递信息。如设置或取消机构、设立奖项、人事任免、印章启用与废除、召开会议等，都属这类通知。在日常经济工作中，这种通知的使用机会较多。

（四）通知的一般写法

1. 标题。通知的标题的写作有三种方式：一是由发文机关的名称、事由和文种组成。重要通知的标题，一定要具备这三个要素，使人一看就能大致知道通知的内容；二是由事由和文种构成；三是由文种“通知”作标题，这种通知，一般仅限于日常生活和工作中一些非重大事项的通知。

情况特殊的通知，在标题中应写明，如“紧急通知”、“补充通知”、“联合通知”等。

2. 主送机关。通知的主送机关一般有两种写法。一种是主送机关有一个或两三个，这种情况中，可将几个机关的名称全部写上；另一种是主送机关很多，属普发文件，这种情况采用概括的写法，如县一级人民政府的下行公文，主送机关可写成“各乡、镇人民政府，县政府各部门”。

3. 正文。通知正文的基本内容，包括发布本通知的根据和缘由；通知的具体事项；落实通知的要求等。其中，通知的具体事项是正文的重点内容。这是通知的一般写法。由于通知的种类不同，它们在写法上又略有差异。

颁转性通知的正文可根据实际情况写作，有时用一句话引出颁发、转发、批转的文件，并说明颁发、转发、批转文件的根据和提出执行要求。也有的分缘由和指示两部分来写，缘由部分写明发文的根据或表明态度，提出执行要求；指示部分说明所颁发、转发、批转文件的意义，并指出具体做法，提出措施和要求。

指示性通知的正文规范性强，文字较多，需要从实际出发，力求高视点，有政策性、针对性。写作时先概述发文的原因、目的或基本情况，再提出原则及具体明确的要求、措施、办法等。内容多时采用分条列项的方法来写。

知照性通知，是用来传递信息、交代事项的，只要写清应知应办的事项就达到了目的。如会议通知，人数较少的一般性会议通知，只需简要写明会议的名称、目的、时间、地点、与会人员、准备事项（如准备材料、文件、论文等）即可。内容比较复杂、日期较长、与会人员较多的会议，要写清楚会议名称、目的、议题、时限、报到时间、地点、与会人员、准备事项、食宿安排、差旅费报销方法，以及筹办会议单位的名称、联系人、联系地址、e-mail地址、电话、传真、去会地路线等，与会议有关的项目不能出现差错和遗漏。

（五）通知的写作要求

1. 重点突出，措施具体

通知是要求受文单位了解、协助和执行、办理的公文。因此，写作时要重点突出，把道理讲清楚，任务提明确，措施订具体。只有这样，才便于受文者在执行、办理中不出现偏差或错误。

2. 注意通知和通告的区别

(1) 使用范围不同

通知适用于批转下级机关的公文，转发上级机关和不相隶属机关的公文，传达要求下级机关办理和需要有关单位周知或者执行的事项，任免人员等；而通告则适用于公布社会各有关方面应当遵守或者周知的事项。

(2) 受文对象不同

通知的对象一般是机关或单位的工作人员；通告的对象一般是社会公众。

(3) 行文要求不同

通知的事项一般需要办理和贯彻执行；而通告的事项只需遵守和知晓即可。

【例文七】

财政部　海关总署　国家税务总局
关于调整钻石及上海钻石交易所有关税收政策的通知

财税〔2006〕65号

各省、自治区、直辖市、计划单列市财政厅（局）、国家税务局，新疆生产建设兵团财务局，海关广东分署、天津、上海特派办、各直属海关：

为规范国内钻石市场，平衡同类商品税收负担，经国务院批准，现将钻石及上海钻石交易所有关税收政策通知如下：

一、纳税人自上海钻石交易所销往国内市场的毛坯钻石，免征进口环节增值税；纳税人自上海钻石交易所销往国内市场的成品钻石，进口环节增值税实际税负超过4%的部分由海关实行即征即退。进入国内环节，纳税人凭海关开具的完税凭证注明的增值税额抵扣进项税金。

纳税人自上海钻石交易所销往国内市场的钻石实行进口环节增值税免征和即征即退政策后，销往国内市场的钻石，在出上海钻石交易所时，海关按照现行规定依法实施管理。

二、出口企业出口的以下钻石产品免征增值税，相应的进项税额不予退税或抵扣，须转入成本。具体产品的范围是：税则序列号为71021000、71023100、71023900、71042010、71049091、71051010、71131110、71131911、71131991、71132010、71162000。

各地税务机关要注意含有钻石的产品的出口动态，凡发现企业出口产品含钻石且价值比重较大，同时不属于以上所列产品范围，以及执行中发现其他问题的，应及时报告财政部、国家税务总局。

三、对国内钻石开采企业通过上海钻石交易所销售的自产毛坯钻石实行免征增值税政策；不通过上海钻石交易所销售的，照章征收增值税。

四、对国内加工的成品钻石，通过上海钻石交易所销售的，在国内销售环节免征增值税；不通过上海钻石交易所销售的，在国内销售环节按17%的税率征收增值税。

对国内加工的成品钻石，进入上海钻石交易所时视同出口，不予退税，自上海钻石交易所再次进入国内市场，其进口环节增值税实际税负超过4%的部分，由海关实行即征即退。

五、对上海钻石交易所取得的交易手续费收入、会员缴纳的年费收入照章征收营业税。

六、关于上海钻石交易所的保税政策和钻石的其他税收政策，仍按现行规定执行。

七、进口环节增值税即征即退的具体操作办法由海关总署制定；对钻石的国内环节的增值税征收管理办法及增值税专用发票管理办法由国家税务总局另行制定。

八、对以一般贸易方式报关进口的工业用钻，不再集中到上海钻石交易所海关办理报关手续、实行统一管理，照章征收进口关税和进口环节增值税（具体商品范围见附件）。

本通知自2006年7月1日起执行。

附件：工业用钻范围

财政部 海关总署 国家税务总局

二〇〇六年六月七日

【例文八】

国务院办公厅转发发展改革委等部门

关于加强固定资产投资调控从严控

制新开工项目意见的通知

国办发〔2006〕44号

各省、自治区、直辖市人民政府，国务院各部委、各直属机构：

发展改革委、国土资源部、银监会《关于加强固定资产投资调控从严控制新开工项目的意见》已经国务院同意，现转发给你们，请认真贯彻执行。

国务院办公厅

二〇〇六年六月十三日

【例文九】

湖北省人民政府批转省财政厅
关于发挥财政职能促进新型工业化和
县域经济发展意见的通知

各市、州、县人民政府，省政府各部门：

省人民政府同意财政厅《关于发挥财政职能，促进新型工业化和县域经济发展的意见》，现转发给你们，请认真贯彻执行。

湖北省人民政府

二〇〇三年十月十七日

二、通报

（一）通报的含义

通报适用于表彰先进、批评错误、传递重要精神或者情况。

通报也为知照类公文，其主要作用在于学习他人经验，推动工作；吸取他人教训，防止类似问题的发生；了解有关情况，促进各方面工作的顺利开展。通报的写作要有代表性、针对性，使人们从中受到启发和教益。

（二）通报的特点

1. 真实性

情况真实是通报的生命。通报所表扬或批评的情况，要求准确无误，不允许有任何虚假成分。其次，通报的真实还必须有典型性，反映的材料能代表事物的本质特点。

2. 及时性

通报具有指导现实工作的作用，因此在时间上要求对所发生的典型事件要作出及时迅速的反应。

（三）通报的种类

按照内容和用途的不同，可以把通报分为三类：

1. 表彰性通报

表彰性通报是指对先进典型、好人好事进行表彰，对先进经验加以肯定、推广，以激励人们学习先进，吸取经验，进一步做好工作。

2. 批评性通报

批评性通报是批评错误，使人们吸取经验教训，引以为戒，防止类似错误发生的通报。批评性通报有的是对典型错误的批评处理，有的是对重大事故或事件的批评处理。

3. 情况通报

情况通报是向有关部门人员传达重要情况，发布重要信息，使人们掌握情况，明确问题和工作意图，以指导今后的工作。

（四）通报的一般写法

1. 标题。通报的标题大致有四种情况：一是由发文机关、事由和文种组成；二是由事由和文种构成；三是由发文机关和文种组成；四是只写“通报”二字。

2. 正文。通报的正文一般包括如下三个方面的内容：

（1）主要事实。包括事实发生的时间、地点、涉及的单位与人员、大致过程、主要情节、结果和影响等。叙述事实的基本情况要真实、准确、扼要。要处理好详略关系，对涉及事实本质，对反映通报意图直接有关的过程、情节等，应该详写，其他可以略写。要让人们从叙述中既可很快掌握事实梗概，又能较快悟出其中的经验教训。

（2）分析事实所包含的意义。表彰性通报需要分析先进事迹的意义及主要人物的可贵精神、主要经验和值得发扬与学习点，号召大家向先进学习的具体要求等。批评性通报，应分析产生问题的主客观原因、主要教训，以及指出防止和杜绝今后发生类似事件的措施等。情况通报要围绕某个问题，列举各个方面的情况，每种情况又分别以典型材料加以说明。

（3）结尾。通报如何结尾，这要根据通报的性质而定。多数情况通报不另加结尾部分，主体写完就结束全文。有的批评性通报，习惯以“希望引起大家的注意”、“特此通报”等词语结束全文。

3. 通报的署名和成文日期。在通报正文的右下方署以发文机关的名称，署名下边写成文的年、月、日。

（五）通报的写作要求

1. 事实必须可靠

无论哪种通报的事实，都要准确无误，哪怕是一些细节问题也要认真核实材料的真伪。通报切忌无中生有，推理想象；或任意夸大或缩小事实。

2. 用词造句必须严谨

通报对先进事迹的表彰，对错误行为的处理，以及对情况的分析和判断，都涉及人和事的定性问题。因此，用词造句必须慎重严谨，讲究分寸。不能说过头话，不能称善过其美、言恶过其极，便通报失去其应有的作用。

3. 注意通报和通知的区别

通报和通知都是具有沟通情况、交流信息作用的告知性公文，二者的区别在于：

（1）目的不同。通知的目的是发布、转发和批转文件，安排部署工作，是要求有关单位或个人必须按照通知的事项要求去做，具有一定强制性；而通报的目的则是表彰先进，批评错误，传达重要情况，树立典型，学习经验，吸取教训，改进工作。

（2）对象不同。通报是对所属人员进行普遍教育的工具，没有特定的对象；通知部署的任务和事项极为明确，具有特定的对象。

（3）时间不同。从制文时间来看，通知是在事前发文；通报则是事后发文，即事前通知，事后通报。

【例文十】

扬州市对外经济贸易合作局
关于2009年1—4月进出口情况的通报

今年1—4月，我市实现进出口141236万美元，同比下降23.6%。其中出口106506万美元，完成年度指标的20.3%，同比下降17.7%；进口34730万美元，同比下降37.4%。

4月当月，我市实现进出口36053万美元，同比下降34.7%。其中出口26366万美元，同比下降33.2%；进口9687万美元，同比下降38.5%。

全市外贸运行的主要特点：

一、从出口企业结构看，内、外资企业出口双双下降，重点企业出口态势不容乐观。

1—4月，内资企业出口50669万美元，同比下降20.9%，占全市出口的47.6%；外资企业出口55836万美元，同比下降14.6%，占全市出口的52.4%。

出口前30位企业合计出口额达46388万美元，占全市出口总额的43.6%。在这前30位企业中，有20家企业4月当月出口额与去年同期相比出现负增长。

二、从出口产品结构看，机电产品与高新技术产品出口继续呈现深度下行态势。

从总量分析看：1—4月，机电产品出口44650万美元，同比下降29.8%（当月降幅达50.3%），占全市出口的41.9%；高新技术产品出口16653万美元，同比下降46.8%（当月降幅达58.2%），仅占全市出口的15.6%。

从具体产品结构看：重点产品中仅船舶累计出口9110万美元，同比增长61.1%，但其当月出口仅1209万美元，下降59.7%。

液晶装置及附件累计出口2039万美元，同比下降76.7%；集装箱累计出口1086万美元，同比下降74.1%；蓄电池累计出口1342万美元，同比下降62.2%；无缝钢管累计出口5170万美元，同比下降37.2%；机动车辆零配件累计出口2215万美元，同比下降25.6%；绝缘电线电缆累计出口2304万美元，同比下降15.8%。

三、我市大部分传统轻工产品出口态势相对平稳。

传统产品中鞋帽累计出口6147万美元，同比增长17.6%；牙刷累计出口4522万美元，同比增长8.8%；箱包累计出口2656万美元，同比下降5.2%；纺织服装累计出口13257万美元，同比下降6.2%；玩具累计出口2758万美元，同比下降29.4%。

四、从贸易方式看，一般贸易与加工贸易进出口出现普降局面。

出口方面：我市一般贸易累计出口73746万美元，同比下降15.6%，占全市出口的69.2%；加工贸易出口32310万美元，同比下降22.3%，占全市出口的30.3%。

进口方面：我市一般贸易累计进口13290万美元，同比下降42.3%，占全市进口的38.3%；加工贸易进口16559万美元，同比下降34.6%，占全市进口的47.7%；外商投资企业投资进口设备2701万美元，同比下降60.6%。

五、从出口市场结构看，传统重点市场全线低迷，非洲新兴市场异军突起。

欧美是我市主要出口市场，1—4月，我市对欧盟出口38667万美元，同比下降4.4%，占全市出口的36.3%；对美国出口22090万美元，同比下降2.1%，占全市出口的20.7%。

对其他重点市场出口普遍下降：对香港累计出口2775万美元，同比下降71.4%；对澳大利亚出口2342万美元，同比下降54.2%；对东盟出口6527万美元，同比下降29.1%；对韩国出口3171万美元，同比下降19.3%；对日本出口5432万美元，同比下降8.8%等。

对非洲累计出口达5782万美元，同比增长35.6%，是唯一实现出口增长的区域。

六、从各县（市、区）看，仅市化工园区实现出口增长。

市化工园区出口4226万美元，增长3%；宝应县出口7755万美元，下降1.2%；邗江区出口27025万美元，下降4.6%；江都市出口16107万美元，下降8.6%；广陵区出口8004万美元，下降9.3%；维扬区出口13082万美元，下降12.9%；高邮市出口5371万美元，下降18.4%；仪征市出口3842万美元，下降33.2%；市开发区出口21094万美元，下降40.3%。

扬州市对外经济贸易合作局

二○○九年五月二十五日

第五节　报告、请示、批复

一、报告

（一）报告的含义

报告适用于向上级机关汇报工作，反映情况，答复上级机关的询问。报告属上行文，是公文中使用频率较高的文种之一。

（二）报告的特点

1. 陈述性。报告主要是采用叙述手法，直陈其事，向上级机关讲明自己做了哪些工作，是如何做的，有哪些经验体会，还存在哪些问题，今后有什么打算等等，一般不展开推理论证，不要求上级机关答复，不使用祈使、请求笔法和语气。

2. 汇报性。所有的报告都是下级机关向上级机关或业务主管部门汇报工作、反映情况，答复上级机关的询问的上行文，是下级机关及时得到上级机关领导和指导的重要途径。

3. 事后性。在机关工作中，有“事前请示，事后报告”的说法。多数报告都是在开展了一段时间的工作之后，或是在某种情况发生之后向上级的汇报。

（三）报告的种类

报告的种类繁多，按照内容与作用划分，报告大致可分为以下四类：

1. 工作性报告

工作性报告是用来向上级汇报工作的进展情况、总结工作经验、反映存在的相关问题的报告。工作报告按其写作范围又可分为综合工作报告和专题工作报告两种。

综合工作报告，是指反映本单位全面情况，以便上级机关全面指导工作的报告。

专题工作报告，是指下级向上级反映本单位的某项工作、某个问题、某一方面的情况，要求上级了解的报告。专题报告要迅速及时，一事一报。一般来说，日常工作中专题报告使用的频率较高。

2. 情况性报告

情况性报告是用于反映情况的报告。这里的“情况”一般是指工作中发生的重大事件、意外事故，或带有倾向性的新动态、新风气，以及最近出现的新事物等，这种报告主要用于对突发事件或非正常情况的反映。

3. 答复性报告

答复性报告是用于答复上级机关询问事项的报告。这种报告的内容针对性最强，上级询问什么，就答复什么。对待上级机关的询问，一定要慎重，如果不了解实情，要经过深入的调查研究后再作答复。

4. 报送性报告

报送性报告是向上级机关报送文件、物件时随文随物而写的报告。这类报告通常非常简略，只需写明“现将××××报上，请审阅”即可。真正有意义的内容都在所报送的文件里。

（四）报告的一般写法

1. 标题

报告的标题一般由发文机关、事由、文种三项构成，也有的省略发文机关，只写事由、文种。

2. 主送机关

报告的主送机关一般具有单一性。一般写在标题与正文之间，单独一行，顶格书写。报告的内容如需有关上级机关阅知，可用抄送的方式处理。

3. 正文

报告的正文也可分为开头、主体、结尾三部分。工作性报告的开头要写清报告的主导思想和政策依据，点明要汇报的问题；主体部分写清工作的进展情况和效果，包括基本做法及主要成绩和经验、存在的问题及今后的打算。情况性报告的开头要写明发生了什么新情况、新问题；主体部分写发生的原因、问题的性质及处理意见。答复性报告开头则要列出上级机关询问的事项；主体部分写具体的答复。

报告的结尾，要根据报告的性质和内容而定，不能千篇一律。一般用："特此报告"、"以上报告，请审阅"等字样，但也有的报告结尾不写这些用语。

（五）报告的写作要求

首先，要注意与"请示"相区别，"报告"中不得夹带请示事项，结尾不得误用"以上报告妥否，请批示"等语。

其次，内容要真实可靠，做到据实报告，即"好处说好，坏处说坏"，不能"报喜不报忧"。

最后，报告的中心应明确，材料要详略得当，文字要简洁、流畅，不拖泥带水。报告中切忌使用套话、废话。

【例文十一】

××县商务局关于当前进出口贸易工作情况的报告

××市人民政府：

为进一步贯彻落实《××市人民政府关于进一步加强进出口贸易工作的通知》（××发〔2008〕78号），按照市人民政府领导的指示，我局于10月20日召开了进出口贸易专题工作会议，听取了各乡镇（区）进出口贸易工作的情况汇报。会后，我们成立了5个工作组，分别到我市12个乡镇（区）实地了解情况。现将有关情况报告如下：

一、存在的突出问题

（一）认识不到位。一些乡镇片面地认为外贸出口对地方交税少，对当地财政贡献小，考核时又不显政绩，错误地把出口退税理解成由地方财政承担，不能从大局出发，缺少大经贸意识，看不到外贸进出口对地方所带来的全方位、长远性影响，对外贸出口重视不够，热情不高，不鼓励当地出口发展。

（二）由于我县优惠政策、硬件环境等和沿海发达地区以及我东部市区存在差距，企业为追求利润最大化，把所生产产品供货或结转到外地出口，造成我县出口外流。

（三）受金融危机影响，部分企业生产尚未恢复正常。由于去年以来的金融危机影响，造成部分企业停产减产，客户流失，影响了全县出口规模扩张。

（四）资金短缺，尤其是流资匮乏，是全县所有进出口企业所存在的共性问题，特别是以出口农副产品为主的企业，时效性比较强，资金使用比较集中，因资金不到位，货源收购不上来，导致到手合同无法执行，困扰企业再发展。

（五）部分企业仍在走代理出口的路子。我县的很多木制品生产企业因生产规模偏小，只能通过外地代理公司代理出口。由于只供货不自营，企业得不到真正的实惠，在让代理商代理的同时，把大部分利润和奖励政策都让给了对方，我县企业只相当于对方的一个加工厂。

以上问题如不能及时得到解决，将会严重影响我县外贸进出口的发展。

二、建议和措施

（一）作为衡量一个地方对外开放发展水平的一项主要经济指标，应从根本上引起重视，应把该项工作提升到一个应有的高度，进一步解放思想，树立大经贸意识，从长远出发，抢抓机遇，狠抓该项工作落实。

（二）要一方面加强内部环境的整顿改造，使各职能部门切实转变职能，增强服务意识，扎实工作，对阻碍外贸进出口发展的单位和个人，要从严处理，决不姑息。另一方面积极营造良好的外部环境，搞好外贸出口工作的配套工程建设，降低出口成本，为企业外贸出口打开一条“绿色通道”。

（三）要建立和完善外经贸促进机制，加大政策扶持力度。结合我县实际情况，设立外贸发展基金，奖励对出口创汇做出杰出贡献的企业、创汇能手和促进外贸出口发展的单位和个人。

（四）要继续加快培育我县的多元化出口主体，狠抓对外贸易经营者备案登记工作，挖掘潜力，扩大外贸企业队伍，增加新的出口增长点，宣传动员企业早日进行备案登记，尽快开展进出口业务。切实抓好招商引资工作，今天的外商投资企业就是明天的出口亮点，这也是做好我县对外贸易可持续发展的一条有效途径。

（五）要抓好特色商品出口，加快科技产业化步伐，科技兴贸，协调有关部门对我市一些有竞争优势的商品，辅以政策支持、培育，以点带面，变优势为胜势，充分利用现有优势、出口政策，搭造各种平台，为企业走出去创造条件，尽快实现科研成果与产业发展的结合，形成贸易优势。

（六）充分利用我县丰富的农业、畜牧业和劳动力资源发展加工贸易和再加工深加工出口，努力做好我县加工贸易转型升级工作，宣传用足用活高科技产品出口政策，促进技术改造项目的实施，培训各种技术性人才，努力争取各项研发基金、中小型企业国际市场开拓基金和各项技改贴息等，进一步优化出口商品结构。

以上建议要求我们必须统一思想认识，协调好对外开放各部门、各环节、各方面的关系，打造一个宽松的经营环境，齐心协力，诚心诚意为企业做一些实事，让更多的外来企业来我们这里发展，同时留住我们的企业在本地发展，变供货为直接出口，变潜力为实力，进一步促进我县全方位、宽领域、深层次的对外开放，促进对外贸易的健康快速发展。

××县商务局

二〇〇〇年十一月二十八日

二、请示

（一）请示的含义

请示适用于向上级机关请求指示、批准。

请示的用途比较广泛，凡有不太明确的问题或工作中遇到新情况，需要上级机关表态的事项，都可以向领导机关递交“请示”。如对现行方针政策、法规制度不甚了解，需要上级机关明确答复；下级机关遇到重大或疑难问题，请求上级给予指示；下级机关要办某一件事或上级机关指示办一件事，需要一定的财力、物力、人力，自己无力解决，需要请示上级机关审核批复；对某个问题的解决的办法，不知可否；对问题有处理的有效方法，但因权限关系需要由上级机关决定；对上级机关某一决定有不同看法，需要申诉自己的意见，请求上级机关重新研究等，都可以用请示行文。

（二）请示的特点

1. 请求性

请示一般涉及的是本机关、本部门打算办理或迫切需要办理的某种事情，而自己却无权自行决定，或者无力去做，或者不知应不应该去办，必须请求上级主管部门批准、同意之后才可以去办。

2. 求复性

请示的行文目的是请求上级批准，解决某个具体问题，要求作出明确答复。

3. 超前性

请示行文时机具有超前性，必须在事前行文，等上级机关作出答复之后才能付诸实施。

4. 单一性

请示都是一文一事，行文简短，着重写需要解决的问题和自己的意见、要求，不涉及其他内容，以便上级尽快答复。

（三）请示的种类

按照内容性质划分，请示有以下几种：

1. 求示性请示。求示性请示是请求上级给予指示、裁决的请示。其内容包括工作中遇到的难以解决的关键问题，无章可循的新问题或意见分歧而无法统一执行的问题等。

2. 求助性请示。求助性请示是请求上级机关予以支持、帮助的请示。其内容如请求增补经费、增加设备，为某事情拨款、拨指标等。

3. 求准性请示。求准性请示是请求上级批准、允许的请示。其内容如果是本机关本单位无权处理的问题，因情况特殊需要变通处理的事项及按照上级机关规定应当请示的事项等。

（四）请示的一般写法

1. 标题

请示的标题一般由发文机关、事由、文种三项构成。也有的省略发文机关只写事由、文种。

2. 主送机关

请求的主送机关即有权接受、批准请示事项的上级机关。一般写在标题与正文之间，单独一行，顶格书写。

3. 正文

请示的正文包括请示的缘由、请示的事项、请示的要求三部分。

（1）请示的缘由。请示的缘由是请示事项的基础和关键。请示的缘由一定要写得有理有据，实事求是，具体明白。否则，就很难达到请示的目的。

（2）请示的事项。请示的事项是请求上级机关批准、帮助、解答的具体事项。阐述要实事求是，引用的数字要准确无误，提出的看法或处理的意见要具体明确、切实可行，符合国家的法律、法规和方针政策，让上级机关看后一目了然，能迅速决断。如涉及其他单位的问题，应当预先征询意见，并将商洽的有关情况在文中予以说明，以供上级机关作出正确判断和指示。

（3）请示的要求。在请示的结尾，明确提出要求，请求上级批准、指示。一般都以请示的惯用语作结尾语，如“以上意见是否妥当，请批示”、“妥否，请批复”等。语气中肯、果断，能够让人接受。

（五）请示的写作要求

1. 请示应坚持一文一事，不能多头请示

写请示必须严格遵循一文一事的原则，不能把几件事写到一份请示中去，以免在公文的处理中产生麻烦。在行文关系方面，请示应明确一个主送单位，不能搞多头请示，尽量避免越级请示。多头请示有时难免造成上级机关之间不好答复或互相推诿，贻误工作。因特殊情况必须越级行文时，应抄报越过的机关。除领导直接交办的事项外，请示不要直接送领导者个人，也不要同时抄送同级和下级机关。

2. 分清请示与报告的区别

“请示”和“报告”是两种不同的公文，应分开使用。有人把“请示”写成“请示报告”，这是混淆了两种公文的用法。因此，明确请示与报告的区别，把二者严格区分开来是十分必要的。请示与报告的主要区别是：

(1) 行文的目的不同

请示是为了解决工作中的具体问题，要求上级指示和批准而写的；报告是为了让上级了解下情，沟通和加强上下级之间的联系而写的。请示必须要求上级表明态度，明确答复；而报告则只是“告知”，大多数报告是不要求上级表态和答复的。

(2) 行文的时间不同

请示必须在事前行文，在得到上级机关的批准、指示、批复以后方能行事，不允许“先斩后奏”；而报告则可根据实际情况，事前、事中、事后行文皆可。

(3) 行文内容不同

请示主要写带有迫切性的，并需要上级机关指示、批准的事项；报告只着眼于汇报工作，反映情况。

正确使用报告与请示这两个文种，关键的问题是要抓住行文目的这一点，需上级机关答复的，用请示；只需上级机关了解情况的，则用报告。掌握了这一点，就不至于将报告和请示混淆使用了。

【例文十二】

关于恢复玻璃器皿出口退税巩固发展
祁县玻璃器皿产业的请示
祁政发〔2008〕45号

山西省人民政府：

玻璃器皿产业是祁县独具特色的传统产业。近年来，祁县县委、县政府针对没有煤焦资源的特点，致力于发展外向型特色加工产业，逐步把玻璃器皿产业培育形成在全省、全市乃至全国都具有一定影响力的特色产业。2007年，祁县玻璃器皿企业发展到160余户，年产值13亿元，上缴税金7000万元，自营出口5000万美元，产品畅销以欧美市场为主的全球五大洲80多个国家和地区，产值占全省玻璃器皿总产值的54%，年出口供货值占全国玻璃器皿出口总额的22%，是国家命名的中国玻璃器皿生产和出口基地。

玻璃器皿产业是劳动密集型产业，祁县玻璃器皿产业的繁荣极大地带动了当地经济发展和群众致富。2007年，祁县玻璃器皿产业总产值占全县工业总产值的44.1%，上交税金占工业企业上交税金的55%，占全县财政总收入的31.5%，自营出口占全县自营进出口总额的95%，全县有3.5万余名从业人员，在玻璃器皿及配套企业务工人员占全县工业企业用工总数的76%，每年直接为全县农民提供工资性收入4亿多元，占全县农民人均收入的41%，在一些乡镇占到70%以上，为全县近3万户家庭10万余农民提供了稳定的收入来源，是全县的第一大支柱产业，更是实现农民小康社会目标的关键产业。

祁县玻璃器皿产业产品全部出口，市场以欧美为主，其中对美国出口占全县产量的60%。从2007年下半年以来，由于受到美国次贷危机、人民币升值及全国金融财税政策调整等多种因素影响，祁县玻璃器皿产业发展受到十分严重的影响。如人民币升值，人民币对美元比价由2007年年初的1∶7.81调整到目前的1∶6.82，同比下降0.99元。去年我县外贸出口5000万美元，仅此一项损失就将近5000万元。如出口退税率降低，去年7月1日起，玻璃器皿生产企业出口退税率由13%降低为5%，下降8个百分点，按今年已经自营出口额4500万美元计算，全县减利2456万元。同时，企业发展还面临原材料涨价等因素的困扰，一些原辅材料价格涨幅达100%，而受全球金融危机及市场需求减弱影响，企业产品出口价格一降再降，“高进低出”的价格结构，直接压缩了企业的赢利空间，许多企业亏本运营。在刚刚结束的秋季广交会上，外商明显减少，大多数企业只能拿到低价生产订单。目前祁县玻璃器皿生产企业能够正常运营的只有60多户，40%以上的企业处于停产或半停产状态。

近期，我县已采取多种措施，如鼓励企业开拓新市场、研发新产品、积极为企业协调贷款等，帮助企业渡过难关。我们也看到，党中央、国务院也在出台多种政策措施，如扩大中小企业贷款规模、提高一些产品出口退税率等，积极鼓励企业发展。恳请省政府对祁县玻璃器皿产业当前发展中遇到的特殊困难予以高度关注，积极向上级部门协调联系，争取优惠政策，把玻璃器皿产品出口退税率由5%恢复到13%。

妥否，请批示。

祁县人民政府

二〇〇八年十月二十八日

四、批复

（一）批复的含义

批复适用于答复下级机关的请示事项。

批复与请示，是彼此相互对应的两种公文。请示，是上行文；批复，是下行文。没有下级机关的请示，也就没有上级机关的批复。

请示与批复，是正式行政公文中唯一具有相互联系的两种文种。这一特点，决定了在批复的撰写中，应该充分体现出批复对于请示的针对性。因此，可以说批复是一种针对请示的批答公文。它是一种专门解决请示问题的专用公文，其行文受请示机关和请示内容的制约，行文关系和行文内容都是特定的。

（二）批复的特点

1. 针对性

批复的针对性是被动的，它以下级的请示为条件，先有请示，然后针对请示的问题，表明态度，提出意见和办法。这一点和其他公文的针对性有所不同。

2. 权威性

批复是上级对下级的指示，所以具有权威性。下级机关必须严格按批复精神贯彻执行，绝不能自行其是。

（三）批复的种类

批复按其内容大致分为两类：

1. 指示性批复

指示性批复是针对下级机关请求指示的请示而发的，为下级机关在方针、政策等方面释疑解难的批复，以指示性为其突出特点。

2. 决定性批复

决定性批复是针对下级机关请求批准的请示而发的，是就下级机关的请求批准事项作出决断的批复，以决定性为其突出特点。

（四）批复的一般写法

批复的结构形式与其他公文相同，有标题、主送机关、正文、批复机关和成文日期等。下面主要介绍批复正文的写法：

批复的正文一般包括三部分内容，即引语、主体和结语。

1. 引语。即批复的开头，一般先引下级来文（请示）的发文字号，以及来文的标题或文件的事由、来文的日期，使受文单位阅后明确批复的针对性。引语一般有这样几种写法："你局×月×日××〔××××〕×号《关于……的请示》收悉"、"你市××〔××××〕×号收悉"、"你单位××号文收悉"等。写引语较规范的要求是写明发文字号和标题。

2. 主体。引语之后，即正文的主体内容。这是批复的核心内容。批复中的指示、决定、意见、要求等，都写在这一部分。一般有两种写法：

一是简明扼要的批复。主要是提出原则性的意见，不作具体的指示。

二是较为具体的批复。对请示的具体事项，要表示其明确的态度。如果同意请示的内容，则在表示同意之后，再进一步阐明之所以同意的理由，以及如何执行等指示性的意见；如果不同意请示的事项，那么在表示不同意之后，还要说明理由，进行必要的解释；如果批复的意见不成熟，亦可写上"将另行研究"字样。

3. 结语

结尾语常用"此复"、"特此批复"，可写在正文后面，也可单独占一行，后面加句号。也可视行文需要，不加结尾语，自然终结。

（五）批复的写作要求

1. 针对性强。必须针对下级来文（请示）中所提事项逐一答复，既不能答非所问，也不能对某一请示事项避而不答或漏答。

2. 具有指导性。批复一般具有指导性，对受文机关讲明方针政策、工作方法、处理程序、行动要点及注意事项等。

3. 答复要明确具体。同意就明确表示肯定意见，并作必要的指示；不同意或只是部分同意就简要说明情况和原因，以便下级机关或单位重新考虑其他解决办法。批复切忌模棱两可，含糊其辞。

4. 行文要简洁准确。批复的篇幅一般不长，行文要求简洁、概括、集中，文字简短、准确。

【例文十三】

国家税务总局关于世界旅游组织在华
取得收入征免税问题的批复

江苏省国家税务局：

你局《关于世界旅游组织提供设计劳务取得收入征免税问题的请示》（苏国税发〔2005〕244号）收悉，批复如下：

根据我国签署的联合国《专门机构特权和豁免公约》第一条第一节第（二）款（癸）项和第三条第九节（甲）项的规定，世界旅游组织从我国取得的收入免征直接税。因此，该组织为常州市武进区人民政府提供设计劳务取得的收入在我国应免予征收所得税。

国家税务总局

二〇〇六年一月十二日

第六节　议案、意见

一、议案

（一）议案的含义

议案适用于各级人民政府按照法律程序向同级人民代表大会或人民代表大会常务委员会提请审议事项。

全国人民代表大会和地方各级人民代表大会是人民行使国家权力的机关，国家或地方上的重大事项须经人民代表大会及其常务委员会讨论通过后方能付诸实施。因此，国务院或地方各级人民政府对于应由同级人民代表大会及其常委会讨论决定的重大事项，应写成议案提请同级人民代表大会或其常务委员会审议。

（二）议案的特点

1. 具有使用的专一性。只有各级人民政府对同级人民代表大会或人民代表大会常务委员会提出请求审议事项时才可使用，一般的公务联系可使用其他文种而不可轻易使用议案。其他部门、单位均不可使用议案，如有提请会议审议事项，可使用“提案”。

2. 具有行文的简洁性。议案一事一文，而且多有被审议的草案附于文后，所以议案本身一般无须详细论述，行文以简洁为好。

3. 具有语气的恳请性。各级人民政府是同级人民代表大会的执行机关。按照法律程序，凡是重大事项，只有经过同级人民代表大会或它的常务委员会审议批准，人民政府方能贯彻实施。因此，各级人民政府在提请审议有关事项的议案中，要使用祈请、恳求的语气。

（三）议案的类型

议案按用途可分为提请审议法规草案的议案、提请决定某项重大工作的议案、提请任免重要行政干部的议案、提请审批国际条约和协定的议案等。

1. 提请审议法规草案的议案。用来提请同级人民代表大会或其常务委员会审议、批准某项重要的法律、条例、规定、办法等的草案。如《国务院关于提请审议〈中华人民共和国教师法（草案）〉的议案》、《××省人民政府关于提请审议〈××省城市规划条例（草案）〉的议案》。

2. 提请决定某项重大工作的议案。用来提请同级人民代表大会或其常务委员会审议、决定某项重大工程、措施等。如《国务院关于提请审议兴建长江三峡工程的议案》、《关于提请审议修改后的国务院机构改革方案的议案》。

3. 提请任免重要行政干部的议案。用来提请同级人民代表大会或其常务委员会审议、任免相应级别行政干部的职务，如《国务院关于提请审议×××等二同志职务任免的议案》、《北京市人民政府关于提请审议×××、×××同志职务任免的议案》。

4. 提请审批国际条约和协定的议案。用来提请全国人民代表大会或全国人大常务委员会审议、批准缔结国际条约和协定。如《国务院关于提请审议批准〈中华人民共和国和玻利维亚共和国领事条约〉的议案》。

（四）议案的一般写法

议案的写法可以分为含案法和另案法两种。

1. 议案的一般写法如下：

（1）文头部分。议案的文头部分与其他公文有所不同。

版头。议案的版头一般使用发文机关全称，其后不加“文件”二字，或加“（议案）”有圆括号。如国务院议案的版头为“中华人民共和国国务院”，上海市人民政府议案的版头称为“上海市人民政府（议案）”。

发文字号。议案一般采用常规发文字号。与其他公文不同的是，议案用“函”，或“议”来代替“发”字，如国务院议案用“国函〔2001〕×号”，上海市人民政府议案用“沪议〔2001〕×号”。

（2）标题。议案的标题又称“案由”，一般采用三项式，即发文机关、发文事由、文种，有时也可省略发文机关。其中发文事由往往用“关于提请审议”连接一个待审议的法规草案或重大行政举措，如《国务院关于提请审议〈中华人民共和国教师法（草案）〉的议案》、《国务院关于提请审议兴建长江三峡工程的议案》；如果是任免干部，也可以用“关于提请任命”连接待任免的某同志职务，如《××市人民政府关于提请任命×××同志职务的议案》；如果是审议国际条约和协议，则其动词需“提请审议批准”，条约和协议不加“（草案）”。

（3）主送机关。议案的主送机关为同级人民代表大会或人民代表大会常务委员会的全称，或者规范化的简称，如“全国人民代表大会”、“全国人民代表大会常务委员会”、“市人大”、“市人大常委会”；在人大或人大常委会开会期间提出议案，应标明人大的届次，如“第九届全国人民代表大会第四次会议”。

（4）正文。含案法与另案法有所不同。

（5）结束语。各类议案的结构基本一样，一般用“请审议”、“请予审议”、“现提请审议”等。

（6）签署与日期。国务院或地方各级人民政府提出的议案，分别由总理、省、市、区、县长的职务和姓名签署，也可采用加盖发文机关公章的办法。以成文时间为日期。

2. 含案法的写法要注意：

第一，要有案据，即提出此项议案的依据，包括原因、目的、重要意义等，表明此议案的重要性、必要性，引起审议者的重视。案据的详略，要根据实际需要。有些重大事项，必须在案据部分详细论述理由，以便于人代会或常务委员会讨论通过。不属于重大事项的案据部分则可简而言之。

第二，要有方案，即解决此项议案的措施、方法。议案不仅要提出问题要求审议，还要提出解决问题的措施和方法。凡能具体说明措施和方法的，应写得详细些，可以分条列项；如涉及的面广，不能具体说明的，也可概括提出，待议案通过后再拟具体方案。

3. 另案法的写法要注意：

第一，简要说明所提议案的原因和目的。

第二，方案形成过程。用很简要的语言甚至一句话说明之，一般内容是总结经验、调查研究、征求意见、与有关部门商议等，以表示是慎重提出的。

（五）议案的写作要求

1. 要注意议案与提案的区别

议案与提案最明显的区别有两点：一是这两种文体的性质不同，议案是国务规定的13类13种公文之一，提案却不是。另一个区别是发文者不同，议案的发文者是各级人民政府，而提案的发文者是国家机关或一定组织团体的代表，简单地说就是“会议代表”。此外，这两种文体在作用与功能上也有重要区别。因此，在使用这两种文体时一定要注意它们的区别，不可将它们混淆。

2. 要注意议案文号的写法

议案的文号一般在机关代字这项内容中用“函”字标注。因为议案的发文者和收文者一般不具有隶属关系，所以文号这样标注比较适合。

3. 要注意议案的使用必须严格履行法定程序

这是议案与其他公文之间的最大区别。议案的提出必须严格按照《中华人民共和国宪法》、《中华人民共和国全国人民代表大会组织法》以及《地方各级人民代表大会和地方各级人民政府组织法》的有关规定来进行，不可以脱离这些规定，更不能违背这些规定。比如，议案的发文者必须是各级人民政府，收文者必须是相应的各级人民代表大会或人民代表大会常务委员会。

4. 要注意对于议案正文主题的写作

主题一定要单一、明确而集中。一定要遵循“一事一议”的写作原则，不可双重主题甚至多重主题，否则将会造成审议者对于议案审议的困难。

【例文十四】

××市人民政府关于××市城市基础设施项目申请国内银行贷款有关问题的议案

×议〔2008〕×号

市人大常委会：

为贯彻落实市委十次党代会精神，早日实现“建强创佳”的宏伟目标，加快我市城市基础设施建设步伐，全面提升我市城市现代化和综合服务水平，推动××城市建设迈上一个新的台阶，我们拟通过申请国内银行贷款等方式筹措资金，解决我市城建资金严重短缺的问题。现就此问题提出议案，请审议。

一、××城市建设和规划的基本情况

（一）城市市政公用设施的基本情况（略）

（二）目前存在的几个问题（略）

（三）今后几年的主要建设目标（略）

二、城建资金的基本情况

（一）2008—2011 年资金需求情况（略）

（二）2008—2011 年资金来源情况（略）

（三）还款能力问题（略）

三、申请银行贷款的基本情况

目前，国内商业银行通过依托地方政府的信誉承诺，积极参与城市基础设施建设，并已在全国其他城市取得了成功经验。长沙、廊坊等城市都争取到了 100 亿元以上的授信贷款，上海、广州、重庆、北京、成都、天津等城市申请银行贷款的规模更大些。××市城市基础设施建设申请贷款的方式也是授信贷款，通过这种方式可以一次性解决今后几年××市城市建设的资金问题。目前，我们申请贷款工作的进展情况是：

（一）项目名称：××市城市基础设施建设项目

（二）建设内容：以城市三环路、道路排水管网改造二期工程、高架干道二期工程、城市绿化美化、污水处理等为主的城市基础设施建设项目。项目总投资 220 亿元，申请银行贷款 110 亿元，申请亚行贷款约 25 亿元，申请国债或西部专项资金 15 亿元，申请日本政府贷款约 20 亿元（其中环保一期工程已签合同 6.5 亿元，环保二期工程正在评审，申请日本政府贷款 2.5 亿美元），地方政府自筹约 50 亿元。

（三）借款方式：按照银行要求，虽然目前申请贷款项目都是没有直接经济效益的社会公益性项目，但也必须由独立企业法人承担贷款的主体。为规避还款的风险，银行要求比照世界银行、亚洲开发银行及国外政府贷款的基本模式，并参照全国其他城市在争取此类贷款时的基本运作模式，以政府信用对其作出信用承诺。

市政府委托市基础设施建设投资管理有限公司（以下简称市基投公司）

作为承贷主体，全面负责此次融资工作，并负责此次承贷项目的投资、融资和建设管理工作。市基投公司是市政府授权的城市维护建设投融资的基础平台，是具有独立法人资格的国有独资公司。

（四）还贷资金来源：一是市基投公司已经授权拥有的用于城市建设的国有土地使用权有偿使用费、城市污水处理费、城市道路车辆通行费、户外广告媒体有偿使用费等四项城建资金，这将是归还贷款本息的主要来源；二是我们将在市本级财政城建资金中安排专项补助资金，建立以市本级财政城建资金为主的偿债准备金，用于偿还贷款本息，确保按时如数偿还到期债务；三是如果上述两项资金安排仍不足以满足偿贷要求，我们将在市财政预算内资金中给予专项安排，保证归还贷款本息。

四、申请市人大常委会审议通过的几个问题

（一）同意市政府申请银行贷款资金110亿元，用于××市城市道路、排水、生态环境、环保等城市基础设施项目。

（二）在编制年度财政预算时，将还款资金在市财政预算内和预算外的城建资金中安排，并纳入年度城建投资计划。若尚有缺口，在市本级财政预算内给予专项安排，确保按期归还贷款本息。

今后几年，将是××城市基础设施建设的关键时期，国家继续实行积极的财政政策，商业银行也非常关心和支持城市基础设施建设，这些都对我市加快城市基础设施建设步伐，实现“建强创佳”战略目标创造了良好的历史性机遇，如果再过几年中央调整金融政策，凭借××市地方财政实力，我们将失去赶超全国同类城市基础设施建设水平，进一步改善××投资环境的机会。

市长　孙××

二〇〇八年五月十五日

【例文十五】

××省人民政府关于提请审议
《××省实施〈中华人民共和国
招标投标法〉办法（草案）》的议案
×议〔2005〕×号

××省人民代表大会常务委员会：

为实施《中华人民共和国招标投标法》，结合本省实际，省发改委、省法制办拟订了《××省实施<中华人民共和国招标投标法>办法（草案）》。该《办法（草案）》业经省政府第38次常务会议通过，现提请审议。

省长韩××

二〇〇五年一月三十一日

二、意见

（一）意见的含义

意见适用于对重要问题提出见解和处理办法。

意见是国务院新发布的《国家行政机关公文处理办法》增加的公文文种。意见往往是为了更好地贯彻执行上级机关的某一方针、政策，根据某项决定、办法、规定、通知等文件而制定的实施方案，报请上级机关批准后形成的公文。意见一经上级机关批准转发，即成为政策性公文，下级机关、单位必须认真贯彻实行。

意见是国务院2000年发布的即现行的《公文处理办法》新增加的一个文种，规定其用途是"对重要问题提出见解和处理办法"。党的机关的公文已有意见这一文种，其用途也是这样规定的。

2001年1月1日发出的《国务院办公厅关于实施〈国家行政机关公文处理办法〉涉及的几个具体问题的处理意见》指出："意见可以用于上行文、下行文和平行文。"由此可以把意见的用途分成三个方面：

1. 向上级机关提出意见。下级机关对自己所主管的工作，可以直接向所属单位发文，进行部署和提出要求。但有些针对工作需要和存在问题提出的见解和处理办法，需要不相隶属机关共同落实，这就需要把它们作为意见，报送上级机关批转或参考，如财政部《关于全面推进政府采购制度改革的意见》、信息产业部等部门《关于进一步加强电信市场监管工作的意见》。

过去"向上级机关提出意见或者建议"是用报告，现在报告取消了这一用途，把它划归新增加的意见这一文种，今后不要再用报告办这种事情了。

2. 向下级机关发出指示。上级机关针对工作中出现的重要问题，直接向各有关下级机关提出指示性见解和处理办法，也用意见，如《中共中央国务院关于进一步加强和改进新时期体育工作的意见》、《国务院关于克服非典型肺炎疫情影响促进农民增收的意见》。

原来的《公文处理办法》有指示这一文种，规定其用途是"对下级机关布置工作，阐明工作活动的指导原则"，是原则性与规定性相结合的文种。现在的《公文处理办法》取消指示，增加了意见，意见作为下行文，也是指导原则与处理办法相结合的文种，实际上代替了指示。但指示给人以居高临下的感觉，中下层机关不好使用，而意见各机关、团体和企事业单位都可以采用。近几年来，意见的使用率有上升的趋势。

3. 不相隶属机关之间交换意见。不相隶属机关之间有时需要交换意见，如就某一行文事先征求有关部门的意见，特别是联合行文，主办部门更要征求有关部门的意见，各有关部门也应写出答复意见。如水利部办公厅曾就加强嫩江、松花江防洪建设提出若干意见，两次征求有关省政府的意见，有关省政府办公厅也提出了若干修改意见，其中吉林省的一份意见的标题是《吉林省人民政府办公厅关于对加强嫩江松花江近期防洪建设若干意见的修改意见》。

（二）意见的特点

意见有以下几个特点：

1. 行文有依据。意见又称为"实施意见"，其所以提出，往往是依据上级机关某一决定、通知、方案、办法等文件，结合本地区、本单位的实际情况，经仔细推敲、研究后而提出的。没有无依据的意见。因此，意见实际上是提出如何实施上级机关某一决策、要求的具体方法。

2. 条文可操作。意见中提出的实施办法是对上级机关的决策的细化，其条文可操作性强，是下级机关或有关部门、单位具体操作实施的根据。

3. 内容含政策。意见往往由政府某些部门制定，由政府或政府办公厅（室）用通知等公文转发（印发），其内容本身实际上也是一种政策，是各有关部门必须执行的。

（三）意见的类型

意见从功能上划分，大体上有三种：

1. 实施性意见。依据某一文件精神提出具体的贯彻实施方法。

2. 政策性意见。针对某一方案的总体要求提出若干政策性的想法。

3. 试行性意见。在贯彻实行某一文件精神过程中，就某些具体问题提出某些实施方法，但还需试行一段时间才能做出最后决定。

（四）意见的写法

1. 标题。意见一般采用三项式，如《中国人民银行关于规范银行业协会管理的若干意见》。由于意见往往是由上级机关用通知等公文转发（印发），在通知的标题上已有发文机关，因此意见本身也可省略发文机关，采用二项式。

2. 受文机关。若意见由上级机关用通知等公文转发（印发），通知中已有受文机关名称，则意见中不再重复出现受文机关。若不是由上级机关用通知等公文转发（印发），而是由本单位直接提出的意见，则应注明受文机关。

3. 正文。意见的正文写法并不统一，一般包括三部分内容：

（1）前言部分。用很简短的话提出制定本意见的目的、依据，一般引述所依据的文件的标题，有的还引述文件的发文字号，然后用“现提出实施意见如下”或“现就有关事项提出如下意见”接叙下文，无需说明理由。

（2）主体部分。主体部分是意见的核心，不止一条意见的应分条列项写。每一条意见应相对独立，条下可以有项；可以条断项断，也可以条断项连。内容应具体清楚、可操作，不能有歧义。

（3）结尾部分。主要写清楚主体部分未尽事项，如何时起实施，解释权归属，原有意见的废止等等。

4. 发文机关印章和成文日期。意见由通知等公文转发（印发），发文机关和成文日期均见通知，意见本身无需落款。

（五）意见的写作要求

1. 虚实结合，顺序得当

意见的写作要做到虚实结合，顺序得当。就虚实而言，应该先虚后实；就主次而言，应当先主后次。

2. 要分清意见与相近文种的区别

（1）作为下行文的意见与行动性决定和指示性通知的区别。作为下行文的意见，与行动性决定和指示性通知相近，它们都是向下级机关提出应当贯彻执行的要求和办法的公文，但却不尽相同。行动性决定是决定某项带有全局性重大行动的大政方针的，而意见则是针对在贯彻执行决定的过程中出现的重要问题而提出见解和处理办法，即决定重在宏观指挥，意见重在微观指导。指示性通知也不是决定大政方针的，针对的情况和问题更具体，内容更务实，而意见应是针对重要问题作出虚实结合的指导。在语气上，决定和通知比较坚定，而意见则较为平和，常常体现出一定的灵活性。

（2）作为上行文的意见与请示的区别。作为上行文的意见，与请示有些类似，二者都是请示性文种，上级机关都应做出处理或给予答复。二者的不同是：请示必须一文一事，意见则可以围绕一个中心做多方面的阐述；请示只是请求上级机关的指示和批准，意见则要对解决问题和做好工作进行周到的谋划。因此请示一般篇幅简短，而意见大多文字较长。

（3）作为平行文的意见与函的区别。作为平行文的意见，与函有些类似。二者的不同是：函具有商洽工作、询问和答复问题、请求批准和答复审批事项等多种用途，而意见只用来对某个问题征求或提供意见，使用频率不高。函才是最常用的平行文。

【例文十六】

××市关于进一步支持外贸企业发展的若干意见

为加强我市外向型经济发展，推进外贸出口企业优化产业结构、增强企业国际市场竞争力，扩大外贸出口总量，促进地方经济增长，根据《省人民政府关于促进全省外贸持续健康发展的通知》（×政发〔2008〕50号）精神，结合我市实际，提出如下意见：

一、建立外贸出口发展基金。基金来源是每年从地方财政预算中安排相应的专项资金，主要用于外贸发展和考核奖励。

二、实行出口奖励制度。以上年度出口实绩为基数，对当年外贸自营出口超基数部分每出口1美元奖励人民币0.01元（出口额以海关数据为准）。

三、鼓励出口企业扩大规模。对出口总额分别达到5000万美元、3000万美元、2000万、1000万美元的出口企业，市政府将分别给予一次性奖励5万元、3万元、2万元、1万元。

四、对出口实现零突破的企业实行奖励。积极培育外贸出口经营主体。鼓励企业申报自营进出口权，对新开口企业当年出口实现零突破的奖励1万元。

五、实行省外经贸专项资金配套制度，支持外经贸企业的重大技改和研发项目。由市财政按照当年省商务厅、省财政厅下达我市外经贸发展促进资金规模的20%安排下一年度配套资金列入预算，专项用于省外经贸发展促进资金批复以外的市级重点外经贸项目，其具体办法和资金用途根据省商务厅和省财政厅相关文件执行。

六、实行国际国内重要展会的财政补助制度，支持企业开拓市场。对企业参加由市政府及有关职能部门组织或认定的国际专业展览或在我市举办重大专业展览会，除由商务、财政部门负责向上级主管部门申报国家中小企业开拓资金等各种专项资金外，市政府还新增安排一定资金，用于展位费补助和展览会组织，展位费补贴标准：国外为1万元，国内为5000元。

七、实行出口品牌奖励制度，推进“品牌兴贸”、“科技兴贸”战略的实施。以优势企业为龙头，加强相应商标的研发和推广，形成规模化商标集群，鼓励进行境外市场商标注册，扩大品牌知名度。对新获得经国家有关部门评审认定的中国名牌出口商品的企业，给予一次性5万元奖励；对新获得湖北省出口名牌商品的企业，给予一次性3万元的奖励；对企业进行境外商标、专利注册的代理和注册费给予30%的补助，最高不超过2万元。

八、对出口创汇上规模的重点出口企业给予融资便利扶持。市政府指定市城投公司和汇桥担保公司为融资和担保平台，在相关金融机构融资，扶持对象是每年出口过100万美元以上的骨干企业，要求是有可观税收效益、高附加值、劳动密集型的出口企业（含贸易公司）。市商务局每年将出口过100万美元以上的企业的推荐意见报市城投公司和汇桥担保公司，由市城投公司和汇桥担保公司根据企业和项目情况，在相关金融机构争取500万到3000万元不等的贷款支持。

九、鼓励企业投保出口信用保险。充分利用国家出口信用保险政策，对企业投保短期出口信用保险的保费，按其实际支付额的30%给予补贴。对企业短期出口信用保险项下的贸易融资，给予同期银行贷款基准利率30%的贴息补助。

十、鼓励企业开展各类认证。对年度内新通过质量、环境管理体系认证、产品国际认证和社会责任等各类认证的出口企业，每项认证给予0.5万元奖励（该项奖励每家企业最多不超过2万元，对已获中小企业国际市场开拓资金资助的项目不再给予奖励）。

十一、支持进口资源性商品和先进装备技术。鼓励企业以一般贸易方式引进境外先进装备和技术、进口资源性商品，对年进口额20万美元以上且比上年有所增长，按进口额排序列1—5位的企业各奖励1万元。

十二、对重点出口企业投资者、高层管理人员和技术骨干提供工作生活的便利化服务，解决出口企业发展后顾之忧。相关部门对重点出口企业投资者、高层管理人员和技术骨干的落户、子女入学等方面，可参照市委、市政府有关规定给予一定的便利和照顾。

十三、切实加强对外贸工作的领导，建立健全协作机制。成立外贸出口工作领导小组。市长张××任组长，市委常委、副市长杨××任副组长，市政府办、市发改委、市商务局、市财政局、市工商局、市质监局、市国税局、市外管局等部门负责人为成员。领导小组下设办公室，由黄××同志兼任办公室主任，办公地点设在市商务局。建立外贸工作联席会议制度，邀请海关、商检等部门参加，开展经常性的对口交流和协商，及时通报政策信息，研究解决外贸出口中遇到的困难和问题。

本意见从2009年6月1日起执行。

第七节 函、会议纪要

一、函

（一）函的含义

函适用于不相隶属机关之间商洽工作，询问和答复问题，请求批准和答复审批事项。

（二）函的特点

1. 使用范围的广泛性。函广泛用于公务活动的各个领域与各个不同级别的机关、社会团体、企事业单位。

2. 行文的灵活性。函一般不受行文关系的约束，只要公务活动需要，就可以向平行机关和不相隶属机关发出，也可以向上级机关或下级机关发出。此外，函的篇幅短小，轻捷简便，写法也灵活。

（三）函的类型

函按其内容性质可分为四种：

1. 商洽函。商洽函是平行机关、不相隶属机关之间商洽工作，联系有关事宜时所使用的函。

2. 问答函。问答函是机关单位之间用来相互询问和答复问题的函。

3. 请批函。请批函是向有关主管部门请求批准的函。这种函多是向业务主管部门或归口管理部门请求批准事项。

4. 批答函。批答函是主管部门或经授权的部门以函的形式对有关单位请求审批的事项进行答复，既可用于批准同意的答复，也可用于不同意批准的答复。

（四）函的一般写法

函一般由标题、主送机关、正文、落款等部分组成。下面主要介绍函的标题和正文的写法。

1. 标题。函的标题有三种结构形式：一是由发文机关名称、事由、文种组成；二是由事由和文种组成；三是由发文机关名称和文种组成，这种情形较少。

2. 正文。函的正文是函的主体部分，一般包括缘由、事项和结束语等内容。写缘由要开门见山，简明扼要，高度概括；事项要写得具体、明白、条理清楚。如属于答复函，要注意答复的针对性和明确性。函的结尾另起一段写上习惯用语“敬请函复”、“特此函告”、“为盼”、“为感”、“为荷”等。有的函可以不用结束语。

（五）函的写作要求

首先，内容要简洁扼要、直截了当，语言要通俗易懂。

其次，询问、商洽性的去函，语气要恳切，讲究礼貌；复函要针对对方提出的问题，及时具体明确地答复，便于对方处理。

最后，函要做到一文一事。

【例文十七】

国务院办公厅关于增设上海嘉定等出口加工区的复函

国办函〔2005〕53号

海关总署：

你署《关于增设出口加工区的请示》（署加发〔2005〕204号）收悉。经国务院批准，现函复如下：

一、同意增设以下出口加工区：上海嘉定出口加工区，广东南沙出口加工区、惠州出口加工区，云南昆明出口加工区，江苏常州出口加工区、吴中出口加工区、吴江出口加工区、扬州出口加工区、常熟出口加工区，四川绵阳出口加工区，辽宁沈阳（张士）出口加工区，江西九江出口加工区，河北廊坊出口加工区，湖南郴州出口加工区，浙江慈溪出口加工区，福建福州出口加工区、福清出口加工区、泉州出口加工区。

二、上述出口加工区的建设，要严格按照《国务院办公厅关于进行设立出口加工区试点的复函》（国办函〔2000〕37号）的有关规定执行。每个出口加工区要严格按照批准的四至范围（见附件）进行规划建设。请你署通知有关地方人民政府认真做好筹建工作，待条件具备后，由你署会同有关部门验收。

鉴于江苏吴中、吴江、扬州、常熟和江西九江、河北廊坊、湖南郴州、浙江慈溪、福建泉州等9个出口加工区所在的省级开发区尚未通过全国开发区清理整顿，请你署通知有关地方人民政府在相应的省级开发区通过审核验收并确认出口加工区在开发区内后，再报送出口加工区的具体建设方案，由你署会同发展改革委审核批准后开工建设。

三、你署要会同有关部门，对已设立的出口加工区的发展状况进行评估，及时总结经验，抓紧完善出口加工区的准入退出机制，制订具体操作办法、促进出口加工区健康有序地发展。同时，要研究采取措施将出口加工区所在地符合条件的加工贸易新增项目逐步引入出口加工区内，实现对加工贸易的集中规范管理，坚决防止新的重复建设，不断提高工作水平。

附件：18个出口加工区规划面积及四至范围

国务院办公厅

二〇〇五年六月三日

二、会议纪要

（一）会议纪要的含义

会议纪要适用于记载和传达会议情况和议定事项。会议纪要可上报上级领导机关，供上级了解会议的情况，以便取得领导的支持与指导；可以送有关的平行单位交流信息，沟通情况，以取得他们的协助和配合。其主要作用是沟通情况，交流经验；统一认识，指导工作。

会议纪要与会议记录有着十分密切的联系。写作会议纪要一般是在会议记录基础上进行的，它要对会议记录进行分析、整理、综合、概括，按照会议的议题和宗旨，把会议的主要精神及议定的事项准确地反映出来。因此，会议记录是会议纪要的基础，可以说没有会议记录就没有会议纪要。

会议纪要与会议记录虽然都是会议内容，但二者又有着明显的区别。

其一，文体性质不同。会议纪要是法定公文，一般都作为文件来处理，而且也不是逢会必“纪”的；会议记录则是记录会议内容的一种书面材料，既不上报，也不下发，只作为工作依据和参考材料来处理，或只起备查作用，因此是逢会必记。

其二，基本内容和写法不同。会议纪要要反映会议的主要精神和议定事项，所以它要对会议内容进行分析和综合，使之条理化和理论化；会议记录则是对会议内容作客观记录和详细记录，即使是摘录，也是较详尽的。

（二）会议纪要的特点

1. 纪实性

会议纪要是根据会议的主旨、议程、决议等概括整理成文的，对会议基本情况是纪实性的。会议纪要的撰写者，不能变更会议议定的事项，不能随便改动会议上达成的共识和形成的决议，更不能对会议内容进行随意的评议。

2. 提要性

会议纪要与会议记录不一样，不是有言必录，而是提要性的，将会议中重要的情况、重大问题的决定和决策意见简明扼要地陈述出来。

（三）会议纪要的类型

按照会议的性质，会议纪要可以分为：

1. 决定性会议纪要。决定性会议纪要对与会单位具有指示和指导作用，具有决定的性质。因为它反映的是会议的结论性意见，具有较强的政策性。这种会议纪要必须经过大会讨论通过，才能发布。

2. 情况性会议纪要。情况性会议纪要，只起让与会单位了解会议进程和基本情况的作用，它反映的是会议的基本情况。

按照会议内容和会议形式划分，会议纪要还可分为座谈会会议纪要、工作会议纪要、办公会议纪要、联席会议纪要、专题性会议纪要等。

（四）会议纪要的一般写法

会议纪要一般由标题、成文日期、正文三个要素构成。

1. 标题。会议纪要的标题一般由会议名称和文种两部分组成。

2. 成文日期。会议纪要成文日期一般加括号标注在标题之下正中位置。也有的标写在正文之后。

3. 正文。

正文是会议纪要的主要部分。由开头、主体和结尾三部分组成。

（1）会议纪要的开头。会议纪要的开头要写明会议的概况，包括会议召开的时间、主持召开会议的单位、开会地点、参加会议的人员及会议的议题等，有的还写会议程序和概述会议总的情况。这一部分要写得简明扼要。

（2）会议纪要的主体。记述会议的要点，主要写清三个方面的内容：第一，说明议题。主要是提示会议的宗旨、中心议题，内容不宜多写，文字要高度概括。第二，分析形势，研讨问题。主要是阐述会议讨论的重大问题，或者是对工作情况的基本估计，总结经验，提出需要解决的问题。这一部分常在段落或层次之首冠以“会议认为”或“与会代表一致认为”作为提挈语。第三，阐述会议结果。这是会议纪要最重要的一部分，主要阐述会议讨论的意见，形成的决议，作出的决定，提出的要求，需要采取的措施，等等。这部分常在段落和层次之间冠以“会议要求”、“会议决定”、“会议强调”等词语作为提挈语，以引出会议的主要精神。

写这一部分常用的结构方式有：一是归纳式。就是对会议内容进行分类整理，划分出一个一个问题，把每个问题作一个部分，大的部分之间还可以再分小的部分，每个部分的前面可以加序号，也可以加小标题。然后再按内容的自然顺序或者逻辑顺序排列起来。规模较大、涉及问题较多的会议，一般采用此法写会议纪要。二是综述式，也叫概述式。就是把会议内容综合到一起，概括地反映出来的一种写法。这种写法比较适用于规模较小的会议的纪要。三是发言记录式。这是一种写出发言者的姓名，并按发言的顺序把每个人发言的要点如实地写出来的方法。这种写法用得不多，一般只见于某些座谈会纪要。

（3）结尾。提出希望和号召或者列出尚未得到解决的问题，供以后继续研究探讨。

（五）会议纪要的写作要求

1. 客观整理，保证真实

会议纪要是会后形成的文件，是对会议情况实事求是的反映，一定要保证内容的真实性。会议纪要的撰写者在会议期间要尽量全面掌握会议的情况，在综合会议内容时，只能进行必要的归纳、概括和提炼，不能随便增减内容或想当然地修改原意。

2. 详略得当，突出“要点”

撰写会议纪要一定要抓住“要”字，紧紧围绕会议的中心议题，抓住会议要解决的问题，立足会议的实际情况，体现会议的主要精神。对会议材料要去粗取精，对与会者的发言要归纳出代表性、典型性的意见。对会议的一般内容不宜写得过于具体，要写得较有原则性，但要注意写好结论性的意见。

3. 注意会议纪要的成文日期

会议纪要即使在会议结束前写出，其成文日期也不能写成会议结束前的时间。可以写成会议结束的当日，一般是会后正式定稿的日期。

【例文十八】

黄山市外贸进出口形势分析会议纪要

7月18日，黄山市政府在歙县召开了外贸进出口形势分析会。各区县政府分管领导和商务主管部门负责人、市商务局、财政局、国税局、工商局、黄山海关、人行（外管办）、农委、中小企业局、出入境检验检疫局、中行、农行、工行、建行和信用联社负责人计40余人参加了会议。何军副市长到会指导并发表了重要讲话。

洪建华局长做了上半年外贸进出口工作报告，透彻分析了当前外贸进出口面临的机遇和挑战，明确细分了下半年的目标任务，并着重就扎实做好下步工作提出了措施和要求。各区县交流了工作情况和打算，对完成全年目标做了承诺。现将会议主要内容纪要如下：

会议分析，今年我市外贸进出口总体运行形势良好，但面临的压力仍然很大。上半年由于我市对外贸进出口抓得早、抓得准，促使产品结构发生了可喜的变化。在茶叶出口大幅下降情况下，仍然首次实现了全市时间、任务双过半阶段性目标。但是，人民币升值压力继续加大，部分商品出口退税率下调，原材料价格居高不下，技术壁垒和贸易摩擦加剧，给下半年工作带来了挑战。

会议提出，坚定信心、加倍努力、突出重点、克难而进，全面超额完成全年目标。各区县和市直部门要全面完成全年目标任务，歙县力争进入全省“十强县”；全市争取提前一个月完成1亿美元的外贸额；全市总量在全省的位次争取前移1到2位。

会议要求，在目标明确的基础上，要全力以赴抓落实、抓突破。继续坚持抓早、抓新增长点、抓进口和加工贸易、抓瓶颈突破、抓政策促进、抓大不放小的“六抓”思路，并要赋予新的内容。居安思危，未雨绸缪；抓新企业、新产品、新市场、新渠道；抓资金、人才和引进培育外向型企业；注重对出台政策的敏感性，及时用好用活国家、省、市和区县出台的促进政策；对区县、企业一个都不放，服务到位，措施到位。

何军副市长指出，要把年初市委“落实、聚焦、突破”和全市经济分析会的要求以及市委、市政府领导对外贸进出口一系列批示精神及时传达到企业，引导更多企业走向国际市场。并着重强调了三点：一是认清形势、坚定信心。在上半年形势出现可喜变化的情况下，也要冷静思考不利因素，进一步坚定全面完成全年目标任务的信心。二是明确措施、狠抓落实。要从细化任务、服务每一户企业、进出并举、强力招商、促进政策落实、突出问题协调等方面来抓。三是协同作战，做好服务。要求区县政府和部门提高效能，全方位为市场主体做好服务，全面完成今年外贸进出口增长18%以上的任务，突破1亿美元这一具有历史性、标志性的目标。

黄山市商务局

二〇〇七年五月二十日

综合训练

□知识训练

一、名词解释

1. 下行文　2. 周知性公文　3. 主送机关　4. 附注　5. 主题词　6. 抄送机关　7. 狭义的公文　8. 通知　9. 通报　10. 函　11. 情况通报　12. 专题工作报告

二、判断题

1. 行政公文是由法定的作者拟制和发布的。（　）
2. 行政公文的体式主要是指公文的构成要素、格式及其外装规格。（　）
3. 通报是上行文。（　）
4. 公文的秘密等级顶格标识在版心右下角。（　）
5. 发文机关标识由发文机关全称或规范化简称后加“事由”组成。（　）
6. 发文字号由发文机关全称、年份和序号组成。（　）
7. 上报的公文不需标识签发人姓名。（　）
8. 公文用纸要采用国际标准A3型纸。（　）
9. 公文应右侧装订，不掉页。（　）
10. 公文标题一般由发文机关名称、事由、文种三部分构成。（　）

11. ××市人民政府关于查禁收缴淫秽书画照片的公告。 ( )
12. 关于在××活动中加强保密工作的请示报告。 ( )
13. 国务院转发财政部《关于××××××》的通知。 ( )
14. 几个单位联合行文，主办单位要排列最后。 ( )

三、单项选择题（从下列各题四个备选答案中选出一个正确答案，并将代号写在括号内。）

1. 下级机关向所属上级机关呈送的公文是(　　)。
A. 混合行文　B. 下行文　C. 平行文　D. 上行文
2. 平行文适用的文种有(　　)。
A. 报告　B. 请示　C. 决定　D. 函
3. 下级机关用来向上级机关汇报、请示工作的公文是(　　)。
A. 指挥性公文　B. 实录性公文　C. 联系性公文　D. 报请性公文
4. 将同一文稿印刷若干份时每份公文的顺序编号叫(　　)。
A. 公文生效标识　B. 发文字号
C. 发文机关标识　D. 公文份数序号
5. 公文的成文时间，原则上应以(　　)。
A. 印刷的时间为准　B. 领导人签发的时间为准
C. 起草的时间为准　D. 完成的时间为准
6. 负有公文处理责任的受文机关是(　　)。
A. 主送机关　B. 抄送机关　C. 抄报机关　D. 抄发机关
7. 向国内外宣布重要事项，用(　　)。
A. 通告　B. 公告　C. 通知　D. 命令
8. 向上级机关行文，应当主送(　　)。
A. 多个上级机关　B. 三个上级机关
C. 两个上级机关　D. 一个上级机关
9. 附件是附在(　　)。
A. 文件之前　B. 主件之中　C. 主件之后　D. 签发人之后
10. 需要了解公文的内容或协助完成工作的机关是(　　)。
A. 抄送机关　B. 主送机关　C. 抄报机关　D. 抄发机关
11. 在执行公文行文制度时应当遵循的准则是(　　)。
A. 公文处理办法　B. 发文机关标识 C. 行文规定　D. 行政公文的体式
12. 记载和传达会议情况和议定事项用(　　)。

A. 会议记录　B. 会议座谈　C. 会议纪要　D. 会议文件

13. 批转下级机关的公文，转发上级机关和不相隶属机关的公文，传达要求下级机关办理和需要有关单位周知或者执行的事项，任免人员等用(　　)。

A. 通告　B. 公告　C. 通知　D. 函

14. 下级向上级反映本单位的某项工作、某个问题、某一方面的情况，要求上级了解的报告是(　　)。

A. 专题工作报告　B. 情况性报告

C. 综合工作报告　D. 答复性报告

15. 向上级机关请求指示、批准用(　　)。

A. 报告　B. 请示　C. 意见　D. 决定

16. 答复下级机关的请示事项用(　　)。

A. 通知　B. 批复　C. 通告　D. 命令

17. 引语之后，即正文的主体部分，这是批复的(　　)。

A. 事项　B. 核心内容　C. 设想　D. 引下级来文

18. 向有关部门人员传达重要情况，发布重要信息，使人们掌握情况，明确问题和工作意图，以指导今后的工作用(　　)。

A. 批评性通报　B. 情况通报　C. 表彰性通报　D. 通知

19. 下列“请示”的结束语中得体的是(　　)。

A. 以上事项，请尽快批准

B. 以上所请，如有不同意，请来函商量

C. 所请事关重大，不可延误，务必于本月10日前答复

D. 以上所请，妥否，请批复

20. 几个机关联合发文，只能标明(　　)。

A. 主办机关的发文字号

B. 所有机关的发文字号

C. 至少两个机关的发文字号

D. 根据情况临时规定的发文字号

21. 特殊情况越级向上行文，应抄送给(　　)。

A. 直属上级机关

B. 直属下级机关

C. 系统内的所有同级机关

D. 有业务联系的机关

22. 介词“关于”的位置在公文标题中(　　)。

A. 事由的前面　　B. 事由的后面

C. 发文单位名称前面　　D. 文种前面

四、多项选择题(在每小题列出的四个备选项中，有两个至四个符合题目要求的，请将其代码填写在题后的括号内。)

1. 行政公文的标题通常由(　　)。

A. 发文机关名称、事由、文种三个要素构成

B. 事由和文种两个要素构成

C. 发文机关名称和公文文种两个要素构成

D. 只标明文种

2. 行政公文的密级有(　　)。

A. 绝密　B. 机密　C. 秘密　D. 严密

3. 发文字号又称公文编号，是发文机关同一年度公文排列的顺序号，由(　　)组成。

A. 发文机关代字　B. 年份　C. 序号　D. 名称

4. 会议纪要常用的结构方式有(　　)。

A. 归纳式　B. 综述式　C. 发言记录式　D. 漫谈式

5. 按照内容和用途的不同，可以把通报分为(　　)。

A. 表彰性通报　B. 批评性通报　C. 情况通报　D. 互通通报

6. 函按其内容性质可分为(　　)。

A. 商洽函　B. 问答函　C. 请批函　D. 批答函

7. 上行文适用的文种有(　　)。

A. 请示 B. 报告 C. 通知 D. 通报

8. 按照行文关系和行文方向的不同，行政公文可分为(　　)。

A. 上行文　B. 平行文　C. 下行文　D. 逐级行文

9. 公文的眉首部分通常由哪些部分组成(　　)。

A. 公文份数序号 B. 发文机关标识 C. 发文字号 D. 签发人

10. 公文标题的三要素是(　　)。

A. 发文机关名称　B. 事由　C. 文种　D. 机关印章

五、简答题

1. 行政公文的主体部分由哪些要素组成？

2. 简述会议纪要与会议记录的联系、区别。

3. 简述通知与通告的区别。
4. 简述通报与通知的区别。
5. 简述函的写作要求。
6. 简述通告与公告的主要区别。
7. 简述请示与报告的区别。
8. 按照行文方向的不同，行政公文可分为哪几类？
9. 简述行政公文的眉首部分由哪些要素组成。
10. 简述行政公文的收文、发文程序各包括哪几个环节？

□能力训练

一、阅读下面的正文，拟定公文标题

各省、自治区、直辖市和计划单列市国家税务局、地方税务局：

现将《财政部国家发展改革委关于对从事个体经营的下岗失业人员和高校毕业生实行收费优惠政策的通知》（财综〔2006〕7号）转发给你们，请遵照执行。

国家税务总局

二〇〇六年三月二日

广东省地方税务局：

你局《关于固定资产折旧方法问题的请示》（粤地税发〔2005〕278号）收悉。经研究，批复如下：

按照企业会计制度和相关会计准则的规定，工作量法是根据实际工作量计提固定资产折旧额的一种方法，与年限平均法同属直线折旧法。在会计处理上按工作量法计提固定资产折旧的纳税人，可依照《企业所得税税前扣除办法》第二十七条的规定进行税务处理。

国家税务总局

二〇〇六年五月十四日

二、阅读下面的公文，修改错误之处

关于举办全省旅游饭店星级检查员培训班的通告

各市、州、直管市旅游局（委）：

为认真贯彻实施《旅游饭店星级的划分与评定》(GB/T14308—2003) 国家标准和新颁布的旅游行业标准《星级饭店访查规范》(LB/TO06—2006)，提升我省星级检查员队伍整体素质，进一步规范旅游饭店星级评定与复核工作，省旅游局决定举办全省旅游饭店星级检查员培训班。现将有关事项通知如下：

本次培训班在《星级饭店访查规范》旅游行业标准实施的形势下举办的一次重要培训班，是2004年星级检查员培训班的延续和补充。培训期间，还将部署2006年度星级饭店复核工作。各地、各四星级以上酒店务必高度重视，按要求派员参加培训。

特此通告。

附：《2006年全省旅游饭店星级检查员培训班培训方案》

2006年6月7日

关于整治户外广告的公告

各广告主、广告经营者、广告发布者：

为贯彻执行××市人民政府《关于印发××市2005年市容环境综合整治工作方案的通知》(深府〔2005〕39号文)，现就整治我市户外广告有关事项公告如下：

一、未经登记领取《户外广告登记证》在我市建成区内违法设置的户外广告，各有关当事人必须自行拆除；

二、招牌必须按照《××市招牌广告设置指引（试行)》的规定自行规范改正；

三、未按《户外广告登记证》批准的形式、规格、地点和时间设置发布的户外广告，各有关当事人自行改正；

四、各有关当事人未能在上述限期内自行拆除或改正的，将依照×××

×号文的规定，依法强制拆除。

特此公告。

××市工商行政管理局

2009.4.22

关于申请放心早餐工程扶持资金的请示报告

省人民政府：

为进一步满足全市人民对“放心早餐”的需求，我市拟建设放心早餐配送中心和放心食品科研所，新增网点200个，推进“放心早餐”向社区和学校延伸，形成覆盖全市、满足不同群体消费习惯的“放心早餐”网络。为此，共需投入资金900万元。我市拟自筹300万元，特恳请省政府给予资金扶持。当否，请批示。

××市人民政府

2008年4月12日

三、写作训练

1. 春节已近，××外贸公司面临春节放假之事。请你以该公司办公室的名义，制作一份规范公文，将春节放假的有关事宜告知××外贸公司的全体职工。

2. 健康食品进出口有限公司将组织一支由总经理带队的十人考察组赴美丽服装进出口有限公司进行考察学习。请你以健康食品进出口有限公司的名义，与美丽服装进出口有限公司取得联系，落实考察学习的有关事宜。

3. ××地段要进行地下管道改造，每天只能在规定时间内通行，试拟写一份通告，向过往行人及车辆驾驶人员说明情况，并提出注意事项。

4. 根据下面的材料，以××市环球旅行社的名义向××市旅游局拟写一份报告，反映旅游行业一些不合理的现状。

一些旅游景区旅游服务价格偏高。主要是提供的住宿、餐饮、购物、娱乐价格偏高，不明码标价，乱收费现象严重，如天池风景区餐饮业毛利率达80%以上，一盘普通拌面15元，一个烤羊腰10元，在哈萨克牧民毡房普通的一桌饭480元，天池王母酒店标间收费260元，比阜康市同类酒店标间收费高出 122 元，特别是旅游景区内一些小商贩和提供娱乐活动的个体户价格欺诈、宰客现象时有发生。据反映，2003 年一内地游客在天池小商贩手中购买了一盒雪莲，价格高达 800 元，引起投诉。另外，一些马匹服务收费不透明，哄骗游客，影响恶劣。

旅行社低价恶性竞争，使旅游服务质量下降。一些旅行社之间为争夺客源，竞相压价，有的甚至采取“零团费”、“负团费”的办法，在旅行社低价恶性竞争中，由于缺乏宏观调控，使竞争愈演愈烈，效益越来越差。2003 年我区旅行社利润率进一步下降，而且有近 30％的旅行社出现亏损。为了减少亏损实现赢利，各旅行社一方面千方百计降低接待等级，压低吃、住、行和景点门票价格，一方面采取多安排游客购物和休闲消费，从中拿回扣，有的甚至压缩原定行程中必含的景点，或只在景区周围参观。旅行社低价恶性竞争，给整个旅游经济造成不利影响。

酒店价格高标价、高折扣现象严重。一般旅行社与各大旅游宾馆都签有协议。以乌鲁木齐某五星级宾馆为例，标准间门市价 1080 元/天，全年与旅行社的平均结算价格是 450 元左右，而旅行社却收取游客 730 元/天，由于旅行社主要是赚取住房价格差，宾馆酒店只好尽力降低成本，服务质量普遍下降。

旅游景区回扣成风，严重扰乱市场秩序。旅游景区的购物、餐饮、娱乐、交通等，都不同程度地存在回扣问题。定点购物场所以高额回扣吸引导游和司机带游客消费，一般购玉器，回扣 40％～60％，餐饮按每位游客 5 元或每桌 100 元回扣，在吐鲁番旅游，导游带游客到高昌古城坐毛驴车，按每位游客返还导游 10 元，近几年甚至在固定摊位购买葡萄干都有回扣。为了调动导游和司机带客购物的积极性，一些旅游定点购物场所设立了最低采点费，只要司机和导游带客进店，就有一定数额的返还。这些旅游定点购物和消费，导游人员收取回扣，往往都是建立在高标价，质价不符，诱迫游客购物和消费基础上的，严重损害了游客的合法权益，不利于旅游业的健康发展。

第三章　外经贸事务文书

学习提示

本章学习是为了让学生了解、熟悉计划、总结、简报、规章制度的含义，特点、作用、分类等；重点引导学生熟练掌握计划、总结、简报和规章制度的写法，并要求学生掌握如何将计划、总结、简报和规章制度的写作常识灵活运用到实际写作中。

第一节　计　划

一、计划的含义

计划是机关、团体、企事业单位对一定时期的工作预先作出安排时使用的一种公文，计划主要用于对未来的工作任务预先拟定目标，设想步骤、方法等，做到事先心中有数，减少盲目性。因每一份计划所强调的重心各有侧重，其指挥性、约束性的强弱程度也有较大不同，所以计划还有很多别名，如规划、要点、意见、设想、打算、安排、方案等都属于计划。大体上说，“规划”是对未来较长时期工作进行较为全面的轮廓式的计划，如《××学院“十一五”规划》；“要点”、“意见”是上级部门布置一定时期工作的主要任务，交代政策依据，提出总体原则和要求时所使用的一种的计划，如《××保密工作要点》；“设想”、“打算”是对未来工作初步的、较粗略的草案性的计划，如《2008年学院外事工作设想》；“安排”、“方案”用于短期内对任务、要求、措施、步骤等作出具体布置的计划，如《××学院深入学习实践科学发展观实施方案》。

二、计划的特点

（一）目的性

计划是为完成某项任务、实现某一目标而制定的，所以计划具有明确的目的性。

（二）预见性

计划是针对未来某项工作而制定的，因此制定者必须事先考虑到在完成这一任务时可能出现的问题，并在制订计划时提出相关对策。

（三）可行性

计划必须切实可行，才能保证目标的实现。目标过于远大，措施不切实际，是无法实现的。

（四）约束性

计划虽不是法定公文，但一经会议讨论通过，在制定者所管辖的范围内就具有了法定公文的效能，具有一定的权威性和约束力，成为工作、行为的准则。

三、计划的分类

按照不同的标准，计划有不同的分类。

按内容来分，有工作计划、生产计划、学习计划、科研计划等；

按性质来分，有综合性计划和专题性计划；按时间来分，有远景计划、年度计划、季度计划、月份计划；

按范围来分，有国家计划、地区计划、单位计划、部门计划、个人计划等。

四、计划的写法

（一）计划的标题

计划的标题应包括制发单位名称、适用时间、事由和文种类别（计划）四部分，一般四者要齐全。如《××学院2009年教学计划》、《××环保局十一五环境治理规划》。但在实际操作中，有时可以省略部分要素。如：有些计划，省略单位名称，由适用时间、事由和文种组成，如《2009年度全民义务植树造林工作计划》；有的计划省略适用时间，这在专题计划中比较常见，如《××学院深入学习实践科学发展观实施方案》；有的计划省略单位名称和适用时间两个要素，由事由和文种组成，如《科研工作计划》；也有只用文种做标题的，不过这种写法因太不正规不值得提倡。省略要素时要注意，越是基层单位的计划，省略要素的情况越普遍，因为涉及范围小，有些要素不说大家也明白。越是大单位的正规的计划，要素越不可省略。

（二）计划的正文

1. 前言

前言是计划的开头部分，简明扼要地表达出制订计划的背景、根据、目的、意义、指导思想等，文字力求简明，讲清楚“为什么做”这个问题即可。

2. 主体

主体部分要讲清楚具体的目标，并提出完成任务的措施、步骤。这是计划最重要的内容，也是篇幅最大的一部分。如果说引言回答了“为什么做”的问题，那么主体要回答“做什么”、“怎么做”、“何时做”等问题。

（1）目标。首先要明确指出总目标和基本任务，随后应根据实际内容进一步详细、具体地写出任务的数量、质量指标。必要时再将各项指标定质、定量分解，以求让总目标、总任务具体化、明确化。

（2）措施。以什么方法，用什么措施确保完成任务或实现目标，这是有关计划可操作性的关键一环。所谓有办法、有措施就是对完成计划需动员哪些力量，创造哪些条件，排除哪些困难，采取哪些手段，通过哪些途径等心中有数。这既需要熟悉实际工作，又需要有预见性，而关键在于有实事求是的精神。唯有这般，制订的措施、办法才是具体的、切实可行的。

（3）步骤。工作有先后、主次、缓急之分，进程又有一定的阶段性，为此在计划中针对具体情况应事先规划好操作的步骤、各项工作的完成时限及责任人。这样才能职责明确、操作有序、执行无误。

3. 结尾

结尾可以用来提出希望、发出号召、展望前景、明确执行要求等，也可以在条款之后就结束全文，不写专门的结尾部分。

（三）落款

计划在结尾之后，还要署明单位名称和制订计划的具体时间，如果以文件的形式下发，还要加盖公章。也可将单位名称和时间写在标题下面。

五、计划正文主体的表述方式

计划正文主体部分是对“目标”、“措施”、“步骤”这三要素的具体阐述，由于具体计划的性质、用途、规模各有不同，所以对三要素的阐述方式也具有多样性。

（一）展开式

即围绕主题，将三要素分别逐一展开说明，这样的表述方式简洁明了，条理清晰，适合内容比较单纯的专题性计划。

（二）分列式

这种表述方式适合综合性计划，即一份计划包含若干项工作，将这些工作逐项开列，并针对每项工作分别阐述措施和步骤，相当于大计划包含小计划，如例文二。

（三）阶段式

这种表述方式适合于阶段性比较明显的工作，将一项工作分为几个阶段，将每个阶段所要完成的具体任务、措施、步骤分开来写。如开展深入学习实践科学发展观可分为三个阶段，可分别阐述三个阶段的具体任务、措施、步骤，如例文三。

（四）图标式

即将工作任务、措施要求、完成时间等内容用图表方式显示出来。这种方式，比较直观、形象、醒目。这种方式可单独使用，也可作为其他形式的补充，如例文四。

【例文一】

××学校2009年工作计划

2009年是深入贯彻“十七大”精神和科学发展观的开局之年。学校以科学发展观统领学校工作全局，全面贯彻党的教育方针，坚持依法治校、依法从教，以办好人民满意的教育为宗旨，紧紧围绕《凉州区2009年教育工作要点》，团结协作，众志成城，和衷共济，再次实现十四中的跨越和发展。

一、指导思想

坚持“依法治校，以德立校，以质量强校”的宗旨，着眼于“为每一个学生的健康成长服务，为每一个学生的终身发展奠基”的办学理念，以深化内涵发展为主线，以加强规范管理为保障，谋求学校工作的可持续发展。

二、工作目标

1. 管理目标：加强学校规范管理，管理思路简洁明晰：落实逐层负责制和岗位责任制，增强教师的责任意识。

2. 队伍目标：增强领导干部的服务意识，提高学校管理水平；逐步提高教师的专业化水平。

3. 实施《教师全面工作量化考核方案》目标：加强教师工作的科学管理，督促和激发全体老师不断完善自我，做到教书育人，为人师表，认真履行职责，形成强烈的竞争意识，开创我校工作的新局面。

4. 德育目标：坚持育人为本、德育为先，把社会主义核心价值体系融入学校教育全过程，认真落实党的十七大精神进教材、进课堂进学生头脑的总体要求。

5. 教学目标：培养学生主动学习的能力，养成良好的学习习惯。抓好校本培训，提高教师教育科研的能力，优化课堂教学，提高课堂教学的效益。

6. 特色工作目标：从普通话和才艺展示入手，按照《武威十四中特色学校创建方案》，围绕“理思路、抓管理、树形象、促质量、创特色”的工作要求，积极创建“特色学校”、“品牌学校”。

三、工作重点

1. 一个中心：

在巩固现有教学优势的前提下，充分挖掘学校工作的非智力因素，提高教学质量和追求学校的可持续发展。

2. 两个提高：

立足“实际、实在、实效”的工作作风，加强学校规范管理实施，加强《教师全面工作量化考核方案》顺利实施，提高学校管理水平；

讲求教师政治学习、业务学习的实效，提高教师的专业化水平。

3. 四个加强：

——加强师德建设和教师业务建设，积极构建学习型教师群体；

——加强班主任队伍建设和学生心理健康教育，注重德育常规管理的规范、有效；

——加强教学常规管理，注重教学质量的全程管理。

——加强财务管理，落实校务公开，推进民主管理进程。

4. 四个确保：

——确保职业学校招生任务的完成和中会考升学目标的完成；

——确保2009年初一招生工作的顺利完成；

——确保《教师全面工作量化考核方案》公平、公正、合理、顺利实施；

——确保2009年平安、稳定、健康可持续发展；

四、具体工作和措施

(一) 加强干部队伍建设，树立“管理就是服务”的观念，提高管理水平

1. 增强管理干部的责任意识、大局意识、服务意识，并进行量化考核。以身作则，吃苦在前，享受在后，自觉接受广大师生的监督，不断增强行政工作的凝聚力，充分发挥集体智慧和团队精神，努力做到个体合格、群体合拍、整体优化。

2. 加强理论学习，切实提高执行教育教学法规的意识和自觉性，不断增强学校工作的透明度，尤其要做好校务公开工作。节俭办学、公正办学，努力提高服务质量。

3. 加强后备干部的培养，让本职岗位有成绩、工作有干劲、思想过得硬的青年教师走上管理岗位。

4. 巩固提高义务教育水平，保证学校在校生的巩固率。做好学生入学工作。深入了解本校学生的在学情况，健全贫困生档案，对个别家庭有特殊困难的学生，采取有效的救助措施。严格把好转学手续关。及时做好有关资料的收集工作，重视农村留守儿童教育问题；完善外来务工人员子女接受义务教育制度和措施；全面落实“两免一补”政策。

（二）理清德育工作的渠道，把握德育工作的实施途径，切实加强德育工作的针对性、实效性和主动性，努力开创德育工作的新局面

1. 做好德育管理常规工作，加大管理常规的力度和措施，结合“三风建设”及《中小学生守则》、《中学生日常行为规范》，对学生进行基本的道德观念、道德知识和礼仪、礼貌、礼节教育。先在认知，重在体验，变他律为自律，促进文明行为习惯的养成。

2. 开展形式多样的主题教育活动，重视学生思想道德建设，加强学生民族精神教育、法制教育以及行为规范的养成教育。突出以爱国主义教育为主旋律，以弘扬和培育民族精神为主线的德育教育。要以活动为载体，结合法定节日、重要人物、重大事件纪念日，有针对性地组织思想道德教育活动，在活动中引导学生树立正确的世界观、人生观和价值观。

3. 努力做好学校、家庭、社会三结合工作。召开家长工作会，通报学校办学情况，商讨家庭教育与学校教育相结合的办法。通过家访、家长会、学生社会实践、家校联系平台、校园网专栏等途径，宣传正确的教育观，争取社会与家长的支持，努力为青少年健康成长营造良好的发展环境。

4. 重视学生心理健康教育，定期开放“心理咨询室”，建立、健全心理咨询室各项管理制度。把心理健康教育渗透到具体的教育教学活动之中，每位教师都要高度重视学生的心理疏导工作，主动帮助学生解决在成长过程中的心理困惑和心理障碍。

5. 积极构建以班主任队伍为主体、全体教师积极配合的德育工作队伍，确立“全员育人、全程育人、全面负责”的理念。定期组织班主任培训，加强班主任队伍和学生干部队伍建设，召开师徒结对工作研讨会，抓好班集体验收工作。

6. 开展丰富多彩的校园文化活动，活跃学生身心健康，切实做好传染病的宣传与防治工作。关注特殊学生（后进生、学困生），定期召开特殊学生座谈会，建立后进生档案，实行定期家访制度；加强对贫困学生的关心，认真做好“两免一补”工作。要使他们能实实在在地感受到集体的温暖。

（三）修师德、练师能并重，推进教师队伍建设

1. 推进教师人事制度改革。对不能胜任教学的教师采取转岗、培训等方式，对现有教师资源进行适当整合。

2. 继续抓好师德建设，增强教师的履责意识、师表意识和爱生意识。开展“评教评学活动”，组织丰富多彩的活动，关心教师的身心健康，充分调动和发挥教师工作的积极性和主动性。

3. 引导广大教师自觉践行胡锦涛总书记对教育工作提出的“四点希望”，努力把自己打造成为受学生爱戴、让人民满意的教师。

4. 积极做好校本培训，实行“全员培训与分层次培训”相结合，积极开展切实有效的“校本教研”活动，提高教师的业务素质和业务能力。

5. 召开“青蓝工程”阶段性工作研讨会，拟定具体措施，加强骨干教师的培养，加快青年教师的成长。

（四）重视常规，抓好评估，落实制度，提高教育教学质量

1. 召开全校教师期末考试质量分析会，对三个年级教学现状进行分析，并对本学期学校教学工作进行布置。

2. 召开初三中考复习教师会和学生家长会，制订中考复习计划，研究中考复习策略，制订出台《2009年中考成果奖励办法》。

3. 加强学校电子备课室的管理，引导教师运用现代化手段提高教学效率。

4. 坚持常规检查，做到检查到位，反馈及时，整改有效。领导、教师坚持深入课堂，重点开展对薄弱学科的调研活动，教职工按教育局规定完成在本校的听课节数。抓好随机听课、评课工作，并纳入学校管理和教师教学常规考核。做好凉州区第六届“教学能手”的推荐工作。

5. 加强课堂教学的研究。实施“目标管理”，立足课堂，面向全体，夯实基础，向45分钟要效益。追求起点低，切口小，容量大，气氛活，学习积极性高的课堂教学模式。使课堂成为融知识内容，能力训练，又有创造性开拓的师生学习的主阵地。不断进行教学反思，从实践中学习，在反思中进步。要注重平时教学得失的积累，要坚持写好教后感。

6. 圆满完成2009年初一新生招生工作。积极探索中小学教学衔接的研究，增强相互交流活动，顺利完成从小学阶段向初中阶段学习与生活的过渡。

7. 积极推进“校本课程”的实施与管理，并做好阶段性总结，从而得到进一步推进。

（五）认真做好学校安全工作，确保稳定的教育教学秩序

1. 认真组织师生学习新颁布实施的《中学生人身伤害事故预防与处理条例》，积极贯彻落实。

2. 落实各级安全工作制度，签订《安全工作责任书》，做到安全管理全面到位，安全责任具体落实。

3. 开展安全教育活动，增强师生的安全意识和防范意识。

4. 经常性开展学校安全检查，及时消除学校安全隐患。对于重大安全隐患，及时上报。

5. 与相关部门积极沟通与协调，加强校园周边环境的整治，确保师生人身安全。

6. 加强宣传教育，做好禁毒、防邪教等工作。

（六）加强规范管理，积极构建“和谐校园”

1. 加强教育收费政策的宣传，坚持依法办学，不违规收费。

2. 推进学校网站的建设。加速学校办公自动化进程，成立学校电教中心组，明确分工，形成卫星网、因特网、校园网“三网合一”，做到学校信息畅通，更新及时，并把其作为校务、政务公开的重要平台。

3. 修改、制订《教师个人论文获奖/发表、赛课、大型公开课、辅导学生获奖的奖励办法》、《电子备课室的管理及处罚条例》、《教师责任追究制度》、《功能教室教师使用与管理制度》。

4. 结合区教育局工作部署，明确《凉州区学校管理规范》的内容、特点和基本要求，提高思想认识，高度重视并认真贯彻执行。

5. 结合学校实际，抓住重点，突破难点，分期推进，分步实施，上半年建设“校史室”、“团队活动室”，现有功能室管理到位，台账清晰，资料齐全。

6. 认真抓好“绿色学校”创建工作。

（七）进一步加强后勤管理，充分发挥服务保障功能

1. 牢固树立服务师生、服务教学、服务学校发展的思想，强化自觉服务意识，变后勤为先行，降本增效，开源节流，确保学校中心工作的顺利展开。

2. 加强安全用电教育，定期检查控水、节电、网络、广播系统，确保正常使用；要加强财务管理，执行采购、领物审批制度；要执行财务制度，严肃财务纪律，适度从紧开支，确保学校各项教学工作正常运行。

××学校

××××年××月××日

【例文二】

××学校开展深入学习实践科学发展观活动实施方案

按照省委、省卫生厅党组关于开展深入学习实践科学发展观活动的工作部署，根据中发〔2008〕14号、皖发〔2008〕15号和卫党〔2008〕16号等文件精神，校党委决定，以“推动医学教育科学发展，培养医疗卫生实用人才”为主题，集中5个月左右时间（2008年9月底开始，至2009年2月中旬基本结束），在全校开展深入学习实践科学发展观活动（以下简称“学习实践活动”）。为确保我校学习实践活动取得实效，结合学校实际，制订本实施方案。

一、学习实践活动的指导思想和目标要求

开展学习实践活动的指导思想是：全面贯彻党的十七大精神，高举中国特色社会主义伟大旗帜，以邓小平理论和“三个代表”重要思想为指导，紧紧围绕活动主题，组织全校广大党员，特别是校、系（部门）两级领导班子及科以上党员领导干部，深入学习实践科学发展观，准确把握科学发展观的重大意义、科学内涵、精神实质和根本要求，以党员干部受教育、科学发展上水平、人民群众得实惠为根本要求，大力解放思想，实事求是、改革创新，切实增强贯彻落实科学发展观的自觉性和坚定性，着力转变学校工作不适应、不符合科学发展观的思想观念，着力解决影响和制约学校改革与发展和师生迫切希望解决的问题，着力构建有利于学校科学发展的体制机制，着力健全保障和促进学校科学发展的规章制度，提高领导学校科学发展、培育合格适宜的卫生人才的能力，真正把科学发展观贯彻落实到学校工作的各个方面。

通过开展学习实践活动，达到以下目标要求：

（一）提高思想认识

进一步加深广大党员特别是党员领导干部对科学发展观的理解，增强贯彻落实科学发展观的自觉性和坚定性；进一步解放思想，转变不适应、不符合科学发展要求的思想观念，在什么是科学发展、能不能科学发展、怎么样科学发展等重大问题上达成共识，把思想认识统一到科学发展观的要求上来，推进医专又好又快发展。

（二）解决突出问题

在解决影响和制约学校科学发展的突出问题上下功夫，在解决职工群众

最关心、最直接、最现实的利益问题上下功夫，在解决党的建设和干部作风建设存在的实际问题上下功夫。进一步明确学校科学发展的工作思路，完善科学发展的途径措施；进一步加强领导班子思想政治建设，推动党员领导干部讲党性、重品行、作表率，为科学发展提供政治和组织保证。

（三）创新体制机制

增强人才强校、特色兴校、质量立校、机制活校、依法治校的意识。形成有效的决策机制、运行机制和竞争机制，提高管理水平和效率；进一步深化人事管理和劳动分配制度改革，强化竞争机制；进一步推进教育教学改革，不断创新教学质量管理机制；建立更加科学合理、符合学校发展需要的规章制度体系，切实增强推进全面协调可持续发展的能力。

（四）促进科学发展

通过学习实践活动，在领导班子和广大党员领导干部中，形成推动科学发展的坚强意志、谋划科学发展的正确思路、领导科学发展的实际能力、促进科学发展的政策措施、增强党性修养提高思想觉悟的自觉行动，坚持把解决群众反映强烈的突出问题作为学校工作的出发点和落脚点，努力促进学校又好又快发展，构建和谐、平安校园。

二、基本原则

（一）坚持解放思想

以解放思想为先导，以改革创新为动力，进一步提高认识，更新学校发展观念、转变办学治校思路，破解学校发展难题，使学校工作的思路和行动更加符合实事求是的思想路线，符合卫生、教育事业发展规律，符合党的执政规律，符合全校师生的愿望。

（二）突出实践特色

从学校工作实际出发，坚持以"推动医学教育科学发展，培养医疗卫生实用人才"为主题，把开展学习实践活动与贯彻落实党的十七大精神结合起来，与总结治校办学的成功经验结合起来，与推动改革发展稳定工作结合起来，与解决党性党风党纪方面存在的突出问题结合起来，把实践特色贯穿活动的全过程。

（三）贯彻群众路线

充分发扬民主，吸收群众参与，认真听取职工代表、有关专家和基层群众的意见和建议，真诚接受职工群众的评议和监督，把师生员工满意作为衡量学习实践活动成效的重要依据。同时，注意加强对职工群众的教育引导工作。

（四）正面教育为主

组织广大党员认真学习、深刻领会科学发展观，认真进行自我教育。领导班子和领导干部要在深入学习的基础上，联系自身的思想和工作实际，认真总结经验教训，自觉查找影响和制约科学发展的突出问题，自觉查找问题的根源，自觉解决和纠正存在的问题。对查找和剖析问题既高标准、严要求，又不搞人人过关，保护和调动党员、干部的积极性。

三、开展学习实践活动要解决的重点问题和实践载体

按照省委及卫生厅党组要求，开展学习实践活动，关键在于取得实效。全校党员特别是各级党员领导干部，要深入思考一系列关系到学校全局发展战略的深层次问题。在制度上创新，保障和促进学校全面协调可持续发展；在办学思路上实现突破，为提升办学层次奠定良好基础；在办学水平上进一步推进示范性高职高专创建，加强教育教学改革与专业学科建设，培养高素质的适宜的卫生人才；在办学投入上多方筹措资金，完善办学条件；在办学模式上向“工学”结合转变；在学校可持续发展上进一步强化内涵建设；在和谐校园建设上处理好改革发展稳定的关系，进而实现好、维护好、发展好广大师生员工的切身利益。

针对存在的问题，通过学习实践活动，进一步理清改革发展思路，立足“五个着力”，实现学校又好又快发展，办人民满意的高等教育。

（一）着力创新办学思路和提高决策质量。要从解放思想、更新观念、储备渊博知识、突破传统心智模式、凝聚集体智慧与深入调查研究等方面努力，理清和创新思路，提高决策质量，务实进取，真抓实干。

（二）着力推进示范性高职高专创建工作，努力跻身省级示范性高职高专院校行列。积极落实学校的“十一五”发展规划，千方百计解决好生均资源、专业学科带头人、图书馆建设等制约发展的瓶颈问题，深化教育教学改革，提高学校的人才培养工作水平与质量，为提升办学层次打基础。

（三）着力降低办学成本，优化人员结构和资源配置，深入开展节约型校园和效能建设，倡导树立艰苦奋斗、勤俭办学的观念，结合部门和岗位工作实际采取增收节支措施并督促检查落实的效果，消除和避免浪费现象。

（四）着力加强教师队伍建设，提高素质，优化结构，努力建设一支适应人才培养和专业学科建设需求的高水平教师队伍，同时要建设一支服务意识强、工作有机协调配合、富有战斗力的管理队伍。

（五）着力解决好、实现好涉及广大师生员工切身利益的问题，坚持以人为本，构建和谐校园，积极落实有关政策，积极解决广大教职工在工作、学习、发展中遇到的困难和问题，调动职工以校为家、服务发展的积极性、责任心与创造性，积极维护广大学生的利益，调动他们勤奋好学、努力成才的动力与潜力。

四、总体安排和方法步骤

根据省委和卫生厅党组的统一部署与安排，我校学习实践活动从2008年9月底开始至2009年2月中旬基本结束。具体分为三个阶段。

（一）学习调研阶段（2008年9月底至11月下旬）

总体要求：着力转变观念、提高认识，以科学发展观为统领，对事关科学发展的重大问题达成共识。

1. 动员部署（10月15日前）

校党委结合学校实际，制定全校学习实践活动实施方案和学习实践活动阶段安排（见附表），并报省卫生厅深入学习实践科学发展观活动领导小组审批、备案，成立活动领导小组及办公室，召开深入学习实践科学发展观活动动员大会，做好思想、组织等准备工作。各党总支（支部）根据学校实施方案，结合实际，制订活动计划安排表。

2. 学习培训

学习内容：组织党员干部系统深入地学习党的十七大和胡锦涛总书记视察安徽重要讲话精神，学习《毛泽东邓小平江泽民论科学发展》和《科学发展观重要论述摘编》，学习胡锦涛等中央领导同志一系列重要讲话精神；县处级以上党员领导干部还要认真学习《深入学习实践科学发展观活动领导干部学习文件选编》，党员领导干部要在通读有关学习材料的基础上，对重点篇目进行精读。

学习形式：学习采取自学与集中学习相结合的形式。个人自学由党总支、支部安排，副处级以上党员干部带头，全体党员参加，学习规定的内容，党员、干部全程参加率均不低于95%。集体学习可以采取专题辅导、参观考察、讨论研讨等多种方式，创新学习载体与形式，组织党员干部进行学习。

学习时间：各党总支制订具体的学习计划，做到有计划、有主题、有中心发言、有签到、有记录、有思想认识提高。党委中心组学习不少于3次，各党支部组织党员集中学习不少于20学时。

学习效果：每名党员认真总结学习心得体会，结合思想和工作实际，认真思考如何将学习的收获转化为自身思想政治素质觉悟的内在要求，积极探索如何将学习的成果转化为提高岗位工作水平与能力的途径，撰写学习心得不少于2篇，副处级以上干部心得每篇不少于2000字，其他党员每篇不少于1000字，活动结束后汇编成册。

3. 深入调研

在深入学习的基础上，党员干部结合学校和部门工作实际，集中组织调研活动。校级领导班子成员要带头结合分管工作，围绕破解制约学校科学发展的困难和问题，深入一线开展专题调研，形成调研报告。副处级领导干部结合职责和业务工作选择1个专题开展调研，形成有情况、有分析、有对策、有分量的调研报告。各部门结合职能职责，可选择1～2个专题开展调研。通过深入调研进一步提高领导班子和党员领导干部分析和解决实际问题的能力。

4. 开展解放思想大讨论

结合改革开放30周年，按照科学发展观的要求，紧密联系学校工作实际，分别以党总支（党支部）、职能部门、系部为单元，组织全体党员、职工围绕“推动医学教育科学发展，培养医疗卫生实用人才”这个主题开展解放思想大讨论活动。讨论侧重点：党总支（党支部）主要是党组织先进性建设、党员作用发挥、党员党风党性党纪情况、进一步加强和改进师生思想政治教育；职能部门主要是管理规章制度创新、增强服务教学一线意识、加强效能建设、节约型校园创建；教学系部主要是专业学科与师资队伍建设、深化教育教学改革、提高教学质量。

通过讨论进一步加深广大党员特别是党员领导干部对科学发展观的理解，切实增强忧患意识、责任意识、机遇意识和创新意识，进一步开阔眼界、开阔思路、开阔胸襟，在事关学校科学发展的重大问题上达成共识。

（二）分析检查阶段（2008年11月底至12月底）

总体要求：找准影响和制约学校科学发展的突出问题，影响基层党组织先进性建设与党员作用充分发挥的突出问题，党员思想、学习、工作作风方面群众反映强烈的突出问题，深入分析形成问题的主客观原因，特别是主观原因，理清科学发展思路，形成贯彻落实科学发展观的分析检查报告。

1. 召开民主生活会

广泛征求群众意见。校党委、各总支、支部采取设立意见箱、召开座谈会、个别谈话、开辟校内网络论坛等方式广泛征求群众意见。

开展谈心活动。民主生活会前，党委成员之间、总支书记与支书记之间、支部书记与党员之间、党员与党员之间要开展谈心活动，沟通思想，相互提醒，并结合群众意见，认真撰写发言材料。

学校领导班子围绕“推动医学教育科学发展，培养医疗卫生实用人才”主题召开民主生活会，班子成员结合分工，重点查找个人和班子在贯彻落实科学发展观方面存在的突出问题，查找党性党风党纪方面群众反映强烈的突出问题，在世界观、人生观、价值观、事业观、权力观、地位观、利益观方面存在的突出问题，深刻分析原因，认真开展批评与自我批评。

各党总支组织指导党支部（党小组）以“推动科学发展，发挥四个作用”为主题，组织召开党员专题组织生活会。

民主生活会和组织生活会，要求党员参加率达到100%。民主生活会和组织生活会要以充分准备、突出主题、依靠群众准确查找问题、深入谈心、认真开展批评与自我批评、深刻剖析自我、制定切实可行整改措施等为基本要求，会议组织召开情况书面报校学习实践活动领导小组办公室。

2. 形成领导班子分析检查报告

在民主生活会及组织生活会基础上，形成领导班子分析检查报告。报告要查摆贯彻落实科学发展观中存在的突出问题，分析产生问题的主客观原因，尤其是主观原因，确定贯彻落实科学发展观的主要思路和加强班子自身建设的具体措施。

3. 组织群众评议

分析检查报告要反复征求党员、群众意见。吸收熟悉情况的民主党派、无党派教职工及学生代表参加评议。群众评议采取座谈会或书面评议等形式进行。分析检查报告和群众评议结果在一定范围内公开。

（三）整改落实阶段（2009年1月初至2月中旬）

总体要求：积极解决突出问题，完善规章制度，建立健全保障和促进学校科学发展的长效机制。

1. 制订整改方案

分类整理查摆发现的突出问题，吸纳党员围绕”推动医学教育科学发展，培养医疗卫生实用人才”提出的合理化建议，形成整改落实方案。整改方案应明确整改落实的目标、方式、措施、时限要求、责任部门和责任人，力求具有可操作性；采取适当方式公布整改方案，接受党员、群众监督。

2. 解决突出问题

坚持什么问题突出就着力解决什么问题，什么问题师生集中关注就着力解决什么问题。校党委进一步明确“推动医学教育科学发展，培养医疗卫生实用人才”的工作思路、方向、方法，制订方案、措施，集中解决几个影响和制约学校科学发展的突出问题。各党总支、各部门、党员领导干部要抓好关系师生医护员工切身利益、群众反映强烈的实际问题的整改；对需要解决又能够及时解决的突出问题，集中时间、精力进行整改；对应当解决但暂时不具备条件解决的，要明确解决的思路和方法，积极创造条件逐步加以解决，并向群众作出说明。整改工作纳入党务、校务公开，接受群众监督。

3. 完善规章制度

针对卫生、教育改革发展的新情况、新问题，从促进学校科学发展的需要出发，积极稳妥地推进体制机制创新，完善制度建设，努力解决制度缺失和机制障碍等突出问题。结合今年开展的廉政制度推进年活动，认真清理现有规章制度，切实做好“废、改、立”工作。鼓励、接纳教职工在制度建设方面提出合理化建议。适时汇编学校修订、完善和创新后的规章制度。

4. 活动测评和总结

整改落实工作结束后，学校、各党总支要从活动基本情况、做法、经验、成效等方面进行总结，并逐级报送总结情况，同时分别在一定范围内向党员、群众通报活动总结有关情况。采取群众代表评议和在群众中随机抽样调查等形式，组织学习实践活动满意度测评，根据测评结果进一步完善整改措施。

五、保障措施

把开展学习实践活动作为学校政治生活和党建工作中的一件大事，摆上重要议事日程，高度重视，精心组织，把深入学习、提高认识贯穿始终，把解放思想、改革创新贯穿始终，把解决问题、完善规章制度贯穿始终，把依靠群众、发扬民主贯穿始终，确保学习实践活动各阶段安排落到实处，确保活动质量和取得实效。

（一）加强组织领导

在省卫生厅深入学习实践科学发展观活动领导小组及指导检查组的领导与指导下，学校成立学习实践活动领导小组并下设办公室（另文），校党委全面负责本单位的学习实践活动，各党总支负责人为所在总支的第一责任人，并在每个支部确定1名联系人，具体落实实施方案，确保活动落实不走过场，不出偏差。

（二）明确责任任务

校级党员领导干部明确联系点，指导学习实践活动深入开展，了解和掌握活动情况，检查工作落实进展情况；党员领导干部要把学习实践活动作为提高执政能力、改进素质作风、推进学校又好又快发展的重要契机，带头学习调研，带头解放思想，带头分析检查，带头落实整改；全校党员要把全程自觉参加学习实践活动作为党性锻炼的重要途径，把深入领会、准确把握、自觉坚定贯彻科学发展观作为提高思想政治素质的内在要求。

（三）创新活动载体

在全面落实学校学习实践活动各阶段、各环节安排与要求的前提下，结合总支和部门实际，结合示范性高职高专创建、党组织和党员先进性作用的发挥、和谐校园与节约型校园建设等学校中心工作，结合教书育人、服务师生等岗位工作，创新活动载体，力求形式生动，将学习与实践有机统一，将学习的收获与成果转化为践行科学发展观的行动与能力。

（四）搞好舆论宣传

通过活动简报、校园网专栏、校报专刊、校园橱窗等，宣传科学发展观的科学内涵、精神实质和内在要求，宣传学习实践活动意义，宣传学习实践活动的动员部署、做法经验、实际成效、先进典型。各总支、各部门要确定专人，及时、有效地做好宣传工作，努力营造开展学习实践活动的浓厚氛围。

（五）接受群众监督

充分发扬民主，突出党员主体地位，吸收教职医护员工全程参与学习实践活动，认真听取群众意见建议，虚心向群众学习，真诚接受群众监督。各党总支的学习实践活动要选择有代表性的民主党派、无党派职工代表及学生代表参加。在民主生活会、组织生活会、调研方面要广泛听取群众意见，分析检查报告、整改方案与实施情况、学习实践活动总结、学习实践活动满意度测评结果等要向党员、群众公开。

（六）坚持统筹兼顾

各总支、各部门要统筹兼顾、周密安排，把学习实践活动与推动各项工作结合起来，与加强效能建设、红旗党支部创建结合起来，与示范性高职高专创建结合起来，与落实党风廉政责任制、推进廉政制度建设结合起来，做到学习工作两不误、两促进，全体干部要做到学习业务两手抓、两手硬，使学习实践科学发展观活动真正转化成为推动学校健康协调可持续发展的强大动力。

××××年×月×日

【例文三】

党委工作部2008年工作计划

序号	工作名称	目的或目标	工作的详细说明	完成的起止时间
一	组织工作			
1	加强党的基层组织先进性建设	发挥党组织推动发展、服务师生、凝聚人心、促进和谐的作用和党员的先锋模范作用	1. 协助行政党总支做好行政各支部委员会的改选工作。	上半年
			2. 组织落实《省卫生厅“创建建设红旗党支部”考评细则》和《党建工作考核细则》; 3. 组织党员民主评议，评比、表彰“先进基层党组织”和“优秀共产党员”;	6月底之前
			4. 制订总支、支部委员会向党员大会报告工作并接受监督的制度; 5. 以《党章》学习为重点开展共产党员先进性学习教育，指导开展党员联系服务师生工作; 6. 修订、完善学校党建工作各项规章制度，争取年内印刷成册; 7. 做好党费收缴、使用、管理工作; 8. 实行党员情况信息化管理措施，做好党内统计工作; 9. 按照规定做好毕业生党组织关系的转接工作; 10. 组织召开1次党建工作经验研讨交流会; 11. 组织党务干部外出考察，学习借鉴高校党建工作经验; 12. 加强流动党员（流入、流出）管理。	全年

（续表）

序号	工作名称	目的或目标	工作的详细说明	完成的起止时间
2.	提高发展党员工作质量	坚持“可靠”与“合格”的内涵质量要求，记一步规范程序	1. 汇编发展党员工作制度，组织支委学习，指导支部规范程序性工作； 2. 举办1～2期入党积极分子培训班，优化党课内容，进一步提高培训质量，开辟网上党校； 3. 强化入党积极分子、预备党员队伍状况分析，探索创新培养教育考察方法途径； 4. 组织发展新党员和预备党员转正、入党宣誓； 5. 会同团委制订并落实《××学校共青团组织推荐优秀团员作党的发展对象实施细则》； 6. 制定制度，指导各支部在发展党员工作中试行票决制。	全年
3.	第二次党员大会会务筹备	总结党建工作成果，部署学校党的先进性建设	1. 按照校党委的部署，积极做好校第二次党员大会的会务筹备工作。	下半年
二	干部工作			
1	干部教育培训	促进干部提高贯彻落实科学发展观的能力	1. 组织深入学习科学发展观，探索学校科学发展的措施和途径； 2. 在干部中开展校情教育，保持求真务实、艰苦奋斗的作风； 3. 配合纪委、监察审计处开展党风廉政、反腐倡廉教育工作，推进廉政文化建设； 4. 改革和完善中层管理干部考核办法，组织开展年度干部述职考评； 5. 安排6名左右干部高校挂职锻炼或参加党校、社会主义学进修学习； 6. 落实干部调配任用具体工作。	全年

（续表）

序号	工作名称	目的或目标	工作的详细说明	完成的起止时间
三	宣传思想工作			
1	学习、思想教育	武装头脑、指导实践、推动工作	1. 按部署组织党员干部深入学习贯彻党的十七大精神，编发理论学习资料，指导学习贯彻工作； 2. 指导落实十七大精神“三进”要求，开展形势与政策教育； 3. 紧紧围绕国家政治、经济形势，围绕教育改革发展的实践，围绕学校中心工作，增强学习的计划性和针对性，通过组织观看录像、辅导会、报告会、撰写心得体会、知识竞答、参观学习等多种形式，提高学习的实效性； 4. 汇编干部学习心得体会文章。	全年
2	扩大对外宣传工作	树立学校良好形象，扩大学校影响	1. 围绕学校中心工作，协调各方面宣传力量，及时开展阶段性的宣传工作； 2. 组织讲座培训，提升部门宣传骨干的业务能力； 3. 加强学校工作动态信息上报工作； 4. 落实《××学校校园网络宣传管理工作规定》，优化网络宣传内容，开展统计奖励工作。	全年
3	文明创建工作	构建和谐校园，陶冶师生情操	1. 按照文明单位的标准，组织、协调各部门做好创建工作； 2. 开展学生“读报读刊”调查，丰富“读报读刊”内容； 3. 协调落实学生“升国旗”工作。	全年

（续表）

序号	工作名称	目的或目标	工作的详细说明	完成的起止时间
四	统战工作	发挥统战成员作用	1. 建立重大事情召开民主党派、党外人士座谈会和情况通报会制度； 2. 搞好统战成员的全面摸底，实行逐人登记归档，做到心中有数； 3. 协助党外高级知识分子申报著作出版资助工作。	全年
五	其他工作		1. 完成上级党组织和校领导布置、交办的工作； 2. 做好党委会议会务工作、党委中心组学习组织，协助其他部门开展工作； 3. 协调抓好学校的安全稳定工作，定期排查安全稳定隐患，督促整改，加强突发公共事件的信息报告工作，掌握动态； 4. 开展师德师风档案建设工作； 5. 加强工作效能建设，完善部门工作制度建设，强化业务学习工作，提高工作效率。	全年

××学校

××××年××月××日

第二节　总　结

一、总结的含义

总结是单位或个人通过对过去一阶段工作或某项工作的回顾和分析评价，判明得失利弊，找出经验教训，得出规律性的认识，用以指导今后工作的一种事务文书。

二、总结的特点

（一）客观性

总结是主观对客观事物认识的结果。它以客观评价工作等活动的经验教训为目的，以回顾工作情况为基本内容，以工作实践的事实为材料，其所总结出来的理性认识也应该反映自身工作实践的规律。所以内容的客观性是总结的本质特点。

（二）理论性

总结不是工作实践活动的记录，不能完全照搬工作实践活动的全过程，它是对工作实践活动的本质概括，要在回顾工作实践活动全过程的基础上，进行分析研究，归纳出能够反映事物本质的规律，把感性认识上升到理性认识，这正是总结的价值所在。

（三）过程性

每一项工作都要经历一个过程，都有一定的时间跨度。总结工作时，必须对工作进程和事物发展的过程进行系统的回顾，包括工作背景、工作条件、工作的措施与步骤、遇到什么困难、如何克服困难、工作成效如何等信息。

三、总结的分类

总结有多种分类方法：

根据内容的不同，可以把总结分为工作总结、生产总结、学习总结、活动总结等。

根据范围的不同，可以分为行业总结、单位总结、部门性总结、个人总结等。

根据时间的不同，可以分为月份总结、季度总结、年度总结、阶段性总结等。

最常用的是根据性质的不同将其分为综合总结和专题总结两类。

1. 综合总结

综合总结又称全面总结，它是对某一时期各项工作的全面回顾和检查，进而总结经验与教训。例如，《××学院 2008 年工作总结》，这就是××学院对 2008 年度内全部工作的总结。

2. 专题总结

专题总结是对某项工作或某方面问题进行的专项总结，尤以总结典型成功经验为主。内容较为单纯，针对性强，侧重通过介绍典型的做法，探索出规律性的经验，对其他单位有一定的指导意义。此类总结也有各种别称，如自查类汇报、工作回顾、工作小结等。

四、总结的内容、结构和写法

总结一般由标题、正文、落款三部分组成。

（一）标题

总结的标题大体上有两类构成形式：一类是公文式标题，公文式标题由单位名称、时间、事由和文种组成，如《××学院 2008 年度党建工作总结》、《××教育局 2007 年度工作总结》，有的只写《工作总结》等。一类是非公文式标题，又称新闻式标题。新闻式标题比较灵活，有的为双行标题，主标题揭示总结主题，副标题点明单位名称或事由和文种，如《对中层管理干部培训规范化科学化的探索——首期中层管理干部培训班工作总结》，有的为单行标题，这种标题根据总结的主要经验或主旨拟定标题，如《着力抓好改革完善人才配置机制　推动人事编制工作再上新台阶》

（二）正文。总结正文由前言、主体、结尾三部分构成

1. 前言

即总结的开头，要求简明扼要地概述基本情况，交代背景，点明主旨或说明成绩，为主体内容的展开做必要的铺垫。常见的写法有以下几种：

概述式——概括介绍工作的基本情况，根据需要可包括背景、时间、地点、过程等。例如：

关于危旧房屋安全大检查情况的报告

为贯彻落实建设部《关于组织开展危旧房屋安全大检查加强房屋安全管理的紧急通知》精神，按照建设部和四川省建设厅的统一部署，我市于 2001 年 5 月初至 7 月底，组织全市五城区、高新技术开发区和 14 个郊区（市）、县房管局（办、所）、房屋安全鉴定办、白蚁防治所的专业技术人员，对全市危旧房屋进行了一次拉网式的安全大检查。

结论式——先点出总结的主要经验，然后再引出正文。例如：

推动医学教育科学发展　培养医疗卫生实用人才

——××开展深入学习实践科学发展观活动总结

我校作为第一批参加学习实践活动的单位，在省卫生厅学习实践活动领导小组及检查指导组的正确领导和指导下，在校党委的精心组织下，按照“党员干部受教育、科学发展上水平、人民群众得实惠”的总体要求，紧紧围绕“推动医学教育科学发展，培养医疗卫生实用人才”这一主题，始终抓住领导班子和党员领导干部这个重点，紧密结合质量工程建设与示范性高职高专创建这项中心工作，依托“五个着力”为实践载体，坚持组织到位、认识到位、规定动作到位，认真学习，深入实践，积极进行探索创新，基本实现了统一认识、提高能力、解决问题、创新制度的预期目标。

提示式——先作出一个大概提示，点明重点，以引起注意。例如：

××学校党费和发展党员工作总结

根据××机关党委转发的××〔2008〕116号通知精神，我校对近1年党费收缴、使用、管理情况及发展党员工作进行了认真的自检自查，现总结报告如下：

2. 主体

这是总结的核心部分，其内容包括做法和成绩，经验或体会，问题或教训等。这一部分要求在全面回顾工作情况的基础上，深刻、透彻地分析取得成绩的原因、条件、做法以及存在问题的根源和教训，总结出工作中带有规律性的经验。要做到回顾全面，分析透彻，经验典型。

不同类型的总结，主体内容有所侧重，全面性总结其主体包括两个层次，即做法和经验，存在的问题或教训。对于一般的工作总结，重点放在做法和成绩上。实际写作中，一定要注意点面结合，详略结合，叙议结合。

总结的结构，常见的有以下几种形式：

第一，阶段式结构。就是按照工作的进程或事物发展的过程安排内容。写作时，把总结所包括的时间划分为几个阶段，按时间顺序分别叙述每个阶段的做法成绩、经验。这种写法的好处是事物发展或社会活动的全过程清楚明白。如例一，按“课前”——“课中”——“课后”接受知识的先后顺序安排写作内容。

第二，并列式结构。按工作类别和事实性质的不同，从若干不同的角度，分门别类地依次展开主体内容，使各层之间呈现相互并列的态势。这种写法的优点是各层次的内容鲜明集中。如例二《第六届国际果蔬博览会总结报告》。

第三，逻辑式结构。按“情况——做法与效果——经验（体会）——问题（教训）——建议”的顺序，根据内容需要，围绕几大块进行程式化的组合，既体现了工作的进程，又注意了内在的逻辑联系。这种结构方式适用于综合性总结。如例三《××学校开展学习实践科学发展观活动总结》

3. 结尾

大多专题性总结主体叙述结束后就自然收尾，但多数总结还是需要写作结尾的，结尾可根据需要采用多种结构形式。可以概述全文，重申主旨；可以提出问题，明确努力方向；可以提出口号，鼓舞士气。

（三）落款

包括在正文之后标明单位名称以及成文的具体年、月、日，标题之下有注明可省略。

五、写作要求

（一）态度要实事求是

总结的特点之一“理论性”，正是反映在如实地、一分为二地分析、评价工作上，对成绩，不要夸大；对问题，不要轻描淡写。只讲成绩，不谈问题；只作检讨，不说成效，这两种倾向都不是实事求是的态度。

（二）总结要突出重点

一是要抓主要矛盾，要根据工作情况和总结目的，有所侧重地总结工作，无论谈成绩或谈存在的问题，都不要面面俱到。二是对主要矛盾要进行深入细致的分析，谈做法与成绩要写清楚怎么做的，效果如何，谈经验或体会要写出带有规律性的东西。这样的总结，才能对前一段的工作有所反思，并由感性认识上升到理性认识。

（三）写作要充分占有材料

这是写好总结的前提和基础。对于群众的反映和领导的意见要充分吸收；基本概括情况的和具体个别情况都要了解掌握；事实材料和数据材料都要注意收集；兄弟单位、相关部门的有关情况要留心了解。

【例文一】

关于党课培训的学习总结

2008—2009学年第二学期经党支部推荐，我参加了校入党积极分子培训班学习，现将一个月来的学习情况总结如下：

一、明确学习目的，培养学习兴趣。(略)

二、认真听讲勤思考，结合实际抓重点。(略)

三、做好课后工作，复习巩固知识点。(略)

通过上述方法的学习，培训班老师的精心传授，自己对党的“三基”知识有了比较全面的了解，思想理论水平有了进一步提高，特别是对中国特色社会主义理论体系有了全新的认识，但也还存在着许多不足，需要在以后的工作、学习提高。

×××

××××年××月××日

【例文二】

××学校开展深入学习实践科学发展观活动总结

我校作为第一批参加学习实践活动的单位，在省卫生厅学习实践活动领导小组及检查指导组的正确领导和指导下，在校党委的精心组织下，按照“党员干部受教育、科学发展上水平、人民群众得实惠”的总体要求，紧紧围绕“推动医学教育科学发展，培养医疗卫生实用人才”这一主题，始终抓住领导班子和党员领导干部这个重点，紧密结合质量工程建设与示范性高职高专创建这项中心工作，依托“五个着力”为实践载体，坚持组织到位、认识到位、规定动作到位，认真学习，深入实践，积极进行探索创新，基本实现了统一认识、提高能力、解决问题、创新制度的预期目标。现就我校开展学习实践活动情况总结如下：

一、学习实践活动基本情况

我校于2008年10月15日召开学习实践活动动员大会，开展学习实践活动已经4个半月，即将告一段落。学习实践活动过程中，全校6个党总支、14个党支部、268名党员、34名群众代表的共同努力，按照《××深入学习实践科学发展观活动实施方案》的部署和要求，分三个阶段、十一个环节，有计划、有步骤地开展并参加了学习实践活动，支部和党员参学率均达到100%。

在学习调研阶段，(略)

在分析检查阶段，(略)

在整改落实阶段。

二、我校学习实践活动的主要特点

我校从本单位工作实际出发，认真贯彻落实省卫生厅学习实践活动领导小组的部署和要求，做到规定动作不走样、自选动作有创新，联系实践有特色，圆满完成了三个阶段的各项任务。

(一) 学习调研阶段的主要特点

1. 突出鲜明主题，找准实践载体。

2. 党委高度重视，班子带头学习调研。

3. 分类细化方案，明确学习要求。

4. 保证学习时间，突出学习重点。

5. 进行专题辅导，统一思想认识。

6. 注重舆论宣传，营造学习氛围。

(二) 分析检查阶段主要特点

1. 坚持深化学习，做好思想动员和宣传引导，提高认识。

2. 紧扣活动主题，开好领导班子民主生活会和支部组织生活会。

3. 积极开展群众评议工作。

(三) 整改落实阶段的主要特点

1. 明确整改主攻方向，突出重点目标。

2. 实行整改责任制，切实做到“四明确一承诺”。

3. 坚持群众路线，努力使学习实践活动成为师生满意工程。

三、主要成效

1. 思想认识有新提高。

2. 能力素质有新加强。

3. 建章立制有新突破。

4. 各项工作有新促进。

5. 班子自身建设有新气象。

四、学习实践活动的经验体会

在整个学习实践活动中，我校全面、准确把握中央、省委指示精神及省卫生厅的部署要求，坚持做到“四个”贯穿始终，切实增强学习实践活动的实效性。总结学习实践活动的开展，有以下几点体会。

1. 始终注重提高思想认识，增强自觉性、坚定性，是搞好学习实践活动的前提

2. 领导重视、周密部署是开展学习实践活动活动的关键；

3. 坚持边学边改是开展学习实践活动的重要手段；

4. 坚持群众路线是开展学习实践活动的重要基础。

五、存在的不足与努力的方向

在此次学习实践科学发展观活动中，我校全体党员广泛参与，党员领导干部率先垂范，圆满完成了各项规定动作，达到了预期的效果。但这只是阶段性成效，对照科学发展观的要求，我们还有许多差距和不足，还存在一些薄弱环节。从活动开展的情况看，由于我校工作规律的特殊性，加上 20 多天的寒假，使得我校的学习实践活动没有能够与省卫生厅党组的活动部署保持完全一致，总体上相对滞后，个别环节具体工作在时间安排上有些紧张；从分析、解决问题的情况看，由于受主客观条件制约，我们分析问题的深度、解决问题的力度还不够，需要不断深化，探索创新；从领导和推进学校科学发展的能力、创新高职人才培养模式、形成办学特色上看，我们仍然有危机感、紧迫感。

为巩固和扩大学习实践活动的成果，使学习实践活动真正成为师生满意工程，还需要我们在以下三个方面做出努力：

1. 探索建立学习实践科学发展观长效机制。

2. 切实抓好学习实践活动整改方案的落实工作。

3. 积极借鉴其他高校学习实践活动中创造出的好做法、好经验，以及治校育人的好思路、好成果。

××××年××月××日

第三节 简 报

一、简报的含义

简报是单位传递某方面信息的简短的内部小报。它是一种具有汇报性、交流性和指导性的简短、灵活、快捷的常用事务文书，又称“动态”、“简讯”、“要情”、“摘报”、“工作通讯”、“情况反映”、“情况交流”、“内部参考”等。也可以说、简报就是简要的调查报告，简要的情况报告，简要的工作报告，简要的消息报道等。简报只在单位内部和单位之间发送运转。

简报不是一种文章的体裁。因为一份简报可能只登一篇文章，也可能登几篇文章。这些文章，可能是报告、专题经验总结、讲话或消息等，故此，把简报说成一种独立的文体，或只说是报告，是不妥当的。

简报不是一种刊物。因为有些简报可装订成一本，像一般刊物，更多的是只有一两张纸，几个版面，像一份报纸。更重要的是简报具有一般报纸的新闻特点，特别是要求有很强的时效性。而刊物的时效性则远不及报纸。故此，简报不是“刊”，而是“报”，说它是刊物，不如说是“小报”更恰切些。

因此说，简报不单纯是下级向上级汇报工作的简要书面报告，不能看作是一种独立文体，也不是一种刊物，而是一种专业性强的简短的内部小报，可以用来向上级单位、平级单位、下级单位行文，行文内容非常广泛。

二、简报的特点

简报的最大特点就是新、快、简、活。

（一）新就是简报反映的情况都是最新的动态、最新的经验、最新的情况。如反映的是过时信息或是大家都知晓的信息，就失去了简报发行的意义了。

（二）快就是类似新闻的特点，要及时编发，以便掌握最新的情况，方便决策。

（三）简就是内容简要、篇幅简短、言简意赅。其是简报区别于其他报刊的最显著的特点。一期简报也许只登一篇文章，或一期登几篇文章，但总共只有一两千字，长的也不过三五千字。这样，读者可以用很短的时间把它读完，以适应现代快节奏工作的需要。

（四）活，首先是行文方式灵活多样，富于变化。向上级反映情况，可以按报告方式撰写；向外报道重要消息，可以按照新闻方式撰写；需要告知上、下、左、右的某些情况，可以按照通报方式撰写。其次，反映的内容广泛而灵活。国内外重大事件、重要会议情况、重要思想动态、重要政策的执行情况、重要工作进展情况、重要民情等，都可以用简报来反映。

三、简报的分类

简报的种类，按时间分，有定期的简报、不定期的简报；按性质分，有工作简报、生产简报、教学简报、学习简报、会议简报；按内容分，有综合反映情况的简报和反映特定情况的专题简报。常用的简报有以下4种：

(1) 日常工作简报又称业务简报，这是一种反映本地区、本系统、本部门日常工作或问题的经常性简报。它包含的内容较广，工作情况、成绩问题、经验教训、表扬批评，对上级某些政策或指示执行的步骤。措施都可以反映。它常以定期或不定期的形式出现，在一定范围内发行。如××学院工作简报，如例文一。

(2) 中心工作简报又称专题简报，它是一种阶段性的简报。它往往是针对机关工作中某一时期的中心工作、某项中心任务办的简报，中心工作完成，简报也就停办了。如例文二。

(3) 会议简报是会议期间反映会议情况的简报。它是一种临时性的简报，内容包括会议中的情况、发言及会议决定等。规模较大、时间较长的会议常要编发多期简报，以起到及时交流情况，推动会议进程的作用。小型会议一般是一会一期简报，常常在会议结束后，写一期较全面的总结性的情况反映。如例文三。

(4) 动态简报包括情况动态和思想动态。这类简报的时效性、机密性较强，要求迅速编发，发送范围有一定限制，在某一个时期、某一阶段要保密。如例文四。

四、简报的格式

简报非法定公文，但在长期的使用中，逐渐形成了约定俗成的格式，一般分为报头、报核和报尾三个部分。

（一）报头

简报的报头相当于公文眉首部分，在第一页上方，约占全页篇幅的四分之一或三分之一，主要用来标明简报的名称、期号、编制单位、编制日期等。

1. 简报名称一般用套红印刷的大号字体。如有特殊内容而又不必另出一期简报时，就在名称或期数下面注明“增刊”或“××专刊”字样。如果内容涉及不宜公开的事项，应在报头左上方标明“内部文件”或“内部资料，注意保存”等字样。

2. 期号，可写在名称下一行。

3. 编印单位。

4. 印发日期写在与编印单位平行的右侧。

在下面，用一道横线将报头与报核隔开。

（二）报核

报核，是简报的核心，即简报所刊的一篇或几篇文章。其中的每一篇文章大致包括标题、导语、主体、结果和穿插在叙述中的背景材料。

（三）报尾

相当于公文的版记部分，在简报最后一页下部，用一横线与报核隔开，横线下左边写明发送范围，再用一条横线隔开，横线下方写明印刷份数。

附：简报的一般格式

××简报

第×期

××团委编制　　　　　　　　×年×月×日

按语：

标　题

××

（正文）

报：××××

送：××××

本期共印×份

五、简报的写法

（一）标题

简报的标题类似新闻的标题，要揭示主题，简短醒目。归纳起来，有以下几种形式：

1. 揭示主题式，例如《电力行业不正之风亟待纠正》；

2. 形象式标题，例如《一份公文背着二十八颗公章旅行》；

3. 祈使式标题，例如《食品安全问题必须解决》；

4. 提问式标题，例如《出租车为何不肯使用计价器》；

5. 正副式标题，例如《地震无情人间有爱——各地积极捐款捐物帮助汶川地震灾区》；

6. 概括式标题，例如《第四期高校负责人党校学习培训班赴海南考察》。

（二）正文

1. 导语

导语通常用简明的一句话或一段话概括全文的主旨或主要内容，给读者一个总的印象。导语的写法多种多样，有提问式、结论式、描写式、叙述式等。导语一般要交代清楚谁（某人或某单位），什么时间，干什么（事件），结果怎样等内容。

2. 主体用足够的、典型的、有说服力的材料，把导语的内容加以具体化。

3. 结尾或指明事情发展趋势，或提出希望及今后打算。如果主体部分已经把事情说清楚，那就不必再加尾巴了。

（三）按语

有的简报文章，内容特别重要或者是转发式的，需要编者加写按语。主要是表明编发的意图，发表倾向性的意见，起到提示，证明、解释的作用，以引起读者的注意。按语要写得深刻精辟，富于指导性和启发性。按语一般放在简报文章标题之上，也可以放标题之下，还有的放在正文中用括号括住。有的用左右缩格的形式，有的用比正文大的字体印，以示突出。

六、写作简报注意事项：

一是要注重实，内容要真实可靠，有助于领导指导工作。

二是要注重精，选材要精，对原始材料要认真加工，分清主次。

三是要注重准，数据要准确无误，对某项工作做评价时，要客观，不夸张也不缩小，以免误导领导的决策。

四是要注重深，可读性要强，能给人回味无穷的效果。

五是要注重小，小是指篇幅的短小，突出一个中心，表明一个观点，不要面面俱到。

六是要注重强，针对性强，起到以点带面的功效。

【例文一】

××市
深入学习实践科学发展观活动
简　报
第 11 期

中共××市委深入学习实践
科学发展观活动领导小组办公室　　　　　二〇〇九年三月十二日

××县坚持“四个一”
确保学习实践活动扎实推进

在学习实践活动准备阶段，××县坚持“四个一”，全力打好学习实践活动的基础，确保活动开局良好，进展顺利。

第一时间摸清底数。××县委组织专门人员提前摸查参加第二批学习实践活动的党组织和党员情况，为有针对性地开展学习实践活动提供第一手资料。全县参加第二批深入学习实践科学发展观活动的单位共计 103 个，党员 3231 人，其中县级党员领导干部 25 人。

超前一步吃透精神。××县学习实践活动领导小组及时召开专题会议，传达中央、省、市委关于深入学习实践科学发展观的文件和会议精神，要求全县各级党员领导干部深刻领会开展学习实践活动的宗旨，充分认识科学发展的重大意义，准确把握其科学内涵、精神实质和根本要求，为第二批学习实践活动打下良好的思想基础。

制定一批指导文件。按照“党员干部受教育、科学发展上水平、人民群众得实惠”的总体要求，及时制定了既符合市委统一要求，又突出××县学习实践特色的实施意见、工作方案等，明确了学习实践活动的指导思想、目标任务、方法步骤、参学对象等，切实为第二批学习实践活动引好航、导好向、指好路，确保学习实践活动有计划、有步骤、扎实有效开展。

确定一批联系点。继续完善副县级以上党员领导干部学习实践联系点制度，要求每位副县级以上党员领导干部在抓好分管部门学习实践活动的同时，深入基层联系点，积极开展督查，在全县建设一批学习实践活动的示范点，推动联系点高标准、高质量、高要求搞好学习实践活动。

报：省委学习实践活动领导小组办公室，市委学习实践活动领导组成员
发：第二批学习实践活动单位党委（党组）

本期共印 6 份

第四节　规章制度

一、规章制度概念

规章制度是各种行政法规、章程、制度、公约的总称，是党政机关、企事业单位、社会团体为了维护正常的工作、学习、生活的秩序，保证国家各项政策的顺利执行和各项工作的正常开展，依照法律、法令、政策在自己的权限范围内制订的具有法规性或指导性与约束力的应用文体。

二、规章制度分类

规章制度包括行政法规、章程、制度、公约四大类。不同的类别反映不同的需要，适用于不同的范围，起着不同的作用。

（一）行政法规

行政法规可分为条例、规定、办法、细则。

1. 条例：是对某一方面的行政工作作比较全面、系统的规定。如《失业保险条例》。

2. 规定：是对特定范围内的工作或专门问题提出局部的具体规定。如《关于出版物上数字用法的试行规定》。

3. 办法：是对有关工作或某一事项作具体可行的规定。如《国家行政机

关公文处理办法》。

4. 细则：是为实施“条例”、“规定”、“办法”作详细、具体或补充的规定。如《〈对外汉语教师资格审定办法〉实施细则》。

根据《行政法规制定程序条例》和《规章制定程序条件》，行政法规类对制发机关有关严格的限定。只有国家最高权力机关、最高行政机关可以制定“条例”，国务院各部委、各级人民政府及所属机构则使用“规定”、“办法”和“细则”。

但在该类文体的实际应用中，由于行政法规的约束性、明确性以及现实指导性非常强，一般企事业单位在不超越法定的权限范围内，也时常使用规定、办法和细则，制定完善单位内部的规章制度。例如《兰州大学学生奖学金评选管理办法》、《湘潭大学学位授予细则》等。

（二）章程

章程是党政机关或社会团体用以说明该组织的宗旨、性质、组织原则、机构设置、职责范围等的纲领性文书，具有准则性与约束性的作用。例如：《中国共产党章程》。

（三）制度类

制度类包括制度、规则、规程、守则、须知。它的制发主体是机关团体、企事业单位及其部门。

1. 制度：是有关单位和部门制定的要求所属人员共同遵守的准则，是机关单位对某项具体工作、具体事项制定的必须遵守的行为规范。例如《安全生产制度》。

2. 规则：是机关单位为维护劳动纪律和公共利益而制定的要求大家遵守的关于工作原则、方法和手续等的条规。例如《交通规则》。

3. 规程：是生产单位或科研机构，为了保证质量，使工作、生产按程序进行而制订的一些具体规定。例如《计算机操作规程》。

4. 守则：是机关团体、企事业单位要求其成员遵守的行为准则，它倡导有关人员遵守一定的行为、品德规范。例如《高等学校学生守则》。

5. 须知：是有关单位、部门为了维护正常秩序，搞好某项具体活动，完成某项工作而制订的具有指导性、规定性的守则。例如《参加演讲赛须知》。

（四）公约类

公约是人民群众或社会团体经协商决议而制订出的共同遵守的准则。是人们为了维护公共秩序，经集体讨论，把约定要做到的事情或不应做的事情，应该宣传的事情或必须反对的事情明确写成条文，作为共同遵守的事项。例如《居民文明公约》。

三、特点

1. 约束性。规章制度明确规定了应该做什么，不应该做什么。它是人们的行为准则，一经生效，有关单位或个人就必须严格遵守或遵照执行。如果违反有关条款，就要受到相应的处罚。

2. 稳定性。规章制度是特定范围内人们必须遵守的行为准则，在制定前都要经过深入调查研究、广泛听取意见，反复修改讨论等环节，因而一经制定就要保持相对稳定性，一般情况下不宜经常变动和修改。

3. 广泛性。规章制度的使用范围极其广泛，大至国家机关、社会团体、各行业、各系统，小至基层单位、科室、班组。它是国家法律、法令、政策的具体化，是人们行动的准则和依据。

4. 严密性。规章制度的每一章节、每一条款都有明确的含义，有固定质的规定性，措词上严谨而周密。

5. 条目性。这是规章制度区别于其他应用文体的一个显著特点。采用一条一款式的结构，将应规定的事项分章、条、款、目逐一列出，分别说明。

四、规章制度写法

规章制度一般由标题、正文、落款三部分组成。

1. 标题　规章制度的标题有三种构成形式：

(1) 由制发机关、事由、文种三部分组成。如《国务院关于经营者集中申报标准的规定》。

(2) 由事由和文种两部分组成。如《税收票证管理制度》。

(3) 由适用单位或范围和文种组成。如《证券公司业务范围审批暂行规定（草案)》。

2. 正文

规章制度的写作一般采用章节式和条文式两种结构形式。

(1) 章节式。一般用于内容复杂、篇幅较长的规章制度，其正文可分为总则、分则和附则三部分。总则和附则分别为第一章和最后一章，中间各章为分则。每一章又可分为若干节，每一节又可分为若干条。各章、节、条从第一章起依次排列。如《国家行政机关公文处理办法》、《中国共产党机关公文处理条例》。

总则一般写明制定规章的目的、意义、依据、适用范围、指导思想和基本原则等，类似于文章的前言，起统领全文的作用。如例文一在第一章“总则”中分别用六条内容写出了该规定制定的目的、适用范围和管理的基本原则、指导思想等。

分则是全文主体部分，按章、节、条、款、项等级分条列项提出具体的执行内容和要求。如例文一的第二章到第五章，每章下又分若干条，对商业行业管理的有关措施和要求作出了具体规定。

附则通常是全文的最后一章，主要是补充说明分则的。一般包括全文的解释权、修改权和实施时间等。如例文一第五章。

(2) 条文式。

这种结构只分条目不分章节，一般适用于内容比较简单、层次单一的规章制度。如例文二。

3. 落款

一般的规章制度都是在正文后写出发文机关名称和日期。但有些法规性很强的规章制度都在标题之下、正文之前以括号形式标明发文机关和发文时间。

五、规章制度写作要求

1. 规章制度要“上有所依，下有所系”。
2. 内容要具体明确，易于操作。
3. 语言要鲜明朴实、准确严密。

【例文一】

全国商业行业管理暂行规定

(××××年12月24日商业部令第1号发布)

第一章 总则

第一条 为进一步加强商业行业管理，建立良好的流通秩序，促进商业行业协调、健康地发展，根据国家有关法律、法规，制定本规定。

第二条 凡适用本规定第七条所规定的企业、个体商户，不分隶属关系、所有制性质，均应遵守本规定，其原隶属关系、所有制性质、财政上缴渠道不变。

第三条 商业行业管理的指导思想是：坚持一个方针（发展经济、保障供给)，两个服务（为生产服务、为人民生活服务），三大观点（政治观点、生产观点、群众观点），促进市场发育，建立起计划经济与市场调节相结合的市场运行机制，有效地确立国营商业和供销合作社在商品流通中的主渠道地位和作用，指导监督其他经济成分商业的经营活动，使全社会商业合理规划、协调发展。

第四条　商业部是国务院管理、协调社会商业的职能部门，对全国商业实行全行业管理，组织制定商业政策、法规和行使行政管理职能，宏观指导、协调、管理、监督、促进多种经济成分和各种流通渠道的商业活动的健康发展、县及县以上各级商业行业主管部门由同级人民政府确定，在当地行使商业行业管理职能，并接受上一级商业行业主管部门的业务指导。

第五条　商业行业协会受行业主管部门的委托，协助行业主管部门做好行业管理工作，在政府和经营者之间发挥桥梁纽带作用。

受政府委托，承担某些行政管理职能的公司协助商业行业主管部门做好行业管理工作。

第六条　各级商业行业主管部门要在国务院和同级人民政府领导下，与有关部门紧密配合，综合运用法律手段、经济手段和必要的行政手段，做好商业行业管理工作。

第二章　商业行业管理范围

第七条　本规定所称商业行业管理，是指对从事商业批发、零售、饮食业、服务业以及其他商业行业的国营、集体、私营企业和个体商户的网点设置、规模布局、经营范围、开业条件、经营行为等方面的管理。

城镇各种农产品、农副产品、日用工业品的专业批发市场和综合批发市场是新型的商业网点，属于商业行业管理的对象。

第八条　根据国家产业政策开办的，从事商业零售、饮食业、服务业的中外合资企业，属于商业行业管理的对象，其管理办法另行规定。

第九条　商业行业的管理范围按《商业部归口管理的行业及主要商品目录》执行。

第三章　商业行业主管部门的主要职责

第十条　研究拟定国内商业的方针、政策，商品流通体制和商业管理改革方案，商业法规和有关规章制度，经批准后，组织实施和监督执行。

第十一条　研究拟定商业发展战略、行业发展规划、商业网点规模布局。

第十二条　协调地区、部门、行业间不同经济成分商业的发展和经济关系；审查各类商业网点的开、停、并、转；对各种经济成分、各条流通渠道的商业活动进行指导、管理、检查和监督。

第十三条　研究制定商业行业的企业等级标准、业务技术标准和企业类型标准，并组织实施。

第十四条　研究制定和推行商业行业的规范管理和规范服务，推行商业管理现代化。

第十五条　汇集、分析和发布商品生产、商品流转、物价、人才等方面的信息统计资料，协助建立行业统计制度，进行咨询服务，实行监督和导向。

第十六条　制定商业行业培训规划，搞好业务技术培训，全面提高商业行业经营素质和管理水平。

第十七条　扶植、指导各种商业行业协会，发挥其在商业行业管理工作中的助手作用。

第四章　商业行业管理的实施

第十八条　商业行业主管部门依据国家有关法律、法规，按照“批发管严，零售放宽”的原则，联合有关执法部门对各类商业网点的开、停、并、转和各种商业活动实施管理和监督。

第十九条　商业行业管理工作由各级商业行业主管部门和基层行业管理组织承担。

第二十条　本规定第七条所规定的各类商业网点在开办前先到商业行业主管部门办理网点布局、规模和经营范围等方面的审查手续，经审查批准同意后，持批准件向工商行政管理机关申请工商登记。属于大中型的网点在立项前，先到商业行业主管部门办理商业网点布局、规模和经营范围等方面的审查手续，经审查批准同意后，持批准件到有关部门办理立项手续，商业行业主管部门对已经开业的网点定期进行经营范围、经营行为等方面的审查，对不合格者限期进行停业整顿，到期仍不合格者收回其开业前颁发的批准件，并函告工商行政管理机关。

凡从事旅店、废旧物资回收、刻字等特种行业或经营国家专营专卖商品、劳保用品、烟花爆竹、消防器材、化工危险品等特殊商品，在开办网点前，先经商业行业主管部门审查批准同意，再向公安、卫生以及其他国家授权的部门申请有关的许可证、合格证或其他证书。

第二十一条　商业行业主管部门有权根据有关法律、法规和规章，对不执行本规定，妨害商业行业管理的单位和个人追究行政和经济责任；对触犯刑律的，提请司法部门追究其刑事责任。

第二十二条　各地商业行业主管部门可根据本规定，从当地实际情况出发，制定开展商业行业管理工作计划，通过试点，逐步推开，使商业行业沿着社会主义方向健康发展。

第五章　附则

第二十三条　各省、自治区、直辖市商业行业主管部门可根据本规定，结合当地实际情况，制定具体实施办法，并报商业部备案。

第二十四条　本规定由商业部负责解释。

第二十五条　本规定自发布之日起实施。

【例文二】

全国计算机等级考试考生须知

1. 考生必须凭本人的身份证（部队考生可凭军官证、士兵证）、准考证参加考试。证件不全或不符者不得参加考试。如身份证遗失、换证等，可暂凭临时身份证参加考试；尚未办领身份证的考生，可暂凭户口簿或其他有效证件参加考试。

2. 考生应严格遵守考场规则，自觉维护良好的考试纪律。如有违纪行为（包括未遂），将按有关规定严肃处理。违纪考生的处分决定，将由各考点发出书面通报，并抄送考生所在单位或主管部门。

3. 考生进入考场时，首先要在本考场考生名单上的规定栏目内签到，并注意核对，发现差错及时登记。

4. 考生在正式开考前，要在答题卡规定的栏目内准确清楚地填写准考证号、姓名等。凡填写错误或不清，后果由本人自负。如故意乱写、涂改等将按违纪严肃处理。

5. 答题卡要用钢笔或圆珠笔写明准考证号，并用 2B 铅笔将对应数字涂黑。切勿使用钢笔或圆珠笔涂写数字，否则无效。填空题答案要写在答题卡的下半部分，只能使用钢笔或圆珠笔，不得使用铅笔，考生在考前应事先准备好所需的 2B 铅笔、塑料橡皮、小刀等，以免影响考试。

6. 上机考试应在监考老师的指导下完成。不得擅自登录与己无关的考号，不得擅自拷贝或删除与己无关的目录和文件，否则成绩一律作零分，并视其情节轻重严肃处理。

7. 笔试和上机考试仅其中一项成绩合格的，下次考试凭上次考试成绩单，该项可免考，只报名参加未通过项的考试。

8. 考生如因工作调动或户口迁移，需要转地区办理免考，省内转考考生只需出具上次考试成绩单即可报名；外省转入的考生除出具考试成绩单外，还需凭转出省承办机构的转考介绍信才可办理；考生转往外省，需先至考点办理转考申请后，携带本人身份证和准考证及成绩证明，到省考办办理转考手续。

9. 考生成绩合格，凭身份证、准考证领取全国计算机等级考试证书，该证书遗失不补。

××××

××××年××月××日

综合训练

□知识训练

一、填空题：

1. 计划是计划类文书的统称，常见的规划、________、意见、设想、________、安排、________等都属于计划。

2. 计划中的目标、任务回答的是________的问题；措施回答的是________的问题；步骤回答的是________的问题。

3. 总结的特点是________、________、________。

4. 总结的写作要求是________、________、________。

5. 规章制度是各种________、________、________、________的总称，是________、________、________为了维护正常的工作、学习、生活的秩序，保证国家各项政策的顺利执行和各项工作的正常开展，依照法律、法令、政策在自己的权限范围内制定的具有________或________与________的应用文体。

6. 规章制度的特点是约束性、________、________、严密性、________。

7. 简报不单纯是下级向上级汇报工作的简要书面报告，不能看作是一种________，也不是一种________，而是一种专业性强的简短的________。

二、判断题

1. 简报与公文具有同等效能　　　　（　　）

2. 真实是简报的生命　（　）

3. 简报上的文章，必须一期一篇，不可一期多篇　（　）

4. 计划的目标越远大越好，这样可以指导实际工作取得更大的成绩　（　）

5. 按性质分，有国家计划，部门计划，单位计划，个人计划。　（　）

6. 章程是指党政机关、团体制定的纲领性文件。它不属于规章制度的范畴。　（　）

三、思考题

1. 什么是总结？写作总结应注意哪些事项？

2. 什么是简报？简报的特点是什么？

3. 简报写作要注意哪些事项？

4. 计划正文主体有哪些表述方式？

5. 规章制度的写作要求有哪些方面？

二、能力训练

1. 本学期你即将面临大学英语四级考试，开学伊始，请制定一份本学期英语学习计划。

2. 结合本人实际情况，拟一份学期学习总结。

3. 假设你为校团委学生会主席，请以三月份学校组织开展的“学雷锋”活动为内容，写一份简报。

4. 请评改下面一篇总结报告。

加强校园安全防范工作总结报告

为了彻底清理校园周边环境，保障校园教学秩序的正常进行，××派出所根据分局《关于加强校园安全防范工作的紧急通知》，组织民警对辖区内各学校进行了安全检查。

一、接《通知》后，我所立即组织各学校负责人，通过座谈会的形式，由所长李×亲自将××县小学生刘×被杀一事通报给各位负责人，希望各学校以此次惨案为教训，结合辖区民警，认真落实对学校的检查工作和对学生的帮教活动，着力解决当前学校及周边存在的突出问题，及时上报存在的不安定因素，落实领导责任制，确保正常的教学秩序和良好的学习环境。

二、座谈会后，认真组织民警结合学校保卫部门做好安全大检查工作。1. 首先，由所长李×、指导员张××带领部分民警组成法制宣传小组，经常到各个学校进行法制宣传和安全教育，引导学生们辨清是非，懂晓违法和犯错误的界限，力求做到人人知法、懂法、守法，同时提高教职工和学生的安全防范和自我保护意识；再由外勤民警对辖区的在校学生中一些经常旷课或犯错的所谓“边缘少年”结成帮教小组，及时对他们进行重点引导和教育，杜绝青少年犯罪的发生。2. 民警和保卫部门一起对学校的宿舍、食堂、试验室、仓库等重点部位进行一次大检查，杜绝引起灾害事故的隐患产生。3. 副所长程×带队，对学校附近的网吧进行集中检查、清理，对附近的小商店也进行了统一的检查治理，对一些经常允许学生赊账的商店进行了批评教育。

三、在此次大检查中：1. 共组织检查人员 30 人次；2. 召开法制宣传和安全教育会议 7 次；3. 查小学 2 所，中学 1 所，中专 1 所；4. 查暂住人员 43 人，办理暂住证 39 人；5. 查出租房屋 62 间，办理治安许可证 10 户（无电子游戏室、台球室、录像厅）；6. 查网吧 16 家（发现程度不同地存在火灾隐患，且大部分网吧内有许多中小学生上网）；7. 学校内部主要的不安全因素主要是学校里有时有大孩劫小孩钱财的事件发生；8. 学校周围的不稳定因素是学校附近的小商贩太多，卖的东西不太健康，还允许学生赊账，容易诱发学生偷钱、抢钱，也影响了交通。拟结合办事处和城管部门，对其进行彻底清理。

通过此次的安全大检查，具体体现了“三个代表”的重要思想，使各单位进一步提高了思想认识，增强了学校的责任，完善了学校的保卫制度，使学校内部和周边的治安进一步得到了改善，确保了正常的教学秩序和良好的学习环境，在学校、学生和家长中得到一致好评。

××派出所

××××年 4 月 12 日

5. 请评改下面一则规章制度。

在某大学自习室兼阅览室的墙壁上张贴着这样一则“规章制度”：

阅览室规章制度

1. 本室图书只准室内借阅，不准带出室外，违者将给予通报批评。
2. 借阅图书，凭本人的学生证或 ID 卡，一次一册。
3. 本室采用开架阅览方式。

4. 所借图书要在当天归还，逾期一天不还者，除扣留一周证件外，还要给予通报批评。

5. 所借图书要当面检查是否有损坏，发现有损坏时，向阅览室工作人员声明，否则，还回时将向你追查损失责任。

6. 爱护图书，避免折叠、勾画、污损和剪裁，违者按有关规定进行赔偿。

7. 维护室内秩序和清洁卫生，不准大声喧哗、聊天、吃零食、吸烟。

8. 禁止穿跨栏背心、短裤、拖鞋进入阅览室。

9. 禁止利用各种物品占座位；不准在桌面和墙壁上乱写乱画。

10. 离开座位时，要轻轻将椅子放在桌下。

第四章　外经贸业务文书

学习提示

本章节的内容包括外经贸业务函电、外经贸业务会谈纪要以及外经贸业务合同。它们是国际贸易中经常撰写的应用文书，是国内有进出口权的企业与国外客商进行贸易必不可少的手段，同时也是使用频率较高的文种，尤其是业务函电。因此，在学习中要求学生了解外经贸业务中文函电、业务会谈纪要、业务合同的内涵，重点引导学生掌握中文函电、业务会谈纪要、业务合同的格式及写作要求。

第一节　业务函电

一、业务函电的含义

业务函电是国际贸易中最常使用的重要通讯方式。

函电是函件和电报、电传、传真的简称。

函亦称函件、信函、信件，是对外贸易部门和企业同国外客商联系业务，洽谈交易，履行合同，处理问题等所使用的信件。

电报、电传是利用通讯方式通过电信部门，用电码和打字发的信件。

传真是通过传真机，利用光电效应，在有线电或无线电装置上传递各种文件、书信、图表、照片等静止图像的一种通讯方式。

在国际贸易中，国内各外贸公司及有进出口权的其他公司和有关部门在同国外客商进行贸易时，一般要经历两个阶段，即磋商交易阶段和履行合同阶段。在磋商交易中，交易双方以某一贸易形式（口头或书面），在逐笔售定的贸易方式下，经过询盘、报盘、还盘、接受、签订合同等几个环节，就买卖某种商品及交易条件（如：品名及规格、数量、包装、价格装运、支付等）进行磋商，最后达成协议的过程；履行合同阶段是买卖双方依照签订的合同条款去履行各自的责任和义务的过程。如果在履行过程中，就某些问题产生了争议，双方则又要通过某一贸易形式去处理争议、索赔案件的解决。

国际贸易的洽谈离不开两种基本的贸易形式，即口头洽谈和书面洽谈。口头洽谈主要是指交易双方在谈判桌上面对面的谈判，如参加各种交易会、洽谈会，以及贸易小组出访、邀请客户来华洽谈交易等。另外还包括双方通过国际长途电话进行的交易洽谈。口头洽谈方式由于是面对面的直接交流，易于了解对方的诚意和态度，以便针对性地采取对策，并可根据进展情况及时调整策略，争取达到预期的目的。这对于谈判内容复杂、涉及问题多的交易尤为适合。书面磋商是指通过信件、电报、电传、传真等通讯方式来洽谈交易。随着现代通讯技术的发展，书面洽谈也越来越简便易行，而且费用与前者相比要低廉一些，因此，它是日常业务中的通常做法。掌握好业务函电的写作就显得非常重要。

二、业务函电的作用

（一）业务函电能起到宣传我国外交、外贸政策，促进交流，发展贸易，解决问题的作用。

在国际贸易中，外贸公司和有进出口权的企业在以函电形式同国外客商进行贸易磋商时，他们其实就是代表我国跟国外客商做贸易。因此，从某种意义上讲，函电的内容无形中就体现和宣传了我国的外交、外贸政策。同时双方也希望通过函电促进双方的交流和贸易的发展，并且在产生纠纷时也希望能通过函电去解决争议中的问题。

（二）业务函电在国际贸易中具有法律的约束作用。

双方在国际贸易磋商中，一般要经过询盘、报盘、还盘和接受几个环节，其中报盘和接受是每笔交易中必不可少的，是最基本和最重要的两个环节或法律步骤。而询盘和还盘有时在交易中并不需要进行，有时一次还盘不行，还需要往返还盘几次，但无论如何，根据国际惯例，报实盘或还盘被有效地接受后，对于双方都具有法律的约束作用。

（三）业务函电具有依据和凭证作用。

在国际贸易中，一笔交易的达成是经过双方多次函电磋商而成的，而一份合同的签订又必须以双方来往函电的内容为依据。因此，函电具有依据作用。同时，在贸易中双方就某些问题所产生的争议、索赔案件是经常发生的，一旦发生矛盾，函电的内容就可作为解决矛盾的主要凭证。因此函电又具有凭证作用。

三、业务函电的分类及格式写法

业务函电分为函件、电报、电传、传真。

（一）函件特点及格式写法：

函有公函和便函之分，公函和便函其内容和写法是相同的，不同在于便函不需要编写发文字号。

写函件，在行文上要突出稳重、老练、端庄、热情、简明的特点，使得函件既表现出礼貌亲切的情感，又有节有理，老练通达，简洁明了。切忌出现华而不实，故意做作的现象。

函件一般包括信头、封内地址、称呼、事由、正文、祝颂语、附件、落款等八个部分。

1. 信头。包括发函公司的名称、地址、电报挂号、电传号码、电话、发信日期和发文字号。

信头这部分一般写在信笺上端中间。作为专业外贸公司，都有印好信头的发函稿纸，使用时只需填上日期和发文字号即可。

发文字号是由年号、发函单位的代字和发函顺序号组成，它的写法与公文中的发文字号写法一样，这里不再阐述。

2. 封内地址。写清楚收函人公司的名称和地址。这一项写在信头下方，顶格书写。（对方地址写在封内便于拆阅、归档立案）

3. 称呼。写明收函公司和收函人姓名。依照外商的习惯，在称呼后一般加上“台鉴”“台览”“雅鉴”“惠鉴”“钧鉴”等词语，表示对对方的尊敬。如“香港汇丰公司……台鉴”。称呼部分书写位置：另起一行顶格书写。

4. 事由。一般写在信笺中间，简要指出函件内容。如：“缝纫机”、“5000匹布索赔”。但有两种情况可以不写事由：一是祝贺函，二是函件涉及内容较多，不便于概括。

5. 正文。是函件的主要部分。一般由开头、主体、结尾三部分组成。

（1）开头

有两种写法：一种是我方主动去函，开头则简述去函缘由。如：“兹从××处获悉贵公司需购我们××牌纯丝印花绸，我公司经营的纯丝印花绸，花色品种繁多，价格实惠。为与你公司建立业务关系，现发盘如下；另一种是对客户的复函，开头则须引述对方来函的日期及来函要点，如：“×日来函欣悉贵公司对我前报去的平板玻璃成套设备，认为很适合于贵地区各种条件．拟于采用，甚慰。至于价格和付款方式问题，现答复如下：”

（2）主体

这部分阐述发函者的意见，是函件的主要部分。

这部分要求写得具体、准确、完整。

值得注意的是：如果是发实盘函，主体部分则必须写明六项主要交易条款（品名及规格、数量、包装、价格、装运期、付款条件）和发盘者肯定的订购意图（即有效期）；如果是寄合同函，主体部分则必须写清楚合同名称、号码，请签退一份以及写明附件内容；如果是修改信用证函，则必须指出对方在信用证上出现的错误以及写清楚应该怎样修改等内容；如果是索赔函件，主体部分则着重指出对方违约的具体事实及提供证据，并提出索赔要求；如果是理赔或拒赔函件，则分析或辩驳对方索赔的理由，提出自己的意见，同意赔偿或拒绝赔偿。

（3）结尾

这部分有其惯用词语作结束语，因发函者对对方有不同的表达意图，故有三种表示：如果需要对方答复的，结尾常用“候复”、“希速复为盼”、“即请函复”等词语；如果只阐明我方意见，并不要求对方答复的，结尾常用“特此函达”、“专此函达”等词语；如果是既答复对方，又希望对方答复的，结尾用“特此函达”、“候复”等词语。

6. 祝颂语。正文写完后，一般要写上表示友好祝愿和希望的话。如“顺致商安”等等。祝颂语写在正文后另起一行空两格位置。

7. 附件。附件是随同信函一起寄出的有关材料。如：合同、报价单、发票、单据、检验报告等等。一般写在信函左下角，如有专用的信函纸，则写在左下角注有 Encl 或 Enc 的地方。有附件需要写明时，要注意写清楚所附材料的名称和件数。

8. 落款。在右下角写明发函单位的名称及负责人姓名，同时写清发函日期。

格式见下表

信头	××进出口公司 ××市××路××号 ××××（电报挂号） ××××××（电传号码） ××××××（发函日期） ×××××××（发文字号）

（续表）

封内地址称呼	×××公司（收函单位名称） ××经理　　台鉴 事由：××××××
正文	×××（正文）
祝颂语	顺致商安 附件：×××（材料名称、件数）
	×××（发函单位名称） ××××年××月××日

（二）电报特点及格式写法

1. 电报的特点

电报有以下三方面的特点：

(1) 传递速度快。电报有国内电报和国际电报之分，无论是国内电报还是国际电报，都有普通电报（平电）和加急电报两种形式，国内平电在6小时内可送达收报人手里，加急电可在3小时内送达；国际平电可在4小时内送达，国际加急电可在2小时内送达。

(2) 收费较高。电报以“字”为收费单位，平电收费以10个字起算，基价是1.4元，不满10个字按10个字收费，其余的按每个字0.14元收费。加急电的收费比平电贵一倍。

(3) 电报不使用标点符号。

2. 电报的格式写法

电报稿分三个部分：

(1) 收报项。写清楚收报人的地址、单位名称、姓名，如收报单位有电报挂号的，可用电挂代替单位名称。

(2) 电报正文。即发报的内容，简要写明要告诉收报人的事情，应注意的是在正文末尾应署名或写清发报单位名称。

（3）发报项。写清楚发报人的地址、单位名称、电话（此项不拍发、不计费，可详细写明）

电报格式表见附表（一）、（二）。

附表（一）　电 1001

计费字数		电　　报		机上流水	
报费译费				发出时间	
营业员				值机员	
报　类	发 报 局 名	原来号数	字数	日期	时间
	安徽 ANHUI				
备注					

以下由发报人填写　　字迹要清楚正规

加急或邮送业务				收报地名		省 市 县		以下顺序按格填写		
收报人住址姓名或电报挂号										
电报内容和署名										

（以下各项供联系用，请详细填写，不拍发，不计费）

发报人签名或盖章		住址		电话		成交批发时间		份数

请注意背面“发电须知”

发电须知

（一）发往城镇的电报，自交发时间起，普通电报六小时左右，加急电报四小时左右送达收报人，请斟酌使用，以免误事。其中普通电报按规定夜间停止投送，如内容紧急，需夜间照送，请使用“加急”业务。

（二）发往农村部分地区的电报，根据目前条件，在传到收报地点附近的邮电局（所）后，要改按信件邮寄，一般需要1～3天送达收报人，少数边远地区需时更长，如同意交发，请写明"邮送"字样。

（三）为了防止电报因名址欠详而投送不到，请详细书写收报人住址和收报单位名称。发给各厂矿、企事业、商业服务等单位的电报，请加写详细地址。

（四）电报在传递、处理过程中，由于邮电局的原因，造成电报稽延或错误，以致失效的，邮电局应按规定退还报费，但不承担其他赔偿责任。

附表（二）

<table>
<tr><td>（电1001乙）
去报纸
报费
去报号数
营业员</td><td colspan="4">国　际　电　报
中华人民共和国电信总局
电　　报
TELEGRAM</td><td>流水号数
______
发出日期
______
值机员</td></tr>
<tr><td>报　类</td><td>发报局</td><td>TIENTESIN</td><td>字数</td><td>日期</td><td>时间</td></tr>
<tr><td colspan="6">备　注　　SERVICE INSTRUCTIONS：</td></tr>
<tr><td colspan="6">字迹请写清楚
PLEASE WRITE LECIBELY

收报人姓名住址
RECEIVER'S ADDRESS

电 文
TEXT</td></tr>
<tr><td colspan="6">发报人姓名住址及电话号码（不拍发）
SENDER'S NAME，ADDRESS AND TELEPHONE NUMBER
(NOT TO BE TRANSMITTED)</td></tr>
</table>

（三）电传的特点及格式写法

1. 电传的特点

电传有专用电传和公众电传两种。

专用电传是用户向电信局提出书面申请获准后，在其办公室安装电传机，用户通过电信局的电传交换机，便可向其他具有电传机的用户直接进行通讯往来的电传。

公众电传是电信部门在营业处安装的公用电传机而进行通讯的电传。

2. 电传的格式写法

电传的格式与电报基本相同，不同的是：电传的内容比电报内容详细具体；电报不用标点符号，电传可以用标点符号。

电传格式表见附表。

电传

中国轻工业品进出口公司安徽分公司电传稿纸

科编号：　　　　　　商品字头：　　　　　　电传流水号：

<table>
<tr><td>经理签批：</td><td>复核：</td><td>科长签发：</td><td>拟稿单位：
拟稿人：
年　月　日</td></tr>
<tr><td colspan="2">电传号：</td><td rowspan="2">地名：</td><td rowspan="2">国名：</td></tr>
<tr><td colspan="2">电报挂号</td></tr>
<tr><td colspan="4">电文：

译文：

翻译：　　　　复核：</td></tr>
</table>

（四）传真

传真英文 FAX 是 FACSIMILE 一字的简写，它是当今世界最为先进的通讯方式。函件、电报、电传和电话虽都各具其功能，但都不及传真。电话传递信息虽快，但不能留下底稿供日后查考；函件传递信息虽正确，但拖延费时；电报、电传传递信息快捷正确，但不能传递图片资料；只有传真不仅能正确、迅速传递文字等信息，还能传递照片、图片等资料。用传真机传送文字信息、照片、图片资料不仅传递速度快，而且不受自然条件的影响，不失真，这是传真的独特优势。

传真也有专用传真和公众传真两种，它们的性质与电传中的专用电传和公众电传相似。

传真收费：传真一般通过国际、国内直拨电话进行，费用按实际通话分钟数计算。

传真的格式与信函格式基本相同。

四、业务函电的内容及写作要求

业务函电在国际贸易中，根据其不同的功用，可分为磋商函电、索赔理赔函电和其他业务函电三类。

（一）磋商函电

在国际贸易中，磋商交易，确认成交是交易双方在贸易中的一个十分重要的环节，是交易双方以函电的形式并通过一定的程序，就买卖某种商品和交易条件进行协商，最后达成协议的过程。因此这个环节包含的函电内容有：建立贸易关系、介绍经营范围、询盘、报盘、还盘、接受、寄合同、催开信用证、修改信用证、通知出运等等。

这一类型的函电在写作时要注意以下三点：

1. 准确、完整、简洁、清楚。准确，在国际贸易中，我们通过函电与外商洽谈交易，最后据此签订合同。函电便成了签订合同的依据，一旦为外商接受，就不能随意更改或违反，因此准确是函电的最主要的要求。我们在撰写这类函电时，要讲究语言的准确性，决不能有任何疏漏或差错。有关商品品质、数量、包装、价格、装运期、支付等条款都必须准确无误地写明，尤其是“CFR”与“CIF”仅一个字母之差，却是两种不同的价格，决不能误写。同时，商品价格要标明货币符号，是人民币还是港币、美元等。在发实盘中，有效期更应准确写明。如“此发盘限××月××日复到有效”就写得准确。另外，书写函电的措词用语也决不能含混不清，模棱两可，不能有歧义。因此，那些模糊词语如“大约”、“可能”、“左右”、“基本同意”、“立即装运”、“习惯包装”等极易引起争议的词语决不能在函电中出现。

完整，发盘有发实盘和发虚盘之分，实盘和虚盘在法律上有着不同的功用。前者在法律上有约束力，后者则不具有，因此在发盘时应根据国际行情和本公司的实际情况来决定该发何盘。发实盘必须具备三个条件，第一，受盘人必须是确定的。第二，发盘的内容必须完整，即六项交易条款：品名、规格、数量、包装、价格、装运期和支付条款都必须写清楚，缺一不可。第三，发盘人有肯定的订购意图，即没有带保留的条件。如：“上述发盘限××日复到有效。”如果发盘中三个条件不完整，实盘则变成了虚盘。同样，接受对方发盘也必须注意完整性，要么全部接受，要么全部拒绝，只对一部分内容作出接受是没有法律效力的。因此在函电的撰写中要做到内容的完整性。比如：

××公司：

七月二十八日来函已悉。谢谢贵公司对敝公司的信任。现报 1065 货号柳篮 500 打，每打价格 4 英镑 CIF 伦敦，每 5 打装一纸箱，11 月至 12 月装船，即期信用证付款，8 月 10 日前复到有效，候复。

××公司

2007 年 7 月 29 日

这是一封实盘函，内容写得完整，具备了实盘的三个条件，同时语言准确、简洁。

简洁，函电的写作目的主要是交流情况，磋商交易，争取有利时机达成协议，签订合同，因此在撰写函电时要力求写得言简意赅，修饰性的、无关紧要的文字要给予删除，冗长、复杂、易产生误解的句子最好改用意思直截了当的短句。如：“我公司已经将合同所购货物备妥港口等待装运，请按合同开信用证，以保证及时交货。”根据意思，完全可以简化为：“货物备妥，请速开证。”这样，就显得简洁明了。

清楚，用词不当、句子结构有错、句子上下文有毛病都是函件内容不清楚的原因。句子结构有错是指句子语法结构的混淆不清。比如主、谓语不一致、词语搭配不合逻辑等；句子上下文方面的毛病是指事实和思维表达紊乱。因此书写函件时必须仔细推敲，妥善组织，确保内容无误，不致引起任何误解。

2. 委婉、讲究生意经。委婉，就是婉转、不生硬，即不直接表达自己的意见，而是用一些同义词句间接表达。买卖双方在交易磋商时，总是力求对方按照自己的条件和要求达成协议，因此，在与客户做交易时，有时要用委婉方式表达自己的意思。比如，拒绝对方的订货时，为了表示礼貌，可委婉表示："目前已接满定单，歉难报供。"对于对方报价偏高，我方无法接受时，也可用委婉语句表示"所报价格偏高，用户不感兴趣，请报最低价格，以便再与用户洽谈"等。

讲究生意经，就是要讲究策略，既要考虑到我方的利益，也要考虑到双方贸易的顺利进行。比如：

×××公司：

4月3日函暨付××订单一份收到，对于你方积极推销我×××工艺品，我们表示感谢。

现随函寄上×××订单的售货确认书××号一式两份，收到后请即签退一份，以备存查。有关信用证务希如期开出，以便及早装运出口，赶在圣诞节前供你应市，希查照见复。

附件：××号售货确认书一式两份

×××进出口公司

2007年4月4日

这是一封寄售货确认书函，写这类函件一定要写明售货确认书的号码、份数以及交代签退一份，这封函件做到了这一点，此外，我们也看到在信中末尾还写上这句话："有关信用证务希如期开出，以便及早装运出口，赶在圣诞节前供你应市。"这句话就显得有生意经可讲，对卖方而言，能及时收到信用证，如期装运出港，早日收回货款——有利于卖方；对买方而言，以便赶在圣诞节前应市，卖个好价钱——也有利于买方。这就是生意经。

3. 电报，语言要求准确、简要，内容要求完整而没有歧义。电报由于其自身的特殊性，因此在电文中更要求语言的准确性、简要性和内容的完整性。

比如："兹报盘50公吨冻小虾××规格CIF伦敦每公吨1200英镑铁桶装12月交货不可撤销即期信用证有效期25日复到。"

这份报实盘电文用词节省、准确、内容完整，六项交易条款和有效期无一缺漏。

此外，由于电文没有标点符号，同时汉语词语又有一字多义、一词多义和句子结构的复杂现象，因此，一旦用词不当、阅读电文停顿不当，就可能使一个句子产生几种解释，使人无法理解，这就是歧义。比如，某外贸公司拟出口一批生猪，他们依照外商的标准要求，电告所属单位收购生猪的出口要求标准，其电文为："头蹄不要去掉下水洗净。"收电单位看了理解为"头蹄不要"，再"去掉下水"，最后把猪"洗净"。结果，收电单位把一大批收购的生猪割掉头蹄、去掉下水，并把处理好的生猪交给外贸公司，公司人员看了哭笑不得，原来外贸公司的原意本来是"头蹄不要去掉"，要把猪"下水洗净"。结果由于电文产生歧义，造成了严重的经济损失。

（二）索赔、理赔函电

在履行合同过程中，买卖双方常常因某些问题产生争议，双方中只要有一方认为另一方未能全部或部分履行合同所规定的责任和义务，如买方不按时开信用证，不按时派船、不赎单、无理拒收货物等；卖方拖延或提前交货、交货品质、数量、包装与合同规定不符等均会引起纠纷，产生争议。争议的发生则会引起索赔和理赔的问题。

索赔是指受损害的一方向违约的一方提出赔偿的要求；理赔是违约的一方受理受损一方提出的赔偿要求。

在国际贸易中，争议、索赔案件是经常发生的，一旦争议产生，一般应通过函电形式及时妥善地处理解决。由于索赔、理赔案件较为复杂，它涉及各国的商业法律以及国际上的习惯做法，因此写好这类函电的难度会比有磋商函电要大些。在写作上要注意做到：

1. 尊重事实，分清是非。双方因某些问题产生争议后，处理好争议的一个重要原则就是尊重事实，看重证据，分清是非，明确责任，因此撰写这类函电时要将事情叙述清楚，提供有效的充足证据，并在文中明确违约方的责任。

比如下面两则函件。（函件 1）是国外某公司从我某公司进口一批茶具，因抵港时有 20％数量的茶具损坏而向我方提出索赔的函件。我方在接到对方的索赔函后，尊重事实，仔细分析情况，并注重船公司所签发的洁净提单的证据，最后明确了责任不在我方后，我方去函（函件 2）阐述了情况，并拒绝赔偿，同时提醒对方应向船公司或保险公司索赔。

函件 1

中国××公司：

事由：第 XF20541 号销售确认书项下货物损坏事

上列确认书项下 200 套茶具于 6 月 30 日由"维克多利斯"轮运抵路易港。非常遗憾，到货件数中约 20％已严重损坏，箱内货物粉碎，箱外铁皮断裂当即请合格的验货人员到现场检验调查这一事故，他们的结论是"货物受损，显然是由于包装不妥所致。等进一步检验每箱的损坏情况后，即将寄你详细的检验报告。

按确认书规定，该批茶具应以适合远洋运输的坚固木箱包装，为此，我只好要你负责这次损坏事故，并向你索赔由此而遭受的损失。

客户正在催我立即处理解决此案，因此，请告知你方决定如何赔偿我方的损失。候早复。

××公司

2008 年 7 月 11 日

函件 2

××公司：

事由：第 XF20541 号确认书项下茶具事

你 7 月 11 日函悉。来函提及上述货物运抵你港时，有约 20%的包装损坏。十分遗憾。

请你了解，我茶具长期来广销国外许多市场，所有客户对我包装都感到满意。我出口的每批货物在装船前均经我装运部门严格检验，每个包件须仔细检查。上述销售确认书项下货物装船时，情况良好，每个包件均清楚地刷有“小心搬运”“易碎物品”以及其他必要的注意标志。船公司所签发的洁净提单，证明了这些事实。

经仔细研究，我估计这次货物损坏，可能是由于在运输途中或在卸货过程中遭受粗鲁搬运所致。这样，你应向船公司或保险公司交涉这个问题，保险公司已为你保了破碎险，责任应由他们当中的一方来承担，我们没有理由赔偿你所提出的损失。此复。

中国××公司

2008 年 7 月 20 日

2. 注意策略，充分说理。在尊重事实，明确了责任在我方的情况下，撰写理赔函电就不能采取回避态度，否则，只能表明我方在推卸责任，缺乏诚意，这对于今后双方贸易的开展非常不利，因此写作时要注意策略，认真分析有利与不利因素，坚持一条原则：既要尽量减少我方的损失，又要有利于今后业务的继续开展。为此，文中措词要灵活巧妙，充分说理，尽量能让对方接受我方的建议和处理意见。

比如：我某公司供应某客户的中国蜂蜜时，由于发贷的疏忽，质量上有些问题，客户在来函提出索赔时，我方经研究，回复了下面这封函件：

××客户：

事由：装“LouisId”轮1000斤浅琥珀色蜂蜜事

你2月15日函及对上述货物索赔的附件均已收悉。

经仔细调查研究，我承认因匆忙赶装该轮，在质量上可能有些疏忽，但另一方面，我认为你对这批货也过于苛求了，我不同意大部分蜂蜜呈琥珀色的说法，这可能是一个质量鉴别技术上的分歧问题。

但是为了早日清除障碍而继续交易，我愿每千吨给你10英镑的补贴，总计250英镑，这是我最大的让步，如你接受，请电告，以便迅速汇款，清理此案。特此函达，候复。

中国××公司

二〇〇九年二月二十三日

这封函件写得态度诚恳。在信中我方主动承担了责任，并为了赔偿对方的损失和今后贸易的继续开展，我方提出了建议。这样既尽量减少了我方的损失，又让对方有所补偿，讲究了策略。最后这桩案件圆满地解决了。

3. 坚持原则，据理力争。对于对方由于违约而产生的争议索赔案件，我们应坚持原则，据理力争，因此撰写索赔函电时首先要明确指出对方违反合同的事实，交代清楚交易是在哪些方面存在的缺陷和问题，并提供索赔证据，包括进出El商品检验局或其他有关单位的检验证明，接着表明我方态度，提出保留索赔权或正式提出索赔要求。而对于对方的无理辩解，我们也应坚持原则，据理力争，在申诉理由的基础上，采取严肃态度，尖锐措辞，驳斥对方的无理辩解。

下面这则函件就是实例。对方由于卸货的疏忽而造成的争议，我方在坚持原则，据理力争的基础上，提供了充足的证据，最后明确指出了对方的违约责任，并提出保留索赔权。

××公司：

你公司（指轮船公司）2月28日第19号提单项下收货人刚通知我方，由“Baltrover”轮从黄埔运到科伦坡的100箱货有两箱丢失了。

收货人在当地与你代理公司联系此事，你代理公司通知收货人要他直接和我公司联系调查。

实际情况是：该提单是洁净提单，上面没有任何不良的批语，并清楚地注明该100箱货装上船时，外表情况良好。在我下货单上和该轮大副出收据上也有同样的批注。因此，很明显，短交货物是由于你方的过错所造成。如果丢失情况落实，我方保留向你索赔短交货物的权利。请你早日澄清并处理这一事故。

附件：如文

中国××公司

二〇〇九年三月十一日

（三）其他业务函电

在国际贸易中，我们除了与客户进行业务磋商、处理争议、索赔案件之外，还要与国内有关部门联系出口事宜，比如出口商品的生产、收购、产品质量的提高、包装的改进、生产基地的扩建等。这些都需要通过函电与国内有关部门协商。

此外，我们在对外贸易时，有时为了更好地选择贸易对象或与客户磋商谈判或督促客户履约，或处理索赔、理赔案件等均需要我驻外商务机构协助解决，这也需要通过函电形式与我驻外商务机构联系协商。因此，这类函电在国际贸易中也占有相当重要的地位。

这类函电与前面两种函电的不同之处在于：前者是写给国外客商，后者是写给国内公司或商务机构，他们都是国内人员。由于写作对象的不同，就决定了写作要求的不一致，对于这类函电的写作要求是：

1. 明确观点，简洁明了。如果是写给国内有关部门洽谈出口事情的，则在文中就必须明确告诉对方应做什么工作并阐明自己的观点、意见和建议；如果是写给驻外商务机构的，在文中也应明确告诉对方希望商务机构协助做什么工作，对有关业务我们的意见如何等。这些都需要用简洁明了的语言交代清楚。比如：要求商务机构协助处理争议、索赔案件，在文中就必须将有关案情的来龙去脉叙述清楚，然后说明我方解决案件的具体意见，最后提出希望协助的要求。

2. 措词用语得当，态度平和。由于这类函电的写作对象都是国内有关人员，因此写作时用的措词就不必像写给国外客商那样使用一些客套的词语或一些生意术语，而应平实、得当、态度平和。

【例文一】　建立贸易关系并询盘函

×××公司：

事由：缝纫机

本公司是拉各斯最大的缝纫机进口商之一，我们经营各种牌号的缝纫机已有二十余年了。

兹××商务处获悉，贵公司经营缝纫机素负盛誉，我公司热切地希望与贵公司建立贸易关系，发展我们两国之间的贸易。

随函附上第028号询价单一份，盼望贵司早日给我司报CIF价，包括佣金5%，报价时请讲明最早交货期和可供数量。为了便于我方了解贵方的产品，请贵方立即航邮目录本一份。

倘若贵方报价具有竞争性，我司拟订购1000台缝纫机。如蒙早日复函，不胜感激。

谨祝商安

附件：第028号询价单一份。

×××公司谨上

二〇〇八年十月二十一日

【例文二】　报实盘函

××公司：

事由：干酵母粉

三月十九日的询价函收悉，谢谢。现报供50公吨干酵母粉，含量45%，25公斤玻璃纤维袋装，8月至9月装运，每公吨人民币495元CIF马尼拉，以不可撤销即期信用证付款。上述发盘30日复到有效。见复。

××公司

二〇〇九年三月十八日

【例文三】　报虚盘函

××公司：

事由：荔枝蜜

现复你2月20日来函，报价格如下，以我方最后确认有效：10长吨荔枝蜜

品质：含水分不超过18%

包装：用罐装，每罐装 56 磅，每 2 罐装 1 条板箱

价格：目的港哥本哈根，船上交货价每千吨 120 英磅（净价、净重）

装运期：2007 年 4～5 月份。

支付：凭保兑、不可撤销信用证支付

样品：另予航邮，以供检验

希望本报盘会引起你方的兴趣，并盼早复。

中国××公司

二〇〇九年三月六日

【例文四】　确认函

中国××公司：

参加我上月 23 日函及你本月 5 日电，兹确认下列订货事宜：

品名：茅台酒

酒精含量：55%～57%

容量：每瓶 500 毫升

数量：120 打

价格：CIF 安特卫普价每打××英镑

包装：用木箱装，每箱装 24 瓶

装运期：2009 年 10 月份

有关信用证即将航邮，请于收到该证后，即以第一只可以装运的船只装运上列货物。

请从速办理，致谢。

××公司

二〇〇九年七月八日

【例文五】　寄销售确认书函

××公司：

最近与贵公司通过函电往来，已对我××商品达成交易。现随函附上第×号销售确认书一式两份，希查收，并请签署后寄回一份，以备存查。

必须特别指出，按照销售确认书规定，贵公司开立的信用证应是保兑、不可撤销、可转让、金额和数量均允许增减 5%，毛作净，并应在 2007 年 8 月 31 日前开到。务请照此办理，以利装运，此复。

附件：第×号销售确认书一式两份。

××公司

二〇〇九年七月十二日

【例文六】　修改信用证函

××公司：

关于第×号销售确认书，我们收到贵公司开来的第×号信用证。但遗憾地发现若干处与确认书条款不符，兹列举不符点如下，请注意：

1. 第×号销售确认书规定允许转船，现来证列明。

2. 第×号信用证规定 2009 年 6、7 两月平均装运，而销售确认书规定“不迟于 2009 年 7 月 31 日一次装运”。

请立即作必要修改。我们须等到上述各点修正后方能办理出运。为此，殷切期待贵方银行开来信用证的修改通知书。

特此函达。

【例文七】　通知出运函

事由：KE－335 号销售确认书项五倍子事

兹通知上述确认书项下的 3000 公斤五倍子已于 6 月 25 日装上“东风”轮。据公司通知，该轮定于 7 月 18El 前后到达你港。

现随函附去有关装运单据如下：

发票　　　　3 份

重量单　　　2 份

品质检验单　2 份

保险单　　　1 份

提单　　　　2 份

相信上述单据完整无缺、正确无误。

中国××公司

二〇〇八年七月十二日

【例文八】　关于交货质量问题函

××公司：

事由：罐头食品变质

×月×日来函已悉，我们十分惊讶地获悉由“东风”轮装运的这批罐头食品由于焊缝开裂，内容变质，不符贵国政府有关条例规定，而被禁止出售。

此事出乎意外，且问题比较严重，我们已电告我驻贵地商务代表前往贵地查看，同时通知生产厂立即就此事彻查原因。目前，我们只能对此深表歉意，待结果出后会尽快合理地处理此一事件。候复。

××公司

二〇〇八年八月十二日

【例文九】 电报

中国A公司与英国B公司的一组电报洽商交易的实例：

1. 2月5日来电询盘

请报松香4月交货CIF价

2. 2月8日去电发盘

你5电现报帆船牌中国松香WW级100公吨铁桶装每桶净重100公斤6月装船CIF伦敦每公吨150英镑即期L/C付款11日前复到有效

3. 2月10日来电还盘

你8日电5月装船130英镑可接受

4. 2月11日去电接受

你10日电我接受合同即寄。

【例文十】 关于索赔结案函

××公司：

今年三月贵方理查和约翰先生来访期间，经双方友好协商，解决了一些索赔案件，并签署了5份确认书，该5份确认书项下应付的赔偿款均已汇到我方，并已转付各有关用户，各用户对贵方能迅速结清案件深表满意。本公司对贵方此次认真处理悬案也深为赞赏。期望今后共同努力，进一步发展双方间的友好业务关系。

即颂

台绥

中国××公司

二〇〇八年二月二日

第二节　业务会谈纪要

一、业务会谈纪要的含义及作用

在国际贸易中，外贸部门或企业在同国外厂商、客户或国内有关生产单位进行贸易洽谈时，除以函电形式之外，有时还需要面对面的口头洽谈，会谈的内容有的是为了落实货源的供应和收购问题，有的是为了磋商交易，有的是为了处理争议、索赔案件，有的是双方在贸易中应采取何种贸易方式，有的是进出口交易的某些条件和做法进行洽谈等。会谈结束后，经办人员则根据会谈的指导方针、会谈的主要内容和结果进行整理，形成会谈纪要。因此，会谈纪要是根据会谈记录，将会谈的主要议程、会谈讨论的主要内容和结果，用简练的文字进行整理而形成的一种文件。

会谈纪要的作用：

（一）是与会代表向领导汇报工作的依据。

会谈结束后，与会代表均要向领导汇报会谈的情况和会谈的结果，此时的会谈纪要便是汇报的依据。

（二）是作为下一次签订合同或协议的依据。

有些合同或协议的签订，是要经过多次的双方会谈，反复的磋商才能正式签订的。因此多次会谈后的纪要，就成了下一次签订正式合同或协议书的重要依据。

（三）会谈纪要经双方签字确认后，对双方都有一定的约束力，但不像合同那样具有法律效力。

二、业务会谈纪要的格式

业务会谈纪要的写作格式由标题、正文、结尾三部分组成。

（一）标题：业务会谈纪要的标题经常用一个偏正关系的短语来表示，为了写得明确，常常用“会谈纪要”前冠之以某项会谈的名称，一般用“关于……的会谈纪要”的句式。如“关于补偿贸易的会谈纪要”、“关于改换装运口岸的会谈纪要”。标题下方写上会谈日期。

（二）正文：分前言和主体两方面。

1. 前言：写明会谈双方的全称及简称（为了行文方便，可在全称后面加上括号，注明“甲方”、“乙方”），写明会谈时会谈地点、与会人员及会谈的事项内容。如："中国××公司（以下简称甲方）与××国××公司（以下简称乙方）就××问题于××年××月××日在××（地方）进行友好会谈，现将会谈达成的一致意见，纪要如下："

2. 主体：这是会谈纪要的主要内容。应分条列明双方会谈协定的具体事项。

如果是逐笔售定的贸易方式，会谈纪要则按交易的品名及规格、数量、包装、价格、付款条件等分条列明。如果是其他贸易方式，则按会谈内容分项列明。

3. 结尾：在正文下方写上甲乙双方单位的全称，代表签字盖章。

三、业务会谈纪要的写作要求

（一）必须忠实于会谈记录

会谈纪要是在会谈记录的基础上，根据会谈议程、会谈的内容和结果进行整理而形成的纪要。因此在整理会谈纪要时，必须忠实于会谈记录，尤其是对会谈中谈及的贸易做法、坚守原则、事项内容、具体步骤等需要双方共同遵守实行的内容，必须用准确的文字客观地表述出来，不能随意加上撰写者的主观意愿或要求。

（二）分条列明，突出重点

整理进出口业务会谈纪要时，不必按发言人的先后顺序来整理，而是按照会谈的内容分项进行整理，为了突出重点，对于逐笔售定的贸易方式，会谈可按照商品的品名及规格、数量、包装、价格、支付方式等形式分条列明。如果是其他贸易方式，则按会谈内容分项列明。

（三）语言简洁明确

会谈过后进行纪要，其目的是要在繁杂的会谈内容中整理出主要的或重要的事项内容，以便今后工作的检查或为签订合同做准备。因此在整理纪要时，语言力求简洁，同时会谈纪要经过签字后，对双方都有一定的约束力。因此语言的表达也必须明确，不可有任何歧义。

【例文十一】

关于合资筹建××化纤厂的会谈纪要

×年×月×日

中国××公司（以下简称甲方）与德国××企业（以下简称乙方）就双方合资筹建××化纤厂的问题于×年×月×日在××市进行洽谈，经过双方友好的会谈，双方就合资筹建化纤厂的有关事宜取得了一致意见。现将会谈达成的一致意见，纪要如下：

一、甲乙双方为发展中国的化纤工业，双方同意共同投资××万元人民币在中国××省×市的市郊合资筹建一个中型的化纤厂。

二、甲方以土地、厂房、辅助设备和流动资金共××万元人民币作为投资，约占总投资的51%，乙方以外汇资金、先进机器设备和技术作为投资，约占总投资的49%。

三、关于利润的分配原则，乙方认为他们的投入既有资金和设备，又出技术，应该占68%，甲方则认为应该按投资比例分成，最后决定另定时间再进行协商确定。

四、合资生产的××产品，乙方应承担在国际市场上销售年产量的65%，其余的在中国国内市场上销售。

五、中国与德国合资创办的化纤厂，名称暂定为“中德化纤厂”，工厂设正副厂长各一人，正厂长由甲方委派，副厂长由乙方委派，工厂配备有关的工作人员3至5人，工资标准另定。

六、董事会由甲方代表、乙方代表，中国纺织进出口公司××分公司、××市有关工作部门代表及德国××有关部门代表共9人组成。董事会推选董事长1人，副董事长1人。每年召开董事会两次，研究和讨论工厂的重大问题。

七、有关未尽事宜，另行约期协商解决。

甲方	乙方
中国××公司	德国××企业
代表×××	代表×××

第三节　业务合同

一、合同的含义和作用

在国际贸易中，买卖双方经过磋商，一方的发盘被另一方有效接受后，交易即达成，合同即告成立。但在实际业务中，按照一般习惯做法，买卖双方达成交易后，通常要制作书面合同将各自的权利和义务用书面的方式加以明确，这就是所谓的外贸业务合同。因此，这类合同是指营业地在不同国家或地区的当事人，根据买卖双方接受的国际贸易惯例或国家法律的规定，就某种商品的买卖权利、义务所达成的协议。根据《中华人民共和国经济合同法》第一章的第二条也同样明确规定了合同的含义，“经济合同是法人之间为实现一定的经济目的，明确相互权利、义务关系的协议。”根据《中华人民共和国经济合同法》第一章的第六条，明确规定了合同的性质，“经济合同依法成立，即具有法律约束力，当事人必须全面履行合同规定的义务，任何一方不得擅自更改或解除合同。”

合同的作用主要表现在以下三点：

（一）是买卖双方磋商交易的结果和履行协议内容的文字凭证

买卖双方经过口头或书面磋商后达成的交易，内容一般都比较零乱、分散，如果没有一份包括各项条款的合同，则会给合同的履行者带来诸多不便，因此在这种情况下，就需要按合同规定的固定条款把协商好的交易内容逐项写明。同时，由于合同对买卖双方的权利和义务规定得十分详细、完备，这样双方在履行合同时就有章可循，以保证各自的法定权利。

（二）是解决争议索赔以及仲裁的法律依据

依照法律的要求，凡是合同必须提供证据，以证明合同关系的存在。双方当事人一旦发生争议、索赔甚至提交仲裁或诉讼，都要求当事人提供证据以确认合同关系是否存在。如仅是口头协议“空口无凭”，不能提供充足证据则很难得到法律的保护。因此在国际贸易中，一般要求签订书面合同，“立字为据”，道理就在这里。

（三）是作为申请进口许可证的证明

根据通常规定，各国在申请进口签证时，都要根据合同才准允办理签证。

二、合同的种类

（一）从形式上分，合同可分为条款式合同、表格式合同和条款兼表格式合同

条款式合同——是将双方商定同意的协议内容，逐条用文字写明的合同。

表格式合同——是预先印好空白表格，签订合同时，只需把双方商定同意的协议内容，逐项填入表格的合同。

条款兼表格式合同——即前两种格式合并的合同。

（二）从内容上分，合同可分为国内经济合同和对外经济合同两大类

1. 国内经济合同——是对外贸易部门和企业为了满足出口的需要与国内有关的工业、农业、生产部门、运输部门、仓储部门等签订的合同。

国内经济合同种类较多，主要有：

（1）购销合同——外贸公司及企业与有关生产厂家或农业生产部门就商品买卖而签订的合同。

（2）运输合同——外贸公司及企业与运送货物及铁路、公路、内河、航运等运输部门签订的合同。

（3）仓储合同——外贸公司及企业与储存保管货物及仓储部门签订的合同。

（4）加工合同——外贸公司及企业为商品出口而进行的加工定做等项目与承揽单位签订的合同。

2. 对外经济合同——是对外贸易部门和企业与国外厂商、客户就商品买卖而签订的合同。

从贸易方式来看，对外经济合同又分为逐笔售定贸易方式和其他贸易方式两种。

逐笔售定贸易方式的合同即进出口合同。

出口合同——是对外贸易部门和企业就商品出口与国外厂商、客户签订的合同。

进口合同——是对外贸易部门和企业就货物进口与国外厂商、客户签订的合同。

在逐笔售定贸易方式下，进出口合同由于内容繁简不一，商品性质和交易大小的不同，合同表现为两种形式，即正式合同和确认书。

正式合同：其内容比较全面、完整，除商品的名称、规格、数量、包装、单价、总值、装运港和目的港、唛头、交货期、付款方式、商品检验等条款外（写在合同的正面），还有异议索赔、仲裁、不可抗力等条款（写在合同背面）。它的特点在于：内容比较全面，对双方的权利和义务以及发生争议后如何处理均有全面的规定。由于这种形式的合同有利于明确双方的责任和权利，因此，正式合同适用于大宗商品或成交金额较大的交易。

确认书：属于一种简式合同。它所包括的条款较正式合同少，只有合同的正面部分，即商品的名称、规格、数量、包装、单价、总值、装运港和目的港、唛头、交货期、付款方式、商品检验等条款。它适用于金额不大、批数较多的小土特产品和轻工产品，或者已订有代理、包销等长期协议的交易。

为此，出口合同一般的形式有“售货合同”和“售货确认书”或“销售合同”和“销售确认书”两种；进口合同也有“购货合同”和“购货确认书”两种形式。

但值得注意的是：合同与确认书尽管合同形式有所不同，但它们在法律效力方面具有同等效力。

对外经济合同除逐笔售定贸易方式外，还有其他贸易方式，

主要有：经销、包销、代理、补偿贸易、寄售等。

经销——指由出口商在同一地区选择一家或数家主要客户，根据他们的经营能力，与他们签订数量和金额较大的长期买卖合同。

经销协议——指出口商与经销商签订的协议。

包销——指出口商通过协议把某一种商品或某一类商品在某一个地区和期限内的经营权单独给予某个客户或公司的贸易做法。

包销也称独家经销，某特点是：自筹资金、自担风险、自负盈亏。

包销协议——指出口商与包销商签订的协议。

代理——指委托人（出口商）授权代理人代表他向第三者招揽生意、签订合同或办理与交易有关的各项事宜，由此而产生的权利与义务直接对委托人发生效力。

代理有“总代理”、“独家代理”和“普遍代理”几种。代理的特点是：代理商不垫资金、不担风险、不负盈亏，只获取佣金。

代理协议——指委托人与代理人之间明确双方权利与义务而签订的协议。

补偿贸易——指甲方在乙方提供信贷的基础上，向乙方购买机器设备和技术，不用现汇支付贷款，等机器设备安装投产之后，在一定时期内，用生产出来的产品或双方约定的其他商品分期偿还机器设备和技术的价款。

补偿贸易协议——指甲方与乙方就补偿贸易所签订的协议。

寄售——是一种委托代售的贸易方式。它是指委托人（货主）先将货物运往寄售地，委托国外一个代销人（受托人）按照寄售协议规定的条件，由代销人代替货主进行销售，在货物出售后，由代销人向货主结算货款的一种贸易做法。

寄售协议——是委托人与代销人为了明确双方的权利、义务和有关寄售的条件签订的协议。

其他贸易方式协议除上述几种外，还有租赁协议、拍卖协议、展卖协议等，这里不再阐述。

三、合同的格式

（一）国内经济合同的格式

国内经济合同由开头、正文、结尾三部分组成。

1. 开头部分。包括合同的标题、双方当事人的全称、签约的时间、地点和合同编号。

（1）标题：一般只写明合同的性质。如“工矿产品购销合同”，“农副产品定购合同”等等。位置写在第一行正中。

（2）双方当事人全称：写清楚双方单位的全称，为了行文的方便，一般注明“供方”和“需方”或“甲方”和“乙方”。位置写在标题下方的左侧。

（3）签约时间、地点和合同编号：写在标题下方的右侧。

2. 正文部分。这项写明双方协议的基本条款。主要有：标的物、品种规格、数量、价格、质量标准，交货时间及数量、交货地点及方式、包装要求、运输方式、结算方式及期限、违约责任、其他约定事项等等（不同性质的国内经济合同，其基本条款会有些差异）。

3. 结尾部分。包括两个方面：一是署名。在正文下方写明订立合同双方的单位全称和地址、代表签字盖章，双方的电话、电挂、开户行、账号、邮编以及公证机关的意见和签字盖章；二是写明本合同的有效期限。

如附表（一）、（二）

附表（一）　GF—20—0101

工矿产品购销合同

供方：______________　　合同编号：______________

需方：______________　　签订地点：______________

签订时间：______年____月____日

一、产品名称、商标、型号、厂家、数量、金额、供货时间及数量

<table>
<tr><td rowspan="2">产品名称</td><td rowspan="2">牌号商标</td><td rowspan="2">规格型号</td><td rowspan="2">生产厂家</td><td rowspan="2">计量单位</td><td rowspan="2">数量</td><td rowspan="2">单价</td><td rowspan="2">总金额</td><td colspan="10">交（提）货时间及数量</td></tr>
<tr><td>合计</td><td></td><td></td><td></td><td></td><td></td><td></td><td></td><td></td><td></td></tr>
<tr><td></td><td></td><td></td><td></td><td></td><td></td><td></td><td></td><td></td><td></td><td></td><td></td><td></td><td></td><td></td><td></td><td></td><td></td></tr>
<tr><td></td><td></td><td></td><td></td><td></td><td></td><td></td><td></td><td></td><td></td><td></td><td></td><td></td><td></td><td></td><td></td><td></td><td></td></tr>
<tr><td colspan="18">合计人民币金额（大写）</td></tr>
</table>

（注：空格如不够用，可以另接。）

二、质量要求、技术标准、供方对质量负责的条件和期限

三、交（提）货地点、方式

四、运输方式及到达站港和费用负担

五、合理损耗及计算方法

六、包装标准、包装物的供应与回收

七、验收标准、方法及提出异议期限

八、随机备品、配件工具数量及供应办法

九、结算方式及期限

十、如需提供担保，另立合同担保书，作为本合同附件

十一、违约责任

十二、解决合同纠纷的方式

十三、其他约定事项

供方	需方	鉴（公）证意见：
单位名称（章） 单位地址： 法定代表人： 委托代理人： 电话： 电报挂号： 开户银行： 账号： 邮政编码：	单位名称（章） 单位地址 法定代表人： 委托代理人： 电话： 电报挂号： 开户银行： 账号： 邮政编码：	经　办　人： 鉴（公）证机关（章） 年　月　日 （注：除国家另有规定外，鉴（公）证实行自愿原则）

有效期限：______年____月____日至______年____月____日

监制部门：　　　　印制单位：

附表（二）GF—20—0101

农副产品定购合同

供方：____________　　合同编号：____________

需方：____________　　签订地点：____________

签订时间：______年____月____日

一、产品名称、品种规格、数量、金额、交售时间

产品名称	品种规格	计量单位	数量	单价	总金额	交售时间及数量									
						合计									
合计人民币金额（大写）															

（注：空格如不够用，可以另接）

二、质量标准、用途

三、验收办法及时间、地点

四、检验及检疫的单位、地点、方法、标准及费用负担

五、交（提）货地点及运输方式和费用负担

六、超欠幅度损耗及计算方法

七、包装标准、包装物的供应与回收和费用负担

八、结算方式及期限

九、给付定金的数额、时间

十、奖罚标准及兑现方式：超售　元/公斤，减售每公斤罚　元

十一、需方供应的与定购农副产品挂钩的化肥、柴油等农业生产资料的产品名称、规格、质量、数量、价格、供应时间及地点

产品名称	规格型号	质量等级	计量单位	数量	单价	总金额	供应交货时间及地点
合计人民币金额（大写）							

（注：空格如不够用，可以另接）

十二、违约责任

十三、解决合同纠纷的方式：执行本合同发生争议，由当事人双方协商解决。协商不成

，双方同意由________仲裁委员会仲裁（当事人双方不在本合同中约定仲裁机构，事后又没

有达成书面仲裁协议的，可向人民法院起诉）。

十四、其他约定事项

供方	需方	鉴（公）证意见：
单位名称（章） 单位地址： 法定代表人： 委托代理人： 电话： 电报挂号： 开户银行： 账号： 邮政编码：	单位名称（章） 单位地址 法定代表人： 委托代理人： 电话： 电报挂号： 开户银行： 账号： 邮政编码：	经　办　人： 鉴（公）证机关（章） 年　　月　　日 （注：除国家另有规定外，鉴（公）证实行自愿原则）

有效期限：________年____月____日至________年____月____日

（二）进出口合同的格式

进出口合同由首部、正文、尾部三部分组成。

1. 合同的首部：包括合同的标题、合同的编号、签约日期、签约地点、双方当事人的全称和地址，以及合同的序言。

（1）合同的标题：合同的标题规定了合同的性质。如果是逐笔售定的贸易方式，合同的标题则写明：是出口合同的，标题应写清楚“售货合同”或“售货确认书”“销售合同”或“销售确认书”，是进口合同的，标题也应写明“购货合同”或“购货确认书”；如果是其他贸易方式的，标题则写清楚“××协议”，如“××商品包销协议”。

（2）合同的编号、签约日期、签约地点。写在合同标题下面的右侧。

（3）双方当事人的全称及地址。双方当事人的全称及地址在第二、三行顶格书写，在写明双方当事人的全称后，还要注明简称“买方”“卖方”或“甲方”、“乙方”。下文中即以“买方”“卖方”或“甲方”“乙方”称呼代替签约的双方单位。

（4）合同的序言。即在合同条款开头用一段话说明签订合同的目的，如“××公司（卖方）与××公司（买方）经过双方协商同意订立本合同如下：”这就是合同的序言。

2. 合同的正文。这是合同最重要的部分，它写明了双方的权利和义务。一般包括：“商品名称、规格、数量、包装、单价和总值、装运标志（唛头）、装运港、目的港、交货期、支付、检验、保险、异议、索赔、仲裁、不可抗力等条款。”

3. 合同的尾部。写明合同的份数，使用文字及其效力，双方当事人的全称和签字盖章，有附件的写明附件的名称和份数。

如附表（三）、（四）

附表（三）

天 津 工 艺 品 进 出 口 公 司

TIANJIN ARTS&CRAFTS IMPORT&EXPORT CORPORATION

地址：中国天津市河北路200号

ADDRESS：200，HE BEI ROAD，TIANJIN CHINA

TELEX：23143TJART CN. 23217 TJART CN.

FAX：(022) 317828

（续表）

<table>
<tr><td colspan="2">售 货 确 认 书</td></tr>
<tr><td>买方：
BUYERS：

SALES CONFIRMATION NO ____</td><td>签约地点
SIGNED AT ______
日期
DATE ______
买方订单号
BUYER'S ORDER NO ____
CABLE ADD.
TELEX NO.
FAX NO.</td></tr>
<tr><td colspan="2">买卖双方同意按以下条款达成交易
The undersigned sellers and buyers have agreed to close the following transactions according to the terms and conditions stipulated below：
总金额
TOTAL AMOUNT：________________________________</td></tr>
<tr><td>包 装：
Packing：</td><td>唛 头
Shipping marks：</td></tr>
</table>

保险 按照中国人民保险公司海洋运输货物条款照发票金额110%投保××险和战争险

Insurance：Covering risks & War risks for 110% of the invoice value as per ocean marine clauses of the people's Insurance Co of China.

由买方自理

To be covered by buyers.

装运条款：在____期间由____从天津或____运至____允许分批、转船和____%数量及金额增减。

Shipment：During ____ from Tianjin ____ or ____ to ____ by allowing Partial shipments transshipment & % more or less in quantity and value

付款条件：买方须于20____年____月____日前将保兑的，不可撤销的准许转船准许分运的即期信用证开到卖方，信用证议付有效期延至上列装运期后15天在天津到期。

Terms of Payment：By confirmed，irrevocable letter of credit available by sight draft with partial shipments & transhipment to be allowed t () reach the seller before 20 & to remain valid for negotiation in Tianjin until the 15 days after the aforesaid time of shipment.

一般条款：

General terms：

1. 质地、重量、尺寸、花型、颜色均允许合理差异。对合理范围内差异提出的索赔，概不受理。

Reasonable tolerance in quantity，weight，measurements designs and colours is allowed，for which no claims will be entertained

2. 买方对下列各点所造成的后果承担全部责任。（甲）使用买方的特约装潢，花形图案等；（乙）不及时提供生产所需的规格或其他细则；（丙）不按时开信用证；（丁）信用证条款与售货确认书不相符不及时修改。

Buyers are to assume full responsibilities for any consequences arising from：(a) the use for packing，designs or pattern made to order；(b) late submission of specifications or any other details necessary for the execution of this Sales Confirmation；　(C) late establishment of L/C；　(d) late amendment to L/C inconsistent with provisions of this Sales Confirmation.

3. 人力不可抗拒的事故造成延期或无法交货者，卖方不负任何责任。

Sellers are not responsible for late or non-delivery in the event of force majeure or any contingencies beyond Sellers'control

4. 凡有对装达的货物质量提出索赔者，必须在货到目的港后30天内提出。

Claims if any、concerning the goods shipped should be filed within 30 days after arrival at destination.

5. 买方应在收到本售货确认书后十天内签退一份给卖方。如在此期限内不提任何异议，本售货确认书即生效。凭买方订单或凭买方先前之确认而增制的售货确认书，在发出后即生效，非经双方同意，不得更改或撤销。

Buyers should sign one copy of this Sales Confirmation and return it to Sellers within 10 days after receipt. If nothing is objected to the contrary within that time. this Sales Confirmation will be effective. Sales Confirmation，issued on the strength of Buyers'order or earlier confirmation，is effective immediately on its issuance，and subject to neither modification nor cancellation unless agreed upon by both Parties.

6. 本确认书所订商品如属手工制作的，其规格和造型容有出入，如属天然原料的，则在色泽等方面也有一定差异。

If the commodities contracted herein are hand made, some deviations in specifications and patterns should be allowed. While for those made of natural material, variations in shades, tins etc. are unavoidable.

7. 凡因执行本合同所发生的或与本合同有关的一切争议，应由双方通过友好协商解决；如果协商不能解决，应提交中国国际贸易促进委员会对外经济贸易仲裁委员会根据该会的仲裁程序暂行规则进行仲裁，仲裁裁决是终局的，对双方都有约束力。

All disputes arising from the execution of, or in connection whit this contract, shall be settled amicably through friendly negotiation, in case no settlement can be reached through negotiation, the case shall then be submitted to Foreign Economic and Trade Arbitration Commission of the China Conncil for the Promotion of International Trade, Beijing, for arbitration in accordance with its provisional rules of procedure. The arbitral award is final and binding upon both parties.

备注：开证时请列售货确认书号和简要品名。

Remarks: Sales Confirmation number and only brief of name commodities are required to be quoted in the relative L/C.

卖　方	买　方
THE SELLERS:	THE BUYERS.

附表（四）

售　货　合　同 SALES CONTRACT 卖方： The Sellers: 地址： Address: 买方： BUYERS:	合同号码： Contract No. 签约日期： Date: 签约地点： Signed at: 电话： Tel: 电报挂号： Cable Address: 电话： Tel: 电报挂号： Cable Address:

兹经买卖双方同意由卖方出售买方购进之下列货物，并按下列条款签订本合同：

This Sales Contract is made by and between the Sellers and the Buyers nleler the Sellers agree to buy the under-mentioned goods according to the terms and conditions stipulated below：

<table>
<tr><td>1. 商品名称、规格及包装
Name of Commodity，Specification and Packing</td><td>数量
Quantity</td><td>单价
Unit Price</td><td>金额
Amount</td></tr>
<tr><td></td><td></td><td></td><td></td></tr>
<tr><td></td><td></td><td></td><td></td></tr>
<tr><td rowspan="2">（允许卖方在装货时溢装或短装 %，价格按本合同所列的单位计算）
The Sellers are allowed to load %more or Less，the price shall be calculated according to the unit price</td><td colspan="3">上述价格内包含给买方的佣金 %按 FOB 值计算。The above price includes a Buyer's commission of % to be calculated on FOB value</td></tr>
<tr><td colspan="3">总价
Total Value</td></tr>
</table>

2. 唛头：由卖方指定

Shipping Mark：To be designated by the Sellers：

3. 保险：由卖方按发票总值的 %投保险，按中国人民保险公司条款（不包括罢工险）。如买方欲增加其他险别或超过上述额度保险时须事先征得卖方同意，其增加费用由买方负担。

Insurance：To be covered by the Sellers for %of the total invoice value against as per Ocean Marine Cargo Clause of The People's Insurance Company of China（including S. R. C. C.）. Should the Buyers desire to cover other risks besides the aforementioned or for an amount exceeding the aforementioned limit，the Seller's approval must be obtained first and all additional premium charges incurred there with shall be for the Buyers'account.

4. 装船口岸：

Port of Shipment：

5. 目的口岸：

Port of Destination：

6. 装船期限：

Time of Shipment：

7. 付款条件：买方须 开出保兑的，不可撤销、可转让、可分割、无追索权，全部货款即期信用证，以卖方为受益人凭货运单据向中国的议付银行议付。信用证须于　前到达卖方，议付有效期延至装运期后十五天在中国到期。信用证须注明本售货合同号码和“允许转运与分运”。

Terms of Payment：

The Buyers shall establish Confirmed，Irrevocable，Transferable，Divisible and Without Recoures Letter of Credit in favour of the Sellers for the full contracted value …，payable at sight against presentation of the shipping documents，to the negotiating bank in China. The Letter of Credit must reach the Sellers before … and remain valid for negotiation in China till the 15th day after Shipment. The L/C must specify the number of this Sales Contract and “Transshipment and partial Shipments allowed!”.

8. 商品检验：由　所签发的品质数量/重量检验证。作为品质数量/重量的交货依据。

Inspection：The Certificate of Quality，Quantity/Weight issued by shall be taken as the basis of delivery.

9. 不可抗力：由于人力不可抗拒事故，使卖方不能在合同规定期限内交货或者不能交货，卖方不负担责任，但卖方应立即以电报通知买方，如果买方提出要求，卖方应以挂号函向买方提供证明上述事故存在的证件。

Force Majeure：The Sellers shall not be held responsible，if they，owing to Force Majeure causes or causse，fail to make delivery within the time stipulated in the Contract or cannot deliver the goods. However，in such cases，the Sellers shall inform the Buyers immediately by cable and，if it is requested by the Buyers，shall also deliver to the Buyers by registered post，a certificate attesting the existence of such a Cause or causes.

10. 异议索赔：如果卖方不能在合同规定期限内把整批或一部分的货物装上船，除非人力不可抗拒原因或者取得买方同意而修改合同规定外，买方有权在合同装船期满二十天后撤销未履行部分的合同。如果货到目的口岸买方对品质有异议时，可以凭卖方同意的公证机构出具的检验报告，在货到目的口岸三十天内向卖方提出索赔，卖方将根据实际情况考虑理赔或不理赔，一切损失凡由于自然原因或属于船方或保险公司责任范围内者，卖方概不负赔偿责任。如果买方不能在合同规定期限内将信用证开到或者开来的信用证不符合合同规定而在接到卖方通知后不能及时办妥修正，卖方可以撤销合同或延期交货，并有权提出索赔要求。

Discrepancy and Claim：In cases the Sellers fail to ship the whole lot or part of the goods within the time stipulated in this Contract，the Buyers shall have the right to cancel the part of the Contract which has not been performed 20 days following the expiry of the stipulated time of shipment，unless there exists a Force Majeure cause or the Contract stipulation has been modified with the Buyers'consent. In case discrepancy on the quality of the goods is found by the Buyers after arrival of the goods at the port of destination，the Buyers may，within 30 days after arrival of the goods at the port of destination，lodge with the，Sellers a claim which should be supported by all Inspection Certificate is sued by a public surveyor approved by the Sellers. The Sellers shall, on the merits of the claim, either make good the loss sustained by the Buyers or reject their claim. It being agreed that the Sellers shall not be held responsible fo any loss of losses due to natural causes or causse falling within the responsibility of Shipowner or the Insurance Co: In case the Letter of Credit does not correspond to the Contract terms and that the Buyers fail to amend thereafter its terms in time, after receipt of Credit opened by Buyers does not reach the Sellers within the time stipulated in the Contract, or if the Letter its terms in time, after receipt of notification by the Sellers, the Sellers shall have the right to cancel the Contract or to delay the delivery of the goods and shall have also the right to claim for compensation of losses against the Buyers.

11. 仲裁：凡因执行本合同或有关本合同所发生的一切争执，双方应协商解决。如果协商不能得到解决，应提交北京中国国际贸易促进委员会对外贸易仲裁委员会，根据该仲裁委员会的仲裁程序暂行规则进行仲裁，仲裁裁决是终局的，对双方都有约束力。

Arbitration: Any dispute arising from the execution of, or in connection with, this Contract should be settled through negotiation. In cases no settlement can be reached, the case shall then be submitted to the Foreign Trade Arbitration Commission of the China Council for the Promotion of International Trade, Peking, for sttlement by arbitration in accordance with the Commission's Provisional Rules of Procdeure. The award rendered by the Commission shall be final and binding on both Parties.

12. 责任：签约双方，即上述卖方及买方，应对本合同条款全部负责履行，凡因执行本合同或者有关本合同所发生的一切争执应由签约双方根据本合同规定解决，不涉及第三者。

Obligations: Both the Signers of this Contract, i. e. , the Sellers and the Buyers as referred to above, shall assume full responsibilities in fulfilling their obligations as Per the terms and conditions herein stipulated. Any dispute arising from the execution of, or in connection with, this Contract shall be settled in accordance with terms stipulated above between the Signers of this Contract only, without involving any third party.

13. 其他条款：

Other Terms:

（1）信用证内应明确规定卖方有权可多装或少装所注明的百分数，并按实际装运数量议付。（信用证之金额应较本售货合约的金额增加相应的百分数。）

The Sellers reserve the option of shipping the indicated percentage more or less than the quantity hereby contracted, and the covering Letter of Credit shall be negotiated for the amount covering the value of quantity actually shipped .（The Buyers are requested to establish the L/C in amount with the indicated percentage over the total value of the order as per this Sales Contract.）

(2) 信用证内容须严格符合本售货合约的规定，否则修改信用证的费用由买方负担，卖方并不负因修改信用证而延误装运的责任，并保留因此而发生的一切损失的索赔权。

The contents of the covering Letter of Credit shall be in strict accordance with the stipulations of the Sales Contract, in cases of any variation thereof necesstiating amendment of the L/C, the Buyers shall bear the expenses for effecting the amendment. The Sellers shall not be held responsible for possible delay of shipment resulting from awaiting the amendment of the L/C, and reserve the right to claim from the Buyers for the losses resulting therefrom.

(3) 除经约定保险归买方投保者外，由卖方向中国的保险公司投保。如买方须增加保险额及或须加保其他险可于装船前提出，经卖方同意后代为投保，其费用由买方负担。

Except in cases where the insurance is covered by the Buyers as arranged, insurance is to be covered by the Sellers with a Chinese insurance company. If insurance for additional amount and/or for other insurance terms is required by the Buyers, prior notice to this effect must reach the Sellers before shipment and is subject to the Sellers'agreement, and the extra insurance premium shall be for the Buyers' account.

(4) 买方须将申请许可证副本（经有关银行副署）寄给卖方，俟许可证批出后再即用电报通知卖方，假如许可证被驳退，买方须征得卖方的同意方可重新申请许可证。

The Buyers are requested to send to the Sellers authentic copy of the Licence—application (endorsed by the relative bank) filed by the Buyers and telegraphically advise the Sellers immediately when the said Licence is obtained. Should the Buyers intend to file reapplication for Licence in cases of rejection of the original application, the Buyers shall contact the Sellers and obtain the latter's consent before filing the reapplicaton.

卖 方	买 方
THE SELLERS	THE BUYERS

本合同由买方签署后，正本一份航寄还卖方。

One copy of this Contract is to be returned to the Sellers by airmail after duly signed by the Buyer

四、合同的写作要求

(一) 订立合同必须贯彻我国对外贸易的方针政策，坚持平等互利原则。

(二) 签订合同时要准确、严密、具体、完整。

合同经过签字后，具有法律的效力，对双方都有很强的约束力，因此合同中各项交易条款的填写既要注意做到文字力求准确、表达严密，又要使合同制订得具体、完整。在合同条款中，尤其是品质条款、数量条款、包装条款、价格条款、装运条款和支付条款，文字表达必须非常准确、严密，不能产生歧义，对于模棱两可的文字比如“大约”、“可能”等不能在合同中使用，以免解释不一而产生争议。

（三）合同必须用钢笔或毛笔缮写，填写好的合同不得擅自修改。

合同如有错漏或内容需要修改补充的，应经双方协商同意，在修改补充的地方加盖双方的印章方为有效。

综合训练

□知识训练

1. 什么是业务函件？书写业务函件应注意什么问题？
2. 简述业务函电的内容和写作要求。
3. 公文中的会议纪要与业务会谈纪要有何区别？
4. 撰写业务会谈纪要时应注意什么？
5. 如何理解业务会议纪要？
6. 区别正式合同与确认书的异同点。
7. 涉外经济合同从贸易方式角度分，可分为几种方式？请具体说明。

□能力训练

1. 根据以下材料拟写一份函件。

中国粮油食品进出口公司××分公司与英国××贸易公司进行一笔白籼米贸易生意，对方于2009×年3月16日来函询盘，要求我方报盘6月装船，CIF伦敦价。我方现回函告诉他们：白籼米含水分最高15%，碎粒最高35%，杂质最高1%，数量是200公吨，用麻袋包装，每袋净重100公斤，价格是200英镑CIF伦敦，用即期信用证付款，报实盘。

2. ××省土产进出口公司与法国××贸易公司就花生交易经过多次函电达成协议，双方签订了第××号售货确认书，现需要回函寄这份合同，并强调对方要按时开立信用证。请按上述内容拟写一份函件。

3. 根据下述内容拟写一份电文。

我方与新加坡××贸易公司达成的一笔××商品协议。按照合同规定，信用证必须在2009年6月15日前开到我方，但至今我方还尚未收到，而我方的货物已经备妥等待装运，现去电要求对方迅速开出信用证，以便我方及时装运。

4. 我方与法国××贸易公司就××货签订了第×号售货合同后，对方一再逾期仍未开出信用证，并进而提出无理要求，我方在几次交涉未成的情况下，向对方提出索赔，要求赔偿银行利息××元，保险费××元，包租费××元，共计人民币××元。请根据所给条件及下面这封对方来函，拟一份我方索赔函。

法国××贸易公司来函：

中国××公司：

×日来函收悉，关于××货第×号售货合同开具信用证事，因目前市场疲软，销路呆滞，我方实难办到，我方要求将信用证付款条件改为付款交单。若你不同意此条件，我方将不再接货。候复。

法国××贸易公司

××年×月×日

（提示：先简述买方来函内容，驳斥其无理要求，重申应遵守合同条款，最后提出索赔要求，附：付款通知单一份）

5. 电文语言要求言简意赅，下列电文不够简要，请加以修改。

“我们协商签订的合同 PS——Q 一式两份现寄去给你请你收到后签字并且寄回一份给我们以备存查有关信用证希望早日开到我方以便我们安排装运。”

6. 有一则电文稿是这样写的：

“大号运动衫由外贸部门收购 10 万套小号运动衫由中百站收购”

这则电文有两种解释，请解释出：

第一种解释：

第二种解释：

你认为该如何修改电文才不至于产生歧义？

7. 2008 年美国 A 公司向中国 B 公司订购浮法玻璃一批，在签约前买方代表曾到南宁生产工厂参观有关设备和成品，表示满意。合同规定规格（厚度）为 5mm、6mm、7mm，数量分别为 16800 平方尺、16000 平方尺和 42336 平方尺。木箱装，分装 5 个集装箱，金额共为 CFR34624 美元，装运期为 2008 年 12 月，买方应于 12 月 10 日前将 L/C 开到卖方。成交时卖方向买方提供了样品，但未在合同中注明。

2008 年 12 月 16 日，买方出开 L/C，卖方于 12 月 23 日收到。稍后，买方通知卖方要求增购 6mm 规格 28244 平方尺，合二个集装，并将 L/C 修改书寄来，金额增加 13524 美元，数量增加 28244 平方尺，其他条款不变。

卖方因 L/C 及修改书收到较迟，且又增加了数量，要求买方延期，买方同意，寄来第二次 L/C 修改书，装运期延至 2009 年 2 月 15 日前，有效期延到 2009 年 2 月 28 日前。卖方于 2009 年 1 月 30 日发出三个集装箱的货物，并要求卖方再延长有效期，买方同意，寄来第三次 L/C 修改书，将装运期和有效期分别展延为 3 月 31 日和 4 月 15 日，卖方在 3 月 31 日将余数 4 个集装箱的货物发出。

货物由南宁经铁路运至香港分别装船运交买方指定的美国和新西兰的三家客户，2009 年 5 月；买方连续数次通知卖方称三家收货客户均对货物质量表示不满，至附来 SGS 等商检机构的检验报告，买方并称他已赔款给三家客户，现转向卖方索赔。买方索赔的理由有三：①卖方多次要求改证，增加了买方的银行费用。②商品透明度差，透光率只为 82%，英国的最低标准为 88%，不是浮法玻璃，而是一般的玻璃。③包装不良造成部分玻璃破碎，保险公司不肯赔偿。

请分析以上案件中谁是谁非，并以中国 B 公司的名义给美国 A 公司写一封函件。

8. 中国××公司将向英国××公司购买一艘旧拖网渔船。经过几次的洽谈，最后定价 500 万美元，并解决了所有技术问题。下面就付款交货等有关问题又举行了一次会谈，请根据下面的会谈记录整理成会谈纪要。

会谈实况记录：

史××（英方）；万夫人，现在我很高兴地说，我们已经澄清了所有的技术问题，也许可以转到商业方面来了。

万××（中方）：好的。

史××：你一定知道挪威销售合同格式，在国际市场上买船卖船都可以采用。这是一份 1983 年开始生效的修订本，你是不是要看一看？（交给中方）

万××：谢谢你（看合同格式）是的，这的确是一份精心拟定的合同。价格、付款方法、检验、交货、单证、违约、仲裁等等几乎每项都写进去了。

史××：是的，都包括在内。这份合同格式在国际上已经得到承认，我希望你能接受。这样，咱们就用不着逐条详细讨论了。

万××：肯定用不着。不过，我有一两点意见谈一谈。

史××：哦，我想听听你的意见。

万××：第一点关于预付10%的事。由于我们买的是旧船。合同签订以后，在很短时间内就要交货、付款，我认为没有必要预付。

史××：我们两家初次做生意，我很希望能按通常的条款成交。

万××：你的想法我能理解。不过，这岂不是没有风险还要保险？我们是国营公司，我们向来重合同守信用，我们过去的记录证实了这一点。

史××：好吧，那么请你谈谈第二点。

万××：好。我要谈的第二点和第一点密切相关。我们建议以信用证方式付款，在合同签订以后10天内，由我们开出以你方为受益人的不可撤销的信用证。凭卖契、发票和合同里所规定的其他单据付款。

史××：我很抱歉，这样的条件我很难接受。我认为没有预付10%的定金，你们至少在接船的时候得付给我们全部货款。我们不能考虑不收钱就交船。

万××：可是100%的足值信用证，实际上不就等于现款吗？尤其这是由第一流的银行，像中国银行这样的国家银行开出来的信用证。

史××：你可真机敏，万夫人，我不能不承认你们的信用证意味着现款，不过，信用证和现款毕竟有点不一样，你说对吗？

万××：我看主要是你什么时候拿到钱的问题。为了有助问题的迅速解决，我可以接船以后5个工作日内以电汇付款。

史××：噢，这个……

万××：信用证在交船之前就开出来了。你要是真的需要现款，总还是可以贴现的嘛。

史××：好吧，万夫人，我接受你的条款，希望一切都没有问题。

万××：谢谢你，史密斯先生。我也希望是这样。关于这个销售合同格式，还有一点我不大喜欢，那就是仲裁条款。它说凡是与执行合同有关的争议，统统由仲裁解决。

史××：我看不出这有什么问题。

万××：不是说它有什么问题。最好首先通过友好协商来解决。

史××：哦，当然啦。要是通过友好协商解决不了呢？

万××：那还可以进行调解，仲裁应该是最后的一着。

史××：确实是这样。

万××：条款里没有说明仲裁在哪儿进行？

史××：你建议在哪儿进行？

万××：在被诉方所在地。怎么样？

史××：很公平。我想没有理由不同意这一点。

万××：很好，史密斯先生，我希望尽快地签合同。

史××：我也是一样。

9. 根据下述提供的内容，按格式填写一盼售货确认书。

中国轻工业品进出口公司安徽分公司（（卖方）与香港何文咸有限公司（买方）于2008年1月6日在合肥签订了一份第TS7086号售货确认书。双方协定买方向卖方购买红星牌三针防水防震防磁男式自动手表200只，货号NOG34，手表每只为HK＄60CIF香港。要求20只装一纸盒，200只装一木箱。2008年5月至6月期间从合肥口岸运到香港，信用证必须于装运前20天开到卖方。装运标志定为HWC/TS7086/HONGKONG/NO.1——48。凭保兑的不可撤销的无追索权的即期信用证付款，议付有效期延至装运期后第15天在装运口岸到期。卖方按发票金额110%投保一切险和战争险。卖方地址：合肥市长江路172号，买方地址：香港九龙金马道313A。

附：外经贸业务汉语函电常用文言词语汇释

A. 称呼部分的习惯用语有：

台鉴："台"，旧时对别人的敬称。"鉴"，审察明鉴的意思。"台鉴"，你审阅的意思。

台览："览"，阅看的意思。"台览"义同"台鉴"，"你审阅"的意思。

惠鉴："惠"，有求于人的敬辞，有劳你的意思。"惠鉴"，"有劳你审阅"的意思。

雅鉴："雅"，高尚不俗的意思，对人的称誉之辞。"雅鉴"，"请您指教，审阅"的意思。

钧鉴："钧"，旧时用作对尊长或上级的敬辞。"钧鉴"，请你审阅的意思。

B. 开头部分常用的惯用词语有：

已悉：已经知道了的意思。

收悉：收到并知道了的意思。

兹启者："兹"，现在的意思。"启"，陈述的意思。"兹启者"，现在陈述的意思。

兹有：现在有的意思。

兹将：现在把的意思。

顷接："顷"，刚才的意思，"顷接"，刚才接到的意思。

C. 主体部分常用的惯用词语有：

鉴于：由于考虑到的意思。

拟于：打算在的意思。

就绪：已经安排好的意思。

业已：已经的意思。

业经；已经经过的意思。

应予：应该给予的意思。

希予：希望给予的意思。

特予：特别给予的意思。

惠予：请求给予的意思。

不予：不给予的意思。

径向：直接向的意思。

贵公司：贵，敬词，这是对对方的尊称。

敝公司：敝：谦词，这是对自己的谦称。

确系："系"，是的意思，"确系"，确实是的意思。

显系：显然是的意思。

应即：应该立即的意思。

本应：本来应该的意思。

查收："查"检查的意思。"查收"检查后收下的意思。

查复：检查后再答复的意思。，

查询：检查询问的意思。

查对：检查核对的意思。

赓即："赓"，继续的意思。"赓即"，接着立即的意思。

不日：不多天、不久的意思。

即日：当天的意思。

即可：立即就可以的意思。

竭诚：竭尽全力、真心实意的意思。

尚望：还希望的意思。

歉难：对对方提出的要求难以满足表示抱歉的意思。

俾：使的意思。

俟：等待、等到的意思。

D. 结尾部分的常用惯用词语有：

函达：写信表达的意思。

函复：写信答复的意思。

函告：写信告知的意思。

见复：见，古汉语中第一人称代词。“见复”即答复我。

此复：就这样答复的意思。

查照：查看并按照要求办事。

为荷：“为”，是的意思，“荷”，承受别人的恩惠的意思。“为荷”是受到你们的恩惠，引申为感谢你们的帮助的意思。

为盼：是所盼望的意思。

E、祝颂语部分的常用惯用词语有：

台安：你安好的意思。

台祺：“祺”，吉祥的意思。“台祺”，你吉祥如意的意思。

台绥：“绥”，安好、平安。“台绥”，你安好平安的意思。

近祉：“祉”，幸福的意思。“近祉”，近来幸福的意思。

时祉：“现在幸福的意思。

商安：生意安好的意思。

第五章　外经贸商情文书

学习提示

本章节的学习，要求学生了解和掌握外贸商情调研和外贸商情报道的内涵、特点及作用；引导学生重点把握外贸商情文书的写作格式和写作要求。

第一节　商情调研

一、商情调研的含义、特点与作用

（一）商情调研的含义

商情调研是指运用科学的方法，通过对世界经济与贸易的现状、变化趋势以及对各国的商品市场行情、销售环境、流通渠道、竞争结构等进行广泛、深入的调查研究所写出的调查报告。

（二）商情调研的特点

1. 材料的可靠性。商情调研的目的，就是为了解各个国家和地区市场的有关情况，为决策者提供可靠依据，因此，商情调研中所用材料必须真实可靠，即事实要清楚，数据要准确，情况要全面，根据要充分，要符合客观实际。

2. 表述的评析性。商情调研的表述，既要如实地反映客观情况，又要准确地评析客观现象。这就是说，写商情调研既要注重基本事实和主要现象的叙述，但又不仅仅是事实的叙述和现象的堆砌，还必须以事实、数据和现象为依据，进行深入的分析与综合，作出恰当的判断。

3. 效用的时间性。效用的时间性是指商情调研的使用价值、作用、效益随时间改变而改变的一种性能。信息的时效性很强，谁先占有，谁就得利，时间就是金钱。因此，决策机关要求提供及时的信息以便进行正确的决策。如果仅提供过时的信息或决策后的情报，就失去其应用的价值。因此，商情调研文的撰写必须分秒必争，做到迅速、及时，提高时效性。

（三）商情调研的作用

1. 决策的依据作用。商情调研是科学预测的前提条件和重要手段。决策机关通过调研，可以了解世界经济贸易和国际市场的现状以及变化的特点和趋势，各主要竞争者的情况，把握发展方向，以制定出切实可行的方针政策。

通过商情调研的信息反馈，决策者还可以了解不同国家的政策、法令，不同国家市场的行情、结构、销售、流通渠道，根据当地市场特点，定出经营管理的措施，从而指导业务部门开展工作。

2. 改善管理的作用。商情调研是提高经营管理水平的重要条件，也是经营管理的重要环节。业务部门通过商情调研可以在总的方针、政策指导下，根据市场的实际情况，制定出具体的出口推销和进口订货计划；采用具体、合适的交易政策和交易方式；物色有经营能力、资信良好的客户建立业务联系网络；组织好出口商品的货源和推销工作，不断提高经营管理水平。

3. 促销作用。市场联系生产和消费的纽带，而国际市场又是千变万化的。通过商情调研，外贸生产企业可以及时掌握产品销售市场的信息，从而使产品质量、规格、款式、品种、包装、装潢等适应国际市场的需求，做到产销对路。

总之，商情调研是保证我国对外贸易发展的前提条件，是开展外贸业务的参谋和耳目，因此，学习和写好外贸商情调研具有非常重要的意义。

二、商情调研资料搜集的途径

商情调研的写作需要大量材料，包括有关的信息、数据、情况及其有关资料，这是写好商情调研的基础和关键。由于世界经济贸易和国际市场的错综复杂、变化无穷，因而也就决定了商情调研的复杂性和艰难性，也决定了所需资料的多样性和广泛性。这样就必须克服搜集资料过程中可能遇到的各种困难，找到适当的途径：

（一）通过我国驻外机构搜集资料

1. 通过我国驻外各国大使馆、领事馆的商务处，系统地搜集各驻在国的有关政治、经济、对外贸易、社会情况，以及该国的商品市场、价格、金融货币等情况。

2. 通过我国外贸公司驻外业务机构，中国银行及其在各国的分支机构，广泛地搜集各国最新的经济情况、商品市场情况、有关客户和厂商的情况等。

（二）通过我国各种外经贸机构、科研机构搜集资料

1. 通过我国各种外经贸机构、市场研究机构以及各外贸公司，系统地搜

集各种有关的资料，包括国际商品市场的最新动态、国外厂商的资本数目、经营管理能力、资信情况等等。

2. 通过我国各外经贸高等院校、各高等院校中的外经贸科研机构，从有关专业书籍、已发表的情报资料以及科研论文中搜集有关资料。

（三）通过有关新闻媒介搜集资料

国内外有权威的报纸、杂志、书刊发布的有关经济、外贸资料，世界各大通讯社、电视网播发的经济贸易电讯、新闻、综述，国内外有影响的企业家、经济学家和国际组织机构中有关权威人士的演讲、发表的文章等都可以供我们广泛搜集有关商情的资料。

（四）通过直接调查采访搜集资料

从与外商洽谈交易、往来函电中，直接获取有关资料；通过对各种定期不定期在我国举行的展览会、交易会进行的直接调查，获取有关信息、资料、数据；通过派代表团、推销组出国，直接对国内外市场进行调查，获取第一手资料；还可以通过对外国来访的友好人士、学者等进行直接采访，获得所需资料。

三、商情调研的种类

根据调研的对象和内容的不同，商情调研可分为以下几类：国别（地区）调研、市场调研、商品调研、价格调研、客户调研。

（一）国别（地区）调研

是指对某一国家或地区的有关情况进行广泛调查了解，同时对有关贸易情况作重点考察研究之后而写成的书面报告。

调研的主要内容有：政治情况——社会制度、政治体制、执政党派及人物，对外政策、对我国的态度等；经济情况——经济发展水平、工农业生产、物产资源状况、财政金融货币、失业情况等；对外贸易情况——对外贸易方针、政策、进出口商品结构、规模、贸易额、贸易渠道与方式、贸易对象及贸易管理等；社会情况——地理环境、自然条件、人口、风俗习惯、宗教信仰等。

国别（地区）调研的主要目的，在于做到知己知彼，以便在外经贸活动中选择合作伙伴，建立和发展贸易关系，进而在国际贸易中占领市场、扩大市场。国别（地区）调研报告，是市场调研、商品调研和客户调研的基础。因为每一个具体商品市场供求关系的变化、商品价格的波动、客户的动态等，都必须要受到有关国家或地区的政治、经济、贸易政策等诸多方面的影响。

因此，只有切实搞好对某一国家或地区的调查研究，全面了解该国家或地区的有关情况，写好国别（地区）调研文，以此为基础，才能进一步写好该国家或地区的市场、商品、客户等调研报告，取得更好的效果。

（二）市场调研

是指对市场供求关系进行调查研究后写成的书面报告。

调研的主要内容有：某一市场对某类商品的需求、容量，该市场某类商品的供应来源及客户情况，某类商品的销售情况、消费对象、消费习惯、消费季节性变化、价格动态等等。

市场调研的主要任务是在调研基础上分析和预测我国出口产品在国际市场上的供求关系和发展趋势。

（三）商品调研

是指在对特定市场消费者对于某一商品各方面的要求、竞争对手商品的特色、推销活动特点等进行调查研究后写成的书面报告。

调研的主要内容是：有关商品的品种、质量、规格、商标、包装装潢和出口情况，以及进口国对这类商品的要求、其他国家同类产品的品质、包装等各方面的特点及销售情况。

商品调研的目的，在于弄清在国际市场上商品销售中存在的问题，消费者对具体商品的要求，研究扩大商品销售的对策，提出今后改进意见和建议，以便开发新产品，加速商品的升级换代，开拓新市场，扩大商品销售。

（四）价格调研

是指对国际市场商品价格变化的原因、规律以及趋势等进行分析研究后写成的书面报告。

价格调研的主要内容是：有关商品在国际市场上的价格及其变动情况，影响国际市场商品价格的诸多因素，如供求关系的变化，垄断集团对商品的控制和竞争，有关国家、地区外贸政策、措施的改变，战争、罢工等政治事件的影响，气候等自然条件的恶劣变化等等。

价格调研的目的，在于及时了解并掌握国际市场商品价格水平与走向，认识价格变动规律，预测价格变化趋势，为价格决策提供参考依据。

（五）客户调研

是指对客户政治背景、资信情况、经营范围、活动能力等情况进行调查研究后写成的书面报告。

客户调研的主要内容有：政治情况——客户的政治背景及其对我国的政治态度；资信情况——“资”，指资金，客户的注册资本、实交资本、资金融通能力；“信”，指信誉、信用、经营作风；经营范围和经营能力——客户经营的商品是合伙还是独资，企业的活动能力、销售渠道、经营方法等。

客户调研的目的在于摸清客户基本情况，做到心中有数。这样，一方面可以及时发现并揭露形形色色的骗子，防止上当受骗；另一方面可以发现更多更好的贸易伙伴，扩大贸易往来，利益共享，平等互利，使贸易建立在长期、稳定、可靠的基础上。

四、商情调研的一般格式

商情调研的一般格式包括标题、前言、正文、结尾四个部分。

（一）标题

商情调研的标题是根据其调查研究的内容拟定的。

标题一般有以下几种形式：

1. 概括出调查研究的内容。这类标题一般是概括出被调查研究的国别、地区、市场、内容、范围等。如：《日本当前经济与消费动向》、《荷兰冷冻食品的消费情况》。

2. 直接揭示观点或提出问题。这类标题针对调查到的商情，直接揭示观点或提出问题。如《中国芝麻出口不能满足日本需求》、《日本市场花生价格下跌》。一般来讲，揭示问题的商情调研常常用提问式标题，这样可以使问题醒目，发人深省。如《中国货为什么在法国打不开销路?》。

3. 双重标题。这类标题既揭示出调查研究的主要内容，又揭示出观点或提出问题。

这类标题往往采用正、副标题的形式，正标题揭示主题，副标题指出调查范围（时间、地点、对象等）、调查情况等。如《近期国际市场粮价大跌——预测上半年粮价仍是下降趋势》。

总之，商情调研的标题既有一定的结构形式，但又是多变的，应根据具体情况灵活处置。

拟制标题还应注意以下三点：第一要确切，即准确，切合文意的高度概括，使读者一眼就能看出调研文的主旨或内容。第二要醒目，能给人以新颖感，有吸引力。第三要精炼，即要简洁明了，不可写得太长。如遇过长的标题，可用副标题加以调整。

（二）前言

亦称开头、引言、导言，是调研内容的总概括。

一般有以下几种常见的写法：

1. 说明式开头。即先写明调研的时间、地点、对象、范围，并扼要点明文章的主旨采用的调研方法与调研意义。

2. 提要式开头。即简要介绍调查对象的一般情况，全文的主要内容以及要说明的主要问题。

3. 目的、根据式开头。即先交代撰写调研文的目的或根据。

4. 提问式开头。即用提出问题的方式开头，以引起读者的注意。

开头部分在语言运用上应力求简明、扼要。

（三）正文

是调研报告的主体，要反映调查研究的全部成果。一般应包括情况介绍、预测、建议三部分。

1. 情况介绍。这部分内容是对调查得来的情况、结果加以解释、说明。

解释说明的方法是多种多样的，可以用文字叙述，也可以用数字、图表表示，无论采用什么方法，都要把情况介绍得准确、具体、详尽，从而为结论、预测和建议打下基础。

2. 分析预测。这部分内容是通过对资料的分析，预测商情未来的发展变化趋势。分析预测应当具有很严格的科学性，因为预测是否正确，将直接关系到决策部门做出的决策，采取的措施是否恰当。因此，这部分的写作必须严肃、慎重。一般来说，预测准确，除搜集到的情况必须真实、准确外，与写作人员所具有的业务知识、经验、市场学知识及判断、分析能力有很密切的关系。

3. 建议部分。这部分内容是在对调查来的情况作出了正确判断后，提出准备采取的对策和措施。这是商情调研的最终目的。建议应做到以下几点：

（1）要有科学性，即提出建议的科学依据。

（2）要切实可行，讲究经济效益。

（3）要做到表达明确、具体、条理化。

（四）结尾

是全文的收束部分，应视具体情况合理结尾。结尾的具体方式有：

1. 总结式结尾。即在文章的结尾处，对全文的主旨进行简要的总结和概括，使读者有一个完整的概念，以加深印象，深化主题。

2. 强调式结尾。即在结尾处对文章主旨进行强调说明，指出问题以引起重视，期望改进。

3. 展望、建议式结尾。即在结尾处展望未来，提出建议。

4. 自然结尾。即在写完文章的主要内容之后，不加任何言外之文，事终墨断，自然收束。

总之，结尾的形式多种多样，但不论运用哪种结尾方式，都应做到语言简洁、意尽笔停。

五、商情调研的写作要求

（一）认真学习并掌握有关外经贸政策和法规

由于外经贸活动政策性强，涉及法规多，因此商情调研人员必须认真学习并掌握党和国家有关外经贸活动的政策和法规，具有较高的政策水平。只有这样，才能正确认识国内外经济形式，洞察国际国内市场行情的发展变化，敏锐地发现问题，准确地把握机遇。在此基础上写出的商情调研文，才会抓住本质，主题鲜明，预测科学，建议中肯。

（二）必须及时获取丰富、具体、准确的资料

“及时”是商情调研的生命，商情调研的主要目的是为决策机关的科学决策，为业务人员开展工作提供信息和依据，若资料不及时，就会使信息的时效丧失，因而起不到依据作用。资料是写作商情调研的基础，若资料不丰富、不具体、不准确，就难以说明真实情况，难以得出正确的结论和准确的预测。

（三）必须善于从错综复杂的原始资料中提取真实、可靠有参考价值的材料

外经贸商情调研的资料来源是多渠道的，各种不同来源的资料在内容、形式上往往有较大的差异，有的还具有很大的虚假性，因此，需要写作者具有较强的鉴别、分析和理解能力，能够去伪存真，准确筛选出有价值的材料。

（四）要对提取的资料作科学的、系统的分析和研究，真实客观地反映市场情况

国际市场商情的任何变化都不是孤立的，它与国际政治的变化、世界经济的发展趋势、国际金融市场的波动都有密切的联系，因此，写作外贸商情调研时，既不要被表面现象迷惑，也不要凭主观臆断，而是要对材料进行科学、系统的分析研究，抓住本质，从千变万化、充满复杂矛盾的情况中理出头绪，作出合乎客观实际的预测。

（五）翻译外文资料必须准确无误，译文要恰当地使用国际贸易、经济写作专用术语的词汇

总之，要写好外经贸商情调研，除了应掌握上述几点写作要求外，还应做到叙事清楚、观点明确、材料翔实、结构严谨、语言简明、文理通顺、持论有据。

【例文一】 国别地区调研

引人注目的印度经济

199×年，印度开始了大规模的经济改革。经过四年的努力，印度不仅在经济上实现了稳定持续的增长，而且政治上的稳定也为印度的国际地位提高创造了坚实的基础。印度的经济改革类似于我国，主张“精细操作”，意即在不影响经济增长和社会稳定的前提下，改革经济体制与产业结构；与此同时，还要解决诸如贫穷、文盲、失业和广大民众的低收入等问题。

199×—199×年间，印度政府的主要精力在于控制史无前例的通货膨胀的压力，此后的两年相继进行了税制改革、大力发展可以刺激工业复苏的敏感型产业，进一步调整发展策略，以有效地解决贫穷、失业等问题，并将已经走上正轨的金融体制加以巩固与完善。由此，199×—199×年度的GDP增长达到了3.8%，估计今年的GDP增长将超过5%。目前，印度卢比的汇率较为稳定，粮食储备处于高水平，工业环境得到改善，人民生活明显好转。

199×—199×年度，工业生产总指数比上年度下降了0.8%，而199×—199×年度则增长了2.3%，到了199×年4～6月份，增长率高达7.8%，其中制造业为8.8%。

一、工、农业生产状况

199×—199×年度，工业生产总指数比上年度下降了0.8%，而199×—199×年度则增长了2.3%，到了199×年4～6月份，增长率高达7.8%，其中制造业为8.8%。

199×—199×年度，粮食产量为1.8亿吨，而199×—199×年度则超过1.82亿吨；今年的小麦产量又比去年上升了2.18%，达到5800万吨。199×—199×年度水稻上市季节的收购量为1425万吨，比上年同期增长9.28%；小麦的收购量为1190万吨，比上年同期减少90万吨。至199×年9月1日，全部粮食储备达到3000万吨，这不仅高于缓冲储备的最小量2230万吨，而且比上年同期高出25%，其他经济作物的产量亦有所增加；油菜子2180万吨，增长8%；棉花1190万包，增长2.59%；甘蔗23990万吨，增长3.9%。

二、国际收支与财政状况

由于BOP的增长使得外汇储备大幅度增长，199×—199×年度的赤字为

36 亿美元（占 GDP 的 1.5%），而 199×—199× 财年则下降到 3.15 亿美元（占 GDP 的 0.1%）。外汇资产到 199× 年底达到 151 亿美元，比上年度增长 134.38%，外汇资产随 BOP 的增长进一步上涨，到 199× 年 10 月 19 日，外汇储备达到 192.8 亿美元。

增收节支使得财政状况也有较大的改观，199×—199× 年度财政赤字占 GDP 的 8.4%，此后逐年下降，到 199×—199× 年度已经低于 5%。由于近年的经济发展速度较快，使得政府相应的开支也相对加大，估计今年的财政赤字将达到 6%。

三、外贸、外资与外债

199×—199× 年度出口增长了 20.4%，其中 4～8 月间比上年同期增长 24.3%；同期的进口亦增长了 14.4%。

199×—199× 年度外来投资共计 41.7 亿美元，其中直接投资 6.2 亿美元，17 亿来自国外公共机构投资，15 亿来自环球保藏处收入，另外 3.5 亿为海外资金。估计今年的外资总额将达到 43 亿美元。

为防止出现外债危机，199×—199× 年度外债总额仅增长了 6.44 亿美元，而上一年度的增长为 47 亿美元，这样到 199× 年 3 月止，印度的外债总额为 906 亿美元，占 GDP 的 35.3%。

四、加强宏观管理

首先是对通货膨胀的有效控制。199× 年 9 月的通货膨胀率高达 17%，到 199× 年底已降至不足 7%，但今年初又升至两位数。控制住通胀的压力，既有利于经济的健康发展，又可以保障社会的安定。

其次是对金融机构的管理。199×—199× 年度将通过国库券向 RBI 的净借贷限制在 600 亿千万卢比，并建立相关的机制，保证不得超过这一极限 300 亿千万卢比，不得向邦政府的中央各部提前发放货币等。

此外，对银行及其他融资机构进行放权，给予其在一定的范围内的自主经营权，并增加经营的透明度。

政府正是通过上述诸项卓有成效的改革使得印度经济在过去的四年中取得了令人注目的业绩，印度的发展不仅为亚洲所关注，而且已经得到世界经济组织的重视，因此，作为同是发展中国家的我们更应密切注意我们这个近邻的发展，从他们的发展中学习经验，总结教训，以更加完善我国的经济体制改革。

【例文二】 市场调研

日本生漆五倍子市场考察

2006年3月，我公司组织推销小组访问了日本的哥山市、大阪市、东京都和中国香港地区，分别拜访五协产业、富士化学、田岛漆店、斋藤等客户，就日本的经济形势及五倍子、生漆业务的发展等进行了考察。

一、日本经济现状及展望

日本泡沫经济的破灭迄今已进入第四个年头，当初认为经济将很快好转的乐观派已冷静下来，日本人不得不认清如下严峻的现实：

1. 金融危机深刻，日本各银行拥有的不良债权债务累计约5000亿美元，日本人称之为“经济白血病”，由此带来各行业市场不振。另外，大和银行在美国进行的不规范国债交易，造成上十亿美元的亏损，最近又被美国金融管理部门罚款上亿美元，大大损害了日本银行在国际上的形象及信誉度。日本银行世界一流的形象已沦为二流、三流，使日本银行在国际上融资遇到麻烦并不得不负担较高的利息。

2. 支柱产业停滞不前，日本泡沫经济时代发展最为迅速的是房地产业。高昂的地价、高额的利润吸引了大量银行投资。泡沫经济之后，地价、房价大幅下跌，大批不动产变成了银行、不动产商的巨大包袱，许多著名不动产商面临破产。为防止由此产生的连锁反应进一步冲击日本经济，日本政府拟出面干预。我们访日期间，每天都能从电视中看到国会为此激烈辩论的镜头，可见不动产业的危机对日本经济的压力之巨大。从制造业看，由于受世界经济增长缓慢及日元升值的影响，日本产品出口的竞争力下降，成本上升，这对典型外向型经济的日本无疑是雪上加霜。

据报道，日本钢铁企业已开始压缩产量，关闭部分工厂，三菱汽车公司决定退出美国小型货车市场，原因是竞争太激烈，已无利润可言。日产汽车公司出现前所未遇的亏损。

3. 消费严重下降。据报道，有国内总消费晴雨表之称的日本大百货公司销售指数已出现多年连续下降趋势，大量廉价进口商品充斥日本市场，迫使许多厂家倒闭或将生产转移到中国及东南亚国家。

简言之，日本经济正处于长期而艰难的复苏期，同时并存许多对经济增长至关重要的可变因素，如世界经济形势、日本政府的经济政策、地缘经济、政治的发展等。我们必须清楚地认识到日本经济发展之困难，要放弃日本是高价市场的概念。今后对日本出口将面临更激烈的竞争，只有做到高质量、低价格、小批量、多品种才能适应今天日本市场的要求，才能在竞争中求得发展。

二、五倍子市场情况

日本是湖北省五倍子出口的主要市场，近几年受日本经济不景气的影响，五倍子对日出口基本停顿。通过拜访日本五倍子最大的用户，也是我们多年的两家老客户。我们了解到：一家由于产品销路不畅，成本较高而出现了亏损，目前经营中困难较多，为缩减规模，已出售了该公司在日本东北部的分厂，但为了生存仍维持着单宁酸的生产，所有原料是前些年积压的五倍子；另一家社长谈到单宁酸系列产品在日本仍维持着一个基本用量，但目前主要是解决库存原料问题，预计1996年底恢复购买新货，但将转为小批量、多批次的经营方式。

值得注意的是，湖南、贵州、四川、陕西均有报价到日本，即使五倍子市场好转，也将面临多头竞争的局面。对此，我们必须充分准备。此外，今后如何解决库存货与新货的矛盾。将是一个重要的课题。

三、生漆市场情况

随着日本青年人生活不断西化，生漆业界后继乏人的局面愈加明显，生漆对日本出口逐年减少的趋势不会改变。

由于今年中国生漆大幅度减产，目前日本生漆用户手中的优质漆已基本用光，部分客户提出追加订货的要求，又由于2005年产地特殊情况，各公司均无法满足其要求，预计客户都将购货重点放在2006年的新货，且交期要早，质量要好。

生漆行业在日本属逐渐衰败的行业，在大客户水田漆行因后继乏人关门后，大用户日兴涂料的社长也退休不干（其实可以继续干下去），进口商社中的东工（株）春兴个业1996年正式退出生漆进口联合会，原来进口量较大的几家公司年经营仅维持在象征性的几吨货的水平，日本生漆行业已看不到年轻人，最年轻的也在40岁以上。

另外，各种渠道的廉价漆纷纷涌入日本，其价格与正规渠道差距越来越大，加上部分为内行人经营，质量并不差，为此用户对商社意见很大，矛盾逐渐产生。

纵观日本生漆界的现状，我们推断其发展方向大致如下：

1. 市场容量越来越小，但不会消失，原漆的用量最低不会少于 50～100 吨。

2. 现有格局将被打破，部分用户从其他渠道进口将导致生漆进口组织的解散。

3. 经济不景气加上价格体系的破坏，经营更困难，竞争更激烈，日本精漆及漆器的制造将向中国转移。

四、对日本贸易的几点想法

1. 日本经济复苏非常缓慢，对日出口要有耐心，困难时期多为客户着想才能保住客户，饱受泡沫经济破灭之痛苦的日本商人愈来愈小心谨慎。

2. 日本市场需求 90％以上靠进口，各国产品都想占有市场，竞争非常激烈，今后对日出口，必须做到长期、稳定、廉价、多品种、小批量、高品质，方能有所发展。

3. 日本制造业向外发展的格局已形成，应不失时机地寻找合资、合作客户，将我们的原料性商品变为制成品出口，提高产品附加值。

4. 加强与客户间的人际关系，改善出口业务中硬、软件方面的服务，提高工作效率。

【例文三】　商品调研

外商对我抽纱质量的反映

去年外商对我抽纱出口提出 80 起索赔或退货要求，个别口岸高达 230 起。索赔数量之大，在我国抽纱出口史上前所未有，给国家造成很大的经济损失，严重地影响了我国抽纱在国际市场上的声誉，挫伤了经营者的信心，也影响了我国抽纱的出口。

对方提出索赔的原因有以下几点：

（一）质量不符合要求

这几年由于经营抽纱口岸增多，产区盲目生产，很多绣花女工没有经过严格培训就接受了抽纱加工任务，结果出现了绣工粗糙、漏工缺线、针脚不齐、苞花不平、尺寸做小，接拼露针眼、锁扣露毛边等不符合质量要求的现象。据统计，绣工质量差的约占整个索赔的半数以上。

（二）工作差错

有些业务员由于外语水平不高，没有全部理解外商的要求，或者在谈判时没有作详细记录，结果把外商对原料的选择、花型的修改、颜色的搭配和包装要求等搞错。如有一个德国商人下订单时，再三说明要独幅绣花台布，而我方却做成了拼幅绣花台布，外商要求索赔30%。

（三）包装问题

以往各口岸对抽纱小包装，一般都以棉纱绳捆扎，由于塑料绳是化纤材料制成的，有的透过牛皮纸和塑料袋将其本身颜色沾染在抽纱品上。对此，外商要求索赔。

此外，还有些口岸没有按照外商的要求进行包装，造成外商在国外返工，增加了外商的费用。

（四）由于仓库人员工作粗心，将抽纱的颜色、规格、型号等发错。

（五）原料用错

抽纱原料不符合要求、布匹经纬纱横竖不齐、疵点较多、绣花线颜色褪色等。

（六）检验不严格

有些抽纱出现污点、水渍、黄斑、油迹、受潮和熨烫不平等现象。

（七）其他方面的原因，如超配额发放、品种归类搞错、发放不及时等造成索赔。

抽纱是我国出口达数亿美元的“拳头”商品，在国际市场上享有一定的声誉。但是最近几年以来，特别是去年抽纱质量急剧下降，外商反应很大。

为了开创抽纱出口的新局面，建议做到：

1. 各级领导要把抽纱质量提高到重要的议事日程上来抓，完善各项规章制度，建立岗位责任制。

2. 停止盲目发展绣花队伍，对绣工要进行严禁考核，不符合条件的不准许从事绣花业。

3. 抽纱工针有数百种之多，各地区都有传统特点。各分公司应根据本地区的绣花能力接订单，严禁抢客户、争订单、不顾本地区的加工能力搞成交。

4. 加强业务员的培训。业务员要懂外语、熟悉商品、熟悉业务的各个环节。

5. 在推销库存货时，对存放时间较长的抽纱品，在出运时要打开包检查，防止受潮、褪色的商品出口。

【例文四】 价格调研

尿素价格涨势仍将延续

2008年4月下半月，除合成氨价格有所回落外，国际市场化肥价格普见上扬，其中尿素价格大幅上升，氯化钾、磷酸二铵价格继续上涨，硫黄涨势突出。从后期来看，有消息显示，越南二季度需进口尿素10万吨，主要进口中国尿素，但由于中国尿素出口无望，国际尿素价格将继续大幅上涨。从国内情况看，受关税的影响，经销商对国内尿素后市纷纷看淡，急于出货。国内5月份后进入销售淡季，未来企业只能选择减产、限产或停产，届时价格预计会有所回落。二季度国内硫黄大合同谈判基本确定为CFR＄710，国内外硫黄价格继续大涨，成本上升对二铵价格尿素价格涨势仍将延续可能会有一定支撑。2008年钾肥谈判尘埃落定，钾肥价格大涨400美元/吨，且签订进口量仅为100万吨，考虑60美元/吨～80美元/吨的海运价及经销差率，预计国内氯化钾销售价格将在490美元/吨。

尿素价格大幅上涨。4月21日，美国海湾地区散装离岸价从412.1美元上涨到482美元，上涨70美元，4月28日继续大幅上涨到542美元，累计上涨32%。中东散装丸粒尿素（FOB）价格从396.6美元上涨到469.4美元，4月28日继续上涨到521美元，累计上涨32%。俄罗斯尤日内散装颗粒尿素（FOB）价格从399.5美元上涨到456美元，4月28日继续上涨到490.5美元，累计上涨22.8%。此外，波罗的海地区小颗粒散装离岸价460美元，上涨60美元；印度尼西亚大颗粒散装离岸价405美元，持平；阿拉伯湾地区小颗粒散装到岸价470美元，上涨45美元。

合成氨价格继续下降。4月21日，俄罗斯尤日内散装合成氨（FOB）从每吨480美元下降到472美元，4月28日继续降至470美元，累计下降10美元；4月28日美国合成氨（坦帕CFR）价格从610美元下降到550美元，下降60美元，降幅10%；美国新奥尔良合成氨（FOB袋装船运）稳定在599.7美元。此外，阿拉伯海湾地区离岸价在510美元，下降15美元；印度地区到岸价538美元，下降4美元。西北欧地区到岸价625美元，下降20美元。

磷酸二铵价格上涨。4月21日佛罗里达磷酸二铵（FOB）从1047.2美元上涨到1063美元，4月28日继续涨至1097美元，累计上涨了50美元，涨幅4.8%。经过21日、28日的上涨，月底美国新奥尔良磷酸二铵（FOB）价格达到1097美元，上涨了73美元，涨幅7.1%；28日美国坦帕散装磷酸二铵（FOB）价格从1230美元下降至1219美元，下降1%。比利时离岸价1070美元，上涨10美元；摩洛哥1040美元，上升20美元；卢森堡离岸价1060美元。

硫黄价格大幅上涨。4月21日北非离岸价从每吨580美元上涨至660美元，4月28日继续涨至685美元，累计上涨105美元，涨幅达到18.1%。温哥华离岸价为500美元，上涨了10美元；地中海地区为410美元，上涨了20美元。

复合肥价格上涨。德国45%含量高浓度复合肥离岸价450欧元，上涨5欧元；法国56%含量高浓度复合肥到岸价520欧元，上涨45欧元；黑海48%含量袋装复合肥到岸价630美元，上涨30美元。

4月下半月，波罗的海综合运价指数（BDI指数）平均为8641，上涨11%；波罗的海巴拿马型船海运费率指数（BPNI指数）为8822，上涨14.3%。美湾到中国（巴拿马型船）海运费为51美元/吨，上涨2%。巴西到中国（巴拿马型船）海运费为100美元/吨，上涨12.3%。阿根廷到中国（巴拿马型船）海运费为104美元/吨，上涨12%。

第二节　商情报道

一、商情报道的含义、特点及作用

（一）商情报道的含义

商情报道是简要迅速地报道对外经贸情况、国际市场、商品、价格等消息，反映商情信息时所写的一种较简短的书面材料。

（二）商情报道的特点

商情报道的突出特点就是它的客观性与时效性。

1. 客观性。客观性即真实性和准确性。它是商情报道的生命。它决定商情报道的利用价值和它的存在价值。商情信息是外经贸领导机关制定科学决策重要的客观依据。因而就要求商情报道必须真实可靠地反映对外经贸活动中一切有关的新事物、新情况。在搜集信息时，要对原始信息精心地整理加工，严格筛选，去伪存真，去粗取精，使报道的信息具有较高的经济价值。

2. 时效性。商情报道的时效性是指它所报道的商情信息的使用功能、作用、效益随时间改变而改变的一种性能。在国际经济贸易中，市场行情、供求关系、价格趋势等，总是处于不断变化的状态。每一个变化都产生出信息，而且表现出强烈的时效性，变化越快，时效性越强。

商情报道的这一特点要求报道者在收集、整理、写作、传递时必须快速、及时，同时也要求商情报道的写作必须做到文字简明、篇幅短小、说明问题即可，一般无需详加论证。

（三）商情报道的作用

客观、准确、及时的商情报道有利于外贸决策机关及相关部门及时了解商情，做好工作，也可以用来向下级通报情况，交流信息，起到“下情上达”和“上情下达”的作用。尤其在当今社会，情报更加重要，及时而准确的商情报道，是占领和开拓市场、发展贸易的首要环节。由于它简明、短小，比起商情调研报告来更能迅速及时地将信息传递出去。随着电子科技的发展，电脑在外经贸工作中的广泛使用，商情信息可直接上网传递，为商情报道的写作与信息传递提供了方便快捷的方式，因此被外经贸企业广泛使用，并越来越受到重视。

二、商情报道的种类

商情报道，一般可分为两种类型。

一是专题性报道。即就外经贸活动中某一个问题或某一个方面所作的专题报道。

二是综合商情报道。它是作者在全面了解情况、占有资料的前提下，经过提炼概括，对商情所作出的综合叙述。

三、商情报道的一般格式

商标报道的结构包括标题、前言、主体、结尾四个部分。

（一）标题

商情报道的标题与新闻报道大体相似，要求明确地概括报道的中心内容，使人一看就知道报道的中心内容。拟定标题的方式，既可用单标题，也可用双重标题。

（二）前言

商情报道的前言类似于新闻报道的导语部分，一般冠有“××社信息×月×日电”、“外电报道”等字样。前言要开门见山，简明扼要地提出报道的中心或主要情况，使读者先获得一个总的印象。

（三）主体

主体是前言的继续和具体化，是报道正文的中心部分。该部分要求把商情变化，有关事实作重点介绍，叙述清楚，使读者对所报道的事实情况有一个完整清晰的认识。

（四）结尾

结尾是全文的自然收束，一般用几句话将全文作概括性小结。其具体方式，有的可概括全文，突出中心；有的可指出方向，以求采取对策；有的可说明意义，以加深印象。总之，结尾的方式多种多样，究竟如何结尾，应视具体情况而定，不能生搬硬套。

四、商情报道的写作要求

（一）要简

即篇幅要简短，少而精，简明扼要，言简意赅。

报道的篇幅宜短小，一般三五百字即可，最多不超过一千字，切不可长篇大论。这就要求要认真选材，选有代表性、有典型意义的材料，将那些最新、最重要、最值得写的材料写入报道，而不能不分轻重，一概写入。

（二）要快

即报道速度要快、要及时。报道和新闻一样，时效性特强，报道越及时，价值越大，倘若在情况和问题发生后很久才写，已经时过境迁，那就失去了报道的价值。

（三）要真

即报道要真实可靠、准确。报道所反映的情况和事实材料，必须真实、准确无误，是什么情况就如实报道什么情况，有喜报喜，有忧报忧，以便让上级了解实情，进行正确决策。如果对材料有怀疑，或者还没有搞清楚，就不要写入报道之中，更不能弄虚作假，提供假情况。

【例文五】 商情报道

对美服装出口阴霾笼罩

——新形势下输美纺织品或将面临市场萎缩和贸易保护两大威胁

从有关方面获悉，于5月6日开始的2008年度输美纺织品第二次协议投标，因美国次贷危机影响市场需求以及今年底输美配额用不完几无悬念等因素影响，纺织企业参与投标热情不高。

不少纺企负责人表示，在当前“三率二价一危机”（汇率、出口退税率、利率，原材料价格、劳动力价格，美国次贷危机）的阴霾笼罩下，出口难度加大，尤其是对美出口更加困难，美国采购商订单明显减少，加上输美配额时代有望终结，配额用不完已成定局，昔日被视为香饽饽的输美配额风光不再，个别配额甚至成了“烫手山芋”。

美国海关统计数据显示，截至5月6日，美对华设限的21类纺织品配额平均清关率仅为15.45%，远低于去年同期水平。人们注意到，从现在配额市场整体情况看，需求量及成交量与去年同期相差甚远。热门类别US338/339、US347/348、US638/369及US647/648，清关率均低于去年同期，其中US443、US347/348、US447等类别的配额价格远低于去年。“美经济下滑可能造成纺织品消费及进口出现负增长。未来一段时间内，我输美服装产品增长势头可能放缓。”商务部有关人士近日表示。海关统计数据也显示，一季度，我国出口纺织品服装共计364.36亿美元，同比增长17.7%。因受美国经济不景气影响，前3个月累计对美出口纺织品服装47.19亿美元，同比仅增长0.73%。其中，我国对美出口服装增速下降明显。

业内人士分析认为，自次贷危机以来，美国零售市场需求减少，采购商的订单因此缩减，特别是中高档纺织服装对美出口急剧萎缩。与此同时，贷款难度加大直接影响到美国进口商的资金周转，很多美国采购商下单时要求货到后延期半年付款，这对我国原本资金就很紧张的中小型企业来说是不能接受的。另一方面，人民币加速升值、生产成本大幅度攀升和出口退税下调等不断压缩企业利润。一些企业不敢轻易接单，而有些企业为了不停产，甚至要顶着亏损的压力硬着头皮接单，导致利润日益萎缩。值得关注的是，我对美出口增长的放缓使得其他竞争对手从中受益，如印度、越南和印尼。

中国纺织品进出口商会副会长曹新宇表示，从目前接单情况看，预计下半年对美出口形势还比较严峻。次贷危机对中国纺织品服装出口影响甚至有可能延续到明年底。他建议，企业最好能通过提升产品附加值、国际市场多元化以及扩大内销等方式来克服困难。《纺织资源》主编李军认为，对于短期内难以在升级方面作出明显改观的大部分纺企而言，攻克新兴市场应是目前出口的重点发展方向。欧美市场的出口空间增长幅度有限，在巩固欧美市场的同时，可选择性地将出口重点转移到新兴市场，特别是印度、俄罗斯、南非和巴西这些有较高人口基数和消费能力的国家和地区，但必须在出口产品结构上进行调整，以便更好地适应这些新兴地区的市场需求。

继欧盟取消纺织品配额限带后，中美纺织品协议将于今年底到期。曹新宇表示，目前尚无正式消息称配额将按期取消，但美再对我国纺织品实施配额限制已无法律依据，新的形势下输美纺织品或将面临市场萎缩和贸易保护主义的威胁。

有消息称，美国纺织业界已经在紧锣密鼓地研究对策，企图推出新的贸易保护措施。目前美主要纺织团体已提出了包括反补贴调查、反倾销调查、政府基于监控计划自主启动反倾销、针对具体产品的保障措施（421条款）等多种方案。此外，美国大选结果将在一定程度上主导未来纺织品贸易政策的走向。一旦民主党总统候选人上台，纺织品将有可能再次成为美国政府对中国贸易政策做出严厉姿态的牺牲品，而如果共和党候选人获胜，美纺织业界大范围设限的企图将可能面临更多困难。

综合训练

□知识训练

1. 什么叫商情调研？商情调研对开展外贸业务有何作用？
2. 商情调研主要包括哪几种？其主要内容各是什么？
3. 写作商情调研应注意什么？
4. 什么叫商情报道？商情报道有何特点？
5. 写作商情报道应注意什么？

□能力训练

对下列资料进行归纳整理和分析，拟一份商情调研报告：

（1）中国白酒，尤其是名酒，多少年以来一直是卖方市场，而且几十年不变样。而国际市场则是买方市场，有的人喜欢要高度酒；有的人则喜欢低度酒；有的地方如香港各种规格的酒都可进，而有的市场如美国则只能进375毫升和750毫升两种规格的酒。高价的茅台、汾酒到欧美可能只能走一两个货柜，而廉价的白酒到南韩可能一次进二十个货柜。

（2）为占领国际市场，中国白酒各显神通，贵州茅台以其身价不凡而技压群芳，由于其量少价高在国内作为国宴和送礼的佳品，因而在国外也作为中国第一名酒而称雄。

（3）在天津食品公司多年努力经营下，玫瑰露酒成为香港地区最畅销的调味酒，再加上近年内他们开发了大量玫瑰露鸡尾酒配方，把玫瑰露与果汁、洋酒、洋饮料连在一起推广，印制精美的彩色宣传目录已遍布亚欧市场，等于在中国酒传统的佐餐、调味两大功能之外，又辟蹊径，增加了一个大功能，使该酒打入了一向由洋酒独占的酒吧，并在其他市场上对包括茅台、汾酒在内的其他中国酒构成严重威胁。

(4) 近年来，五粮液、董酒、西凤酒的包装，从瓶子到瓶盖、商标都有很大改进，但总的来讲，中国白酒这方面还存在很多问题，如瓷瓶的渗漏、玻璃盖子打不开、标纸低廉质次。

(5) 山西汾酒以其大众化的清香口味，实实在在的一千五百余年酒史以及适中的价格，也成为在日本、意大利等地畅销的中国名酒。近年来，五粮液、孔府家酒、孔府宴酒，更以其强大的广告攻势为后盾，大举进攻亚欧市场。

(6) 人头马、轩尼诗、威士忌等洋酒的包装装潢，从瓶形、瓶子的质地、瓶盖、商标、彩盒，到广告的构思、制作、规模、宣传频率，都令中国酒望尘莫及。他们在宣传上并不强调获得过多少国际金奖，也不强调生产厂家占地多少面积，职工人数有多少，喝了能治什么病，而只是把喝洋酒作为一种时尚、一种风度、一种意境、一种象征来宣传，而且一宣传就是从电视到报刊、马路招牌，大面积高频率密集“轰炸”，如白兰地，我国××年进口 960 万瓶，××年进口 1200 万瓶，使我国目前已成为世界上第五大白兰地消费国。

第六章　外经贸财经文书

学习提示

本章节学习，要求学生了解财经领域常见的文书种类，熟悉各自使用的场合；引导学生学习经济活动分析报告、招投标文书、审计报告的结构和写法；掌握财经类文书写作的要领，熟练使用材料和语言。

第一节　经济活动分析报告

一、经济活动分析报告的含义

经济活动分析报告是指有关的经济组织通过对一定时期、一定范围的经济活动进行分析而形成的一种书面报告材料。

经济活动，是指人们从事物质资料的生产活动及其相应的交换、分配和消费，能够通过货币形式反映的经济现象、过程和结果。

经济活动分析即以一定的理论和政策为指导，根据会计、统计、业务核算及调查所得的有关资料，运用一定的分析方法对一定时期或一定范围内经济活动状况进行科学的、系统的分析的一种行为。根据分析的结果写出来的报告，即为经济活动分析报告。

经济活动分析报告可以及时反映经济活动相关状况，为经济组织进行科学决策和有效管理提供十分重要的参考依据。

二、经济活动分析报告的特点

（一）指导性

经济活动分析报告通过对经济组织经济活动的相关数据和资料进行分析，从中探寻经济规律，找出成绩、问题，提出建议、措施，以正确指导经营管理、作出决策，提高经济效益。

（二）时效性

经济活动一般都具有周期性。当某一经济活动告一段落或将要进行时，我们可以及时地对经济活动状况进行总结或者预测，找出经验、发现问题、采取措施以便此经济活动能科学、有效地进行下去。因此经济活动分析报告必须及时撰写方能最大限度发挥其作用。

（三）数据性

经济活动中会形成许多数据，且以对比数据为主。会计、统计、业务核算、调查资料中均包含多种多样的数据，如相对数、绝对数、平均数、百分数等。经济活动分析报告就是在这些数据的基础上进行分析得出结论的。而其结果也可用数据直接或间接加以表现。

三、经济活动分析报告的类型

经济活动包含的内容很多，因此按不同的标准可将经济活动分析报告分为若干类别。

按报告涉及的对象来分，有生产、销售、成本、利润等多方面的经济活动分析报告。

按内容含量的不同来分，有综合分析报告和专题分析报告。综合分析报告又称全面分析报告，是指对一定时期的经济活动进行全面、系统的综合分析后而形成的报告。它主要用于年度和季度分析，也可反映更长或更多时间内的经济活动情况，具有涉及面广、综观全局的特点。专题经济活动分析报告是对某一重要问题或关键问题进行重点分析所形成的报告。这类报告反映情况及时、内容集中、针对性强。

按报告的性质来分，有总结性的经济活动分析报告和预测性的经济活动分析报告。对正在进行或已经结束的经济活动进行回顾性的考查，找出成绩与不足，形成经验和教训，据此写成的分析报告，称为总结性经济活动分析报告；对将要进行的经济活动，对其预期的经济效益或预计完成的结果进行分析，以便选择采取更好的措施保证其顺利实现，这样形成的分析报告则称为预测性经济活动分析报告。

四、经济活动分析报告的写作

经济活动分析报告一般由标题、正文、落款三部分组成。

（一）标题

经济活动分析报告的标题有三种形式。

1. 公文式标题。有分析单位名称、时限、分析的对象和文种四个要素构成。文种可写成“分析报告”，也可简称“分析”。如《××公司 2008 年第一季度成本分析报告》。还可省略其中的一项或两项。如《2008 年 5 月份库存情况分析》、《××公司经济效益分析报告》、《儿童玩具出口情况分析》。但无论省略哪个要素，分析的对象均不能省。

2. 文章式标题。此类标题本身就可以反映分析报告提出的建议、意见或主要的结论、主题等。如《关于加强资金回笼工作的建议》、《改变产品结构，提高经济效益》、《××小商品市场为什么空前活跃》。

3. 主副标题。主标题采用文章式标题，副标题是公文式标题。如《开源节流，减员增效——××公司 2007 年营销状况分析》。

（二）正文

正文一般可分为前言、主体、结尾三部分。

1. 前言

可以概要地介绍分析对象的基本情况；可以交代分析的原因、目的，明确分析的范围、时间；还可以评述分析内容，提出问题、揭示观点。前言起着一个导入主体部分的作用。一般可采用简陈背景式、提出观点式、疑问导入式、对比评价式等写作方法。

2. 主体

这是分析报告的核心部分。通常可由情况介绍、具体分析和建议措施三部分内容组成。即在介绍具体经济活动情况的基础上，运用差异对比分析、因素分析及动态趋势分析等方法对分析对象作客观、准确的分析，得出结论，提出建议措施或者预测发展变化趋势。分析要全面深入，建议措施要具体、可行。

主体部分在结构层次上可以分块来写，也可以把建议、措施等融入到对经济现象的描述与分析中，边分析边提出对策。

3. 结尾

结尾可以总结全文也可展望未来。还可以在主体部分的建议写完后自然结束全文，不用结尾。

（三）落款

一般包括署名、日期。标明撰写经济活动分析报告的作者、单位及写作日期。写在报告结尾的右下方，也可写在标题下方居中位置。

五、经济活动分析报告的写作要求

（一）准确、全面地掌握材料

经济活动分析是建立在占有大量、真实材料的基础上的，没有足够的材料，分析就成了“无米之炊”。经济活动分析的材料可以是与经济活动相关的计划、报表、凭证、账簿等原始材料，也包括通过调查所获得的材料。

（二）明确目的，合理运用方法，深入进行分析

搞清楚分析的目的，便于我们集中力量抓主要矛盾，解决重点问题。合理的分析方法有利于形成正确的结论。对数据、情况的分析要深入，要做到宏观与微观相结合、数据与文字相结合、面上与点上相结合、定性与定量相结合。

（三）要及时

要注意经济活动分析报告的时效性，及时完成报告，以便更好地实现经济分析的目的。

六、经济活动分析报告与市场调查报告的区别

1. 涉及范围不同。经济活动分析报告主要是分析经济组织客观指标的执行情况，而市场调查报告的范围可以是市场中的任何现象。

2. 数据来源不同。经济活动分析报告多以历史数据结合调查数据为对象进行分析，而市场调查报告则多以现实采集的数据为分析对象。

此外，经济活动分析报告以回顾性、总结性的分析居多，旨在提供加强管理的依据，而市场调查报告以对市场现状的分析居多，还会形成一些预测性的结论，为决策提供依据。

【例文一】

亳州市商贸流通业发展现状、思路和建议

近年来，在省商务厅精心指导和大力支持下，亳州市商贸流通业发展迅速，产业规模不断扩大，产业结构逐步优化，对经济增长的拉动作用不断增强。

一、商贸流通业发展现状

（一）商贸流通业发展速度加快，在国民经济中的比重不断提升。2000 年到 2008 年，全市社会消费品零售总额从 65 亿元增长到 161 亿元，增长 148%，年均增长 12%，自 2004 年以来，社会消费品零售总额保持 2 位数以上增长速度，2008 年增幅达到 22.4%。

2008年，批零贸易业实现增加值41.2亿元，增长12.7%，占GDP比重10.2%，较2000年占比提高1.8个百分点；餐饮业实现增加值9.96亿元，增长12.7%，占GDP的2.0%，较2000年占比下降0.8个百分点。

（二）市场功能日趋完善，商业中心地位逐步加强。经过多年的培育和发展，以大型市场为龙头，中小市场为基础，多层次、多领域、多元化的市场体系逐步建立。全市共有各类市场169家，其中消费品市场112家，生产资料市场17家，其他综合市场和专业市场40家，其中亿元以上商品交易市场3家，年交易额达60亿元。市场的辐射力、影响力逐步加大，基本形成了以中药材交易中心为龙头的中药材交易市场群，以亳州蔬菜批发市场、涡阳西城农贸大市场为龙头的农产品交易市场群，以万福大市场、亳州工业品批发市场、蒙城牛群商贸城为龙头的日用消费品交易市场群，以蒙城汽车贸易市场为龙头的汽车及零部件销售市场群。

（三）流通企业数量增多，经营规模不断壮大。近年来，随着整体经济的迅速发展，尤其是2006年以来全民创业热潮的不断推进，商贸流通企业数量日益增多。全市批零企业达5533户，较2004年增加1868户，从业人员达55.8万人。其中限额以上批零企业191户。以盖盛祥超市、商之都、金色华联、利辛粮油商厦、蒙城五洲华联为代表的零售企业规模不断扩大，成长为商贸流通业的龙头。其中盖盛祥超市大力发展连锁经营模式，目前拥有连锁店40多家，2008年销售额达1.8亿元，其总部大卖场单店销售额达9681万元，成为亳州市流通企业中的旗舰。2006年，金色华联超市（原上海华联）正式开业，短短2年时间内，在市区发展连锁店10余家，在乡镇发展连锁农家店70余家，2008年总店销售额达6029万元，成为亳州市超市类龙头企业之一。

（四）新型流通业态开始起步，发展势头强劲。随着商之都、上海华联、阜阳商厦等外来流通企业的涌入，以及“万村千乡市场工程”的快速推进，亳州市流通现代化步伐加快，连锁经营、特许经营、物流配送等新型流通方式逐步建立，超市、专业店、专卖店、便利店等新型业态日益繁荣。截至2008年底，亳州市拥有“万村千乡市场工程”试点企业12家（不含农资企业），配送中心18个，4年共建设农家店1800多家，已验收合格1024家，覆盖全部乡镇和60%以上的行政村，极大改善了农村消费环境。

二、存在问题和制约因素

虽然亳州市商贸流通业有了较快发展，但由于多方面因素制约，与周边地区相比仍处于落后地位，主要表现在：相对发展速度不够快，业态档次低，商业企业规模小，市场辐射力不强，信息化水平低等方面。

（一）发展相对落后。亳州建市晚，底子薄，商贸流通业的发展与其他地市相比存在较大差距。2008年亳州市社会消费品零售总额增长22.4%，低于全省平均水平1个百分点，居全省第15位。

（二）结构不合理。商业网点整体层次偏低，存在小、散、乱的状况。从企业内部结构来看，摊位式、分散性、小规模的传统营销方式仍占主导，现代物流、连锁经营、电子商务等现代流通业所占比例较低。从企业规模来看，流通企业规模偏小，限额以上批零企业只占3.4%，单店销售额过亿元的商场、超市还没有一家。

（三）工业对商贸流通业支撑能力弱。亳州市工业化水平远低于全省平均水平和周边地区，工业品本地化生产不足，尤其是服装鞋帽、小五金等日用品生产几乎是空白，在一定程度上影响了商贸流通业尤其是批发贸易业的发展。

（四）受周边地区挤压较大，发展空间受限。北有商丘、南有阜阳、东有蚌埠，这些地级市建市早，基础条件好，交通更有优势，商贸流通业发展快、档次高，对亳州市形成一定的挤压，分流了亳州市相当一部分消费，致使亳州市发展受限。

三、促进商贸流通业发展的思路

（一）明确思路，做好规划，大力发展现代物流业。随着经济不断发展和信息技术广泛应用，企业生产资料的获取与产品营销范围日趋扩大，与此相适应，被普遍认为企业在降低物质消耗、提高劳动生产率以外的“第三利润源”的现代物流业正在广泛兴起。亳州市现代物流发展正处于起步阶段，与发达地区相比存在较大差距，但市场潜力和发展前景十分广阔。加快亳州市现代物流发展，对于优化资源配置，调整经济结构，改善投资环境，增强企业竞争能力，提高经济运行质量与效益，实现可持续发展战略，具有非常重要的意义。我们已建议市政府借鉴上海、武汉等地的经验，委托物流权威机构为亳州市量身定做《亳州市物流业发展规划》，按照专家的意见，全市上下合力，共同打造亳州的物流产业。

（二）整合资源，做大做强，增强企业竞争力。当前，亳州市的商贸流通业总体上可用“散、小、差”来形容。首先是资源分散，如万福大市场、工业品批发市场、金元宝商城，都以经营轻工商品为主，分居三处，万福大市场、金元宝商城面积大，设施先进，但人气不旺，设施闲置严重，经营效益差；工业品批发市场人气旺，但占地较小，设施简陋，存在较大安全隐患，没有发展空间。其次是企业小，目前亳州市年销售额过亿元的商场、超市，年营业额超2000万元的餐饮住宿企业尚无一家，省财政扶持的大型商贸流通企业，亳州市根本排不上。第三是差，主要是竞争力差，合肥百大、阜阳商厦、阜阳华联、蚌埠华运等周边地市的大型商贸企业纷纷到亳州市设立分店，抢占亳州市消费资源，但亳州市本地企业不仅没有到外市设立分店，甚至跨县区经营的企业都寥寥无几。如何解决这种困境，一是把零散的资源整合起来，产生集聚效应，如万福大市场和工业品批发市场完全有可能进行整合，既发挥万福大市场的设施资源，又发挥工业品批发市场的客户资源。二是指导同类同质的企业重新定位功能，发挥优势，进行错位发展，如现有的8条商业步行街，应根据所处区段和位置，拓展发展思路，重新定位功能以促进尽快发展繁荣；三是扶持盖盛祥超市、金色华联超市等龙头企业，在融资、用地、税费等方面给予政策倾斜，促其做大做强，提升市场竞争力。

（三）农、工、商互相促进，实现三次产业全面发展。农业、工业的发展会促进商贸流通业的发展，商贸流通业发展又反过来促进农业、工业的发展，义乌小商品市场就是一个典型的工、商互相促进的例子。一位老同志在一次座谈会上说，走进亳州的商场、超市，看到的都是外地的产品，我们的钱都被外地人赚走了。此话不无道理，以商促农、以商促工，我们也大有文章可做。以市蔬菜批发市场为例，市蔬菜批发市场是农业部定点市场，是省级绿色批发市场、标准化市场，但近年来蔬菜批发市场的发展脚步放慢了，商丘、合肥等地的农产品批发市场远走在了我们前面。要大力扶持蔬菜批发市场，进一步提升市场的辐射力，带动农产品生产基地的发展，大力发展无公害、绿色食品，进而带动亳州市农业发展，向生态农业大市迈进。此外，中药材批发市场可促进亳州中医药产业的大发展，万福大市场可促进轻工产业发展，蒙城汽贸大市场可促进汽车产业发展等。

（四）提前规划，大力发展社区商业。随着城市化水平不断提高，社区的数量和规模不断扩大，并且必将成为最主要的居住点。社区商业与社区相伴而生并不断发展，并且越来越成为满足居民消费需求的重要载体。与城市中心商业区的建设已经达到较高水平相比，大部分社区商业设施不足，网点布局不合理，服务功能单一，尚不能满足居民基本生活和提高生活质量的需求。如何加快发展社区商业，扩大内需，满足居民需求，吸纳就业？一是加强规划，改变目前社区建设中商业规划先天不足的局面，在社区建设规划中强制商业规划必须达到合理水平；二是加大社区商业业态结构的调整力度，重点配套超市、菜场、早餐等生活保障性商业网点，使业态和商品种类逐步满足居民的基本需求；三是保障社区消费安全，加大社区菜场标准化改造和早餐工程建设工作，积极引导连锁企业进入社区，扩大品牌商品的销售，使消费者在家门口就能实现安全消费、放心购物；四是提高社区企业服务水平，引进连锁经营等现代流通方式，改善消费环境，创新服务手段，开展送货到家、上门服务，实现个性化、特色化和综合化的商业服务。五是拓宽服务领域，增加网点设施，增强吸纳就业的功能。

（五）加强行业管理，规范市场秩序。成品油、生猪定点屠宰、拍卖、典当等是国民经济中的重要行业，对经济运行、市场秩序、安全生产、食品安全等都产生重要影响。但无证无照经营、超范围经营、掺杂使假、缺斤短两、私屠滥宰、欺诈消费者等违法违规现象仍不同范围、不同程度地存在，扰乱了市场秩序，给消费安全造成了严重影响。我们将进一步加大指导力度，引导行业健康、有序发展；严把市场准入关，加强监督管理，建立淘汰机制，维护市场秩序和消费安全。

四、建议

（一）增强内贸管理力量。多年来，重工轻商，重外贸、轻内贸的思想存在，内贸管理力量一直很薄弱。2003年国家机构改革，以外经贸部为班底成立商务部，在商务部20多个司（局、办）中只有3个内贸司和1个整规办，省、市、县均沿袭国家改革思路，重外贸轻内贸，致使内贸管理力量极度薄弱。但实际情况是，在市、县两级中，内贸对国民经济的作用远大于外贸，内贸管理工作所占比重要超过60%。人员力量和工作量不对称，在一定程度上造成内贸工作不扎实、不深入。建议增强内贸力量，有利于把内贸工作做实、做细。

（二）扶持政策要考虑地区平衡。例如省商务厅制定的《安徽省重点流通企业认定办法》中认定重点流通企业的条件，亳州市流通企业很难达到标准，无法和合肥、芜湖等发达地区相比，是否考虑地区经济发展状况进行综合平衡，亳州市能否筛选一家进入培育范围，否则将形成强者更强、弱者更弱的局面，不利于区域协调发展。

（三）内贸法律法规建设要加强。一是从内容上，要切合实际，充分考虑地区差异，要赋予基层商务主管部门更有效的手段，增强可操作性；二是从时间上，要加快法律法规出台的时间；三是从规格上，要多争取出台国务院条例，利于加强执行的力度；四是配套措施要及时跟上。

【例文二】

2007年中国家电行业发展回顾及展望

2007年中国经济实现了快速增长，全年国内生产总值比上年增长11.4%，是1995年以来经济增长率最高的一年。在宏观经济快速增长的背景下，国内外家电需求旺盛，中国家电行业取得了快速稳定增长，规模继续扩大。

同时，2007年也是国内外经济环境开始发生重大变化的一年，中国的CPI指数不断提高，外贸顺差过大，经济存在从过快到偏热的可能性；加之美国次贷危机引发的美国金融市场的波动，也给国际经济形势的发展带来阴影。复杂的经济环境使得家电行业面临着原材料价格上升、人民币升值、劳动力价格上涨、持续提升的节能和环保要求等一系列问题的挑战。在这种形势下，中国家电行业积极调整产业布局、产业结构、产品结构，通过技术进步、管理水平提升等手段来实现行业发展。

主要经济指标表现良好

1. 总体情况

从总体情况看，2007年中国家用电器行业取得了快速发展。国家统计局数据显示，2007年中国家用电器行业产值为6053.3亿元，同比增长26.05%。其中，家用制冷电器行业产值1444.4亿元，同比增长27.1%；家用空调行业累计产值2147.9亿元，同比增长25.44%。2007年家用电器行业销售额5952.8亿元，同比增长28.24%。其中，家用制冷电器行业及家用空调行业销售额1392.5亿元和2165.2亿元，分别同比增长25.44%和31.47%。

2. 主要家电产品产量

2007年，各种家电产品产量都有不同程度的增长。据中国家用电器协会推算，2007年冰箱产量4250万台，同比增长21.4%；冷柜（包括冷冻箱、冷藏箱、展示柜）产量1000万台，同比增长17.6%；空调产量7500万台，同比增长7.7%；洗衣机产量3300万台，同比增长13.8%；微波炉产量6000万台，同比增长9.1%；电热水器产量1037万台，同比增长23.5%。

3. 进出口形势

2007 年，中国家电行业对外贸易继续保持稳定的增长态势，进出口总额达 336.8 亿美元，同比增长 26.3%。其中出口 314 亿美元，同比增长 27.6%；进口 22.7 亿美元，同比增长 10.2%。2007 年中国家电进出口增速有较大增长，2007 年进出口总额增速比 2006 年增加了 7.3 个百分点，其中，出口增速比 2006 年也上升了 7.1 个百分点。

2007 年大家电产品基本保持较好的出口增长势头。冰箱、洗衣机、冷柜、微波炉、空调出口量分别为 1932.8 万台、1340.8 万台、555.6 万台、5147.9 万台、3198.6 万台，同比分别增长了 11.1%、17.6%、30.5.10.9% 和 21.5%。制冷压缩机是近年新增的出口热点，2007 年冰箱压缩机出口 1212.9 万台，同比增长 58.97%；空调器压缩机出口 1424.7 万台，同比增长 42.7%。

小家电产品的出口增势逐渐趋缓，不同产品之间存在差异。2007 年吸尘器、电吹风机的出口量都在 9000 万台左右，分别同比增长了 6.8% 和 7.28%；电烤面包机出口量为 8698 万台，同比增长 3.8%；电风扇、食品加工机和电水壶出口量同比分别增长了 18.9%、12.3% 和 2.3%；而电熨斗、电暖器和电锅/烧烤器则出现一定程度下降，电熨斗出口约 1 亿台，同比下降 2.3%，电暖器出口 7303.6 万台，同比下降 1.44%，电锅/烧烤器出口了 9305.6 万台，同比下降 2.5%。

2007 年中国共向 211 个国家和地区出口了家电产品。其中对亚洲出口额最多，对欧洲和北美洲紧跟其后，这三大出口市场分别占到同期家电出口的 32.4%、29.5% 和 24.0%。

从主要海外市场看，对欧盟 25 国出口位居第一，累计出口金额为 74.6 亿美元，同比增长 31.4%，占同期出口总额的 24.7%。对欧盟出口前四名的国家是德国、英国、意大利和法国，出口额分别为 12.8 亿美元、12.0 亿美元、9.1 亿美元和 7.6 亿美元；对美国的出口 66.0 亿美元，居第二，同比增长 14.2%，占 21.8%；对日本出口 31.5 亿美元，同比增长 23.5%，居第三，占 10.4%；对中国香港地区出口 15.5 亿美元，同比增长 6.4%，居第四，占 5.1%。

经济环境发生变化

1. 国内需求旺盛，拉动行业快速发展

中国经济的快速发展使得消费者的收入和购买力都不断增强，消费能力呈上升态势。随着中国城市化进程的加快，国家减轻农民负担，增加农民收入的政策和社会主义新农村建设的陆续推进，中小城市、农村乡、镇、村在内的家电三四级市场需求开始快速增长，成为近1～2年家电产品，特别是冰箱和洗衣机销售量大幅度增长的主要拉动力。

内需的增长符合中央政府的发展方针，促进消费成为中央经济方针的重中之重。2007年底商务部、财政部联合推出“家电下乡”工程，在四川、河南、山东三省进行试点，由中央财政和地方财政按销售价格13%给予农民购买家电补贴，首次试点产品为冰箱（冷柜）、彩电、手机三大类，对扩大农村家电市场消费起到了很好推动的作用，这是国家财政资金支持由投资、出口扩大到消费领域的一次探索。

在中小城市、农村家电市场扩大的同时，国内中心城市家庭进入家电快速更新期，产品升级换代特征明显。自2005年以来，国内家电的高端市场增长明显，对开门冰箱、大屏幕平板电视、滚筒洗衣机等高端家电产品的市场份额增长明显，2007年中心城市家电销售升级的趋势进一步加强，也带动了家电产品结构的调整。

2. 国内经济环境发生重大变化

2007年国内宏观经济环境正在发生重大变化。中国以投资、出口拉动为主的发展方式，逐步遇到了资源性约束、环境恶化、外贸顺差过大等一系列问题。为此国家采取了一系列宏观经济政策调整，家电行业所面临的经营环境发生着趋势性的变化，旧的发展模式需要进行相应的调整。

（1）人民币升值与出口退税调整

为了应对贸易顺差，中央政府正逐渐稳妥地调整汇率制度与调高人民币汇率，减少或取消包括电风扇等一些家电产品在内的出口产品的退税，以减少贸易顺差。汇率的波动和外贸政策的调整无疑增加了企业的经营风险。2007年按美元计价，绝大部分家电出口产品提高了价格。

（2）新增劳动力供应趋缓，劳动力成本上升

近两年由于农村收入水平的提高以及新增劳动力供应趋缓，往年劳动力供应充沛的局面不复存在，劳动力价格出现上涨趋势，特别是新《劳动合同法》的实施，企业需要支付更多劳动者的保障费用。

（3）节能环保政策不断出台

国家节约资源、能源与环保等产业政策方面政策力度不断加强。2005年“中国能效标识”制度已在空调、冰箱产品上实施，2007年扩展到了洗衣机。冰箱和空调新能效标准已进入修订阶段，能效指标将继续提高。其他产品如

电热水器、电磁炉、电饭锅、微波炉的能效标准也在制定当中。此外与家电行业有关的《循环经济法》以及废旧家电回收再利用的有关条例也即将出台。

3. 国际经济形势动荡起伏

(1) 美国经济衰退

2007 年，美国次贷危机引发的国际金融秩序大动荡影响到了美国经济，进而影响到全球经济。美国是中国最大家电出口国，2007 年中国对美出口仅增加 14%，大大低于总体增长率，如果考虑人民币升值因素，增长率则更低。一些以美国为主要出口市场的家电企业经营困难。

(2) 家电原材料价格高位运行

美元持续贬值、国际上游行业整合度增加以及国际金融资本的运作，导致家电行业所使用的塑料、铜、铝、钢材等原材料价格持续上涨，家电企业生产成本不断增加。

积极调整行业发展策略

为应对国内外经济环境变化带来的挑战和抓住新的发展机遇，2007 年中国家电行业普遍积极调整发展策略。

1. 努力开拓新市场

由于中小城市、农村家电市场发展迅猛，许多企业把开拓这些市场作为 2007 年工作的重点和新的经济增长点，投入力量加强产品线和销售渠道的建设，并取得丰硕的成果。

在出口市场，2007 年中国家电企业在加强稳固传统欧洲市场的同时，深度开发南美等新兴市场，这些市场的成长都居于前列。一些家电企业已经或正准备利用人民币升值的机会，开展国际投资。

2. 产业布局加快向中西部转移

目前，中国家电产业已出现由东部沿海主产区向中部和西部渐次扩展与转移的趋势，形成了东部沿海、中部和西部由高到低的梯度发展格局。此次的转移具有三个特点：一是以冰箱、洗衣机和空调等大家电为主；二是集中于安徽、武汉和重庆等有良好制造业基础的地区；三是表现为以海尔、美的和格力等国内领先企业为主的扩张行为。

国内三四级市场需求的快速增长，加之东部沿海主产区土地供给紧张、劳动力供给不足、土地和劳动力价格相对较高，这些因素牵引家电产区向西移动。

3. 行业集中度进一步提高，市场竞争格局趋于稳定

随着近些年相继发生的一系列重大的企业收购与并购事件，领先企业通过收购与投资，在冰箱、洗衣机、空调和微波炉行业的市场份额不断提高。既形成了海尔、美的、长虹、美菱和海信、科龙这样的产品范围宽广的著名的综合性家电厂商，也形成了如格力这样专注于空调的专业家电生产商。目前，从整体而言，中国家电行业在制造领域已进入成熟期，产业集中度不断提高，产业配套趋于完善。

但个别产品如冰箱，由于市场需求出现较大的变化，竞争格局出现了分散趋向。

同时，销售渠道的整合更为显著，国美继2006年收购上海永乐之后，又在2007年末收购北京大中，城市中心市场形成了国美、苏宁两大连锁对峙的局面。

4. 加强技术开发的投入

伴随着消费升级和产品增长，家电企业更加重视技术进步的作用，在技术研发环节投入比例不断增加，企业的开发能力有所提高。

在原材料上涨的持续压力下，通过技术创新减少材料的使用和寻求替代材料成为家电产品开发的一个方向。压缩机小量化设计，空调铝代铜，漆包线铝代铜等技术已取得较好成效。

2008年展望：仍将稳步发展

中国家用电器协会预计，2008年中国家电业增长速度可能不会达到2007年的水平，但仍将保持快速发展。

目前中国正处在由出口、投资拉动向消费、投资、出口协调发展转型，中国居民消费占GDP不足40%，远低于世界其他国家水平，内需潜力巨大，近两年家电内需的增长已经成为家电行业发展的主要动力，这一趋势将在未来很长一段时间成为家电行业发展的源泉。

随着农村基础设施投入加大、城镇化的加快，特别是在政府“家电下乡”等促进内需政策的继续支持下，三、四级市场及农村市场将进一步大幅增长，而城市家庭的家电的更新换代还会加快，高端市场也会有较大增长。

在出口方面，虽然人民币币值还会继续上升，但中国的全球家电制造基地的角色在一定时期内还难以由其他国家来替代，中国家电出口规模并不会因此而有所减少。不过，受国际经济形势低迷以及人民币增值影响，出口增速会放缓，按美元计价的出口价格将进一步提升。

2008年中国政府经济工作重点是防止通货膨胀。家电行业由于受国际大宗商品价格大幅增长以及劳动力价格提高较快的影响，成本压力比较大。另外，节能环保要求的提高，也从客观上增加了家电产品的价格水平。但中国目前的通货膨胀是输入型以及由于农产品价格多年压抑后恢复性上涨而带来的，而家电行业供应充足，竞争充分，不会出现像食品、石油那样爆发性的价格提升的现象，总体不会高于居民收入的增长速度。

为适应消费升级和成本提升的形势，2008年家电行业将比以往更加重视技术开发，而国家推出的各项节能环保政策，将对产品开发起到导向作用。

由于人民币升值的机会，估计有更多中国家电企业会寻找时机以直接投资的方式开拓国际市场，一些大型企业会考虑在国外投资建厂，另外也会有更多的企业加强散件出口，在当地进行组装。

2008年对于中国家电行业而言，是一个非常重要的调整时期。家电企业需要尽快调整，以适应经济转型的大趋势，把握住中国内需快速发展的有利时机，实现经济增长方式的转变，实现家电行业新的腾飞。

第二节　招标书　投标书

一、招标、投标概述

招标与投标是商品采购、工程建设、项目或服务承包的一种交易方式，是一个过程的两个方面。

所谓招标是指提出招标项目、进行招标的法人或者其他组织（即招标人）预先公布采购的商品、拟建的工程、承包项目或服务的具体条件，向特定或不特定的法人或者其他组织（有时也可以是自然人）发出邀请，按照规定程序从响应招标、参加投标竞争者（即投标人）中确定能够最大限度地满足招标文件中规定的各项综合评价标准者或能够满足招标文件的实质性要求，并且经评审的投标价格是不低于成本的最低价者为中标人的一种经济活动行为。

所谓投标即指投标人根据招标人提出的要求和条件，参与投标竞争的行为。

招标投标活动应当遵循公开、公平、公正和诚实信用的原则。其程序一般是这样的：招标人发布招标公告或者招标邀请书，公布招标相关信息；由招标人或者委托的招标代理机构根据招标项目的特点和需要编制招标文件提供给潜在的投标人；潜在投标人提供有关资质证明文件和业绩情况参与投标，由招标人或者委托的招标代理机构对潜在投标人进行资格审查；招标人根据招标项目的具体情况，可以组织潜在投标人踏勘项目现场；投标人按照招标文件的要求编制投标文件，按规定送达招标人；招标人邀请所有投标人在招标文件确定时间、地点公开进行开标；由招标人依法组建的评标委员会负责评标，由其向招标人提出书面评标报告，并推荐合格的中标候选人；招标人根据评标委员会提出的书面评标报告和推荐的中标候选人确定中标人，也可以授权评标委员会直接确定中标人；招标人向中标人发出中标通知书，并同时将中标结果通知所有未中标的投标人；招标人和中标人在中标通知书发出之日起三十日内，按照招标文件和中标人的投标文件订立书面合同。根据需要，招标人自确定中标人之日起十五日内，向有关行政监督部门提交招标投标情况的书面报告。

招标投标使经济组织或个人能在公平的起点上进行竞争，优化了市场经济秩序，有效地促进了经济增长，在我国社会主义市场经济建设中发挥了越来越重要的作用。

二、招标书、投标书的含义

招标书是招标人为投标人参与投标而编写的有关招标要求、条件等信息的说明性文字材料。

投标书是投标人根据招标文件的要求而编写的参与投标的回应性文字材料，也称标函、标书。

三、招标书、投标书的特点

（一）公开性

招标书必须对所有招标对象公开。凡是投标人应当知道的内容、条件、要求和注意事项等，都要在招标书里公开、明确地说明。招标人邀请所有投标人参与开标，在开标时由工作人员当众拆封其投标书，宣读投标人名称、投标价格和投标文件的其他主要内容。

（二）时限性

招标的时间、招标项目的完成时间都必须在招标书里加以明确。投标书也要按照招标文件的要求及时编写，送达招标人，在对招标文件提出的实质性要求和条件作出响应时也要注意时间性。

此外，在提交投标文件截止时间前，招标书、投标书都可以按规定进行必要的修改。投标书作为对招标要约的一种承诺，是要参与竞争的。因此其有关的核心内容在开标前就具有保密性，如报价。评标时投标人可以对投标书中含义不明确的内容作必要的澄清或者说明，但是澄清或者说明不得超出投标文件的范围或者改变投标文件的实质性内容。

四、招标投标文书的种类和写法

招标投标中涉及的文书较多，这里介绍几类主要文书的写法。

（一）招标公告

招标公告又称招标广告、招标启事、招标通告。一般有三个部分。

1. 标题

由招标单位、招标项目名称、文种构成，可以省略文种前的一项或两项。文种可以简称“招标”。如《××学院购置电子商务专业实习实训设备招标公告》、《建筑安装工程施工监理招标》、《××外贸公司招标广告》。

2. 正文

由引言和主体两部分组成。

引言介绍招标单位、招标项目名称、招标范围等，同时可以表达邀请意愿。

主体部分一般分条列项来写，说明招标的有关信息。主要包括招标内容与条件、投标人资质要求、报名投标时的有关内容（如报名时间、地点、递交的材料，招标文件获取的时间、地点、方式，投标及开标时间、地点，其他注意事项等）。

3. 结尾

主要包括单位名称、地址、电话、传真、邮编、联系人、开户银行及账号等。

（二）招标书

一般由标题、正文、结尾三部分组成。

1. 标题。由招标单位、招标事由、文种三部分组成。除文种外，其他均可以省略。如《××食品厂承包招标书》、《××建筑公司招标书》、《建筑安装工程招标书》、《招标书》等。

2. 正文。先简要交代招标的目的、原因、依据及招标项目等，然后详写招标的主要内容，即招标项目的技术规格、要求和数量，包括附件、图纸等；对投标人资格审查的标准；投标报价要求、投标文件编制要求和投标保证金交纳方式、开标时间和地点、评标标准等所有实质性要求和条件以及拟签订合同的主要条款等。

3. 结尾。写清招标单位名称、相关联系及交流信息、日期并盖章。

（三）投标书

由四个部分组成。

1. 标题。由投标单位、投标项目和文种构成。除文种外，其他均可以省略。如《××公司承包××食品厂的投标书》、《××工程项目投标书》、《××网络科技有限公司投标书》、《标书》等。

2. 称谓。标题下一行顶格写上招标单位全称，后加冒号。

3. 正文。先介绍投标的依据、投标单位基本情况，表达投标意愿。然后对招标文件提出的要求和条件作出实质性响应，即：写清投标项目的指标、实现各项指标和完成任务的具体措施。这一部分可以采用表格填写的形式，也可用简要的文字作说明，辅以附件的形式。最后以投标人的投标态度、对招标单位的要求等等来结束正文。注意文后要对附件作集中说明。

4. 落款。投标单位及负责人签名盖章，写上联系信息及发文日期。

五、招标书、投标书的写作要求

1. 招标书、投标书的内容要符合政策、法令及有关规定。

2. 招标书、投标书的内容要具体明确，重点突出。有关招标项目的要求、标准及对其的回应都要全面、具体。

3. 表达要准确、简洁。词语使用、数字运用一定要准确无误，表述清楚，不能出现无法确定的语句以及表达上含糊不清的语句或者有歧义的语言，防止出现理解误差。同时要防止重复，不堆砌字句。

【例文一】

建筑工程招标书（范本）

为了提高建筑安装工程的建设速度，提高经济效益，经________（建设主管部门）批准，________（建设单位）对________建筑安装工程的全部工程（或单位工程，专业工程）进行招标。

一、招标工程的准备条件

本工程的以下招标条件已经具备：

1. 本工程已列入国家（或部，委，或省，市，自治区）年度计划；

2. 已有经国家批准的设计单位出的施工图和概算；

3. 建设用地已经征用，障碍物全部拆迁；现场施工的水、电、路和通讯条件已经落实；

4. 资金、材料、设备分配计划和协作配套条件均已分别落实，能够保证供应，使拟建工程能在预定的建设工期内连续施工；

5. 已有当地建设主管部门颁发的建筑许可证；

6. 本工程的标底已报建设主管部门和建设银行复核。

二、工程内容，范围，工程量，工期，地质勘察单位和工程设计单位：

____。

三、工程可供使用的场地，水，电，道路等情况：

____。

四、工程质量等级，技术要求，对工程材料和投标单位的特殊要求，工程验收标准：

____。

五、工程供料方式和主要材料价格，工程价款结算办法：

____。

六、组织投标单位进行工程现场勘察，说明和招标文件交底的时间，地点：

____。

七、报名，投标日期，招标文件发送方式：

报名日期：________年________月________日；

投标期限：________年________月________日起至________年________月________日止。

招标文件发送方式：

______________________________。

八、开标、评标时间及方式，中标依据和通知：

开标时间：________年________月________日（发出招标文件至开标日期，一般不得超过两个月）。

评标结束时间：________年________月________日（从开标之日起至评标结束，一般不得超过一个月）。

开标、评标方式：建设单位邀请建设主管部门，建设银行和公证处（或工商行政管理部门）参加公开开标，审查证书，采取集体评议方式进行评标、定标工作。

中标依据及通知：本工程评定中标单位的依据是工程质量优良，工期适当，标价合理，社会信誉好，最低标价的投报单位不一定中标。所有投标企业的标价都高于标底时，如属标底计算错误，应按实予以调整；如标底无误，通过评标剔除不合理的部分，确定合理标价和中标企业。评定结束后五日内，招标单位通过邮寄（或专人送达）方式将中标通知书送发给中标单位，并与中标单位在一月（最多不超过两月）内与中标单位签订________建筑安装工程承包合同。

九、其他：

____。

本招标方承诺，本招标书一经发出，不得改变原定招标文件内容，否则，将赔偿由此给投标单位造成的损失。投标单位按照招标文件的要求，自费参加投标准备工作和投标，投标书（即标函）应按规定的格式填写，字迹必须清楚，必须加盖单位和代表人的印鉴。投标书必须密封，不得逾期寄达。投标书一经发出，不得以任何理由要求收回或更改。

在招标过程中发生争议，如双方自行协商不成，由负责招标管理工作的部门调解仲裁，对仲裁不服的，可诉诸法院。

建设单位（即招标单位）：________________

地址：________________

联系人：________________

电话：________________

________年________月________日

【例文二】

投标书

致：____________：

根据贵方为______________________________________项目招标采购货物及服务的投标邀请____________________（招标编号），签字代表________________________________（全名、职务）经正式授权并代表投标人________________________________（投标方名称、地址）提交下述文件正本一份和副本一式________份。

(1) 开标一览表

(2) 投标价格表

(3) 货物简要说明一览表

(4) 按投标须知第 14、15 条要求提供的全部文件

(5) 资格证明文件

(6) 投标保证金，金额为人民币________________元。

据此函，签字代表宣布同意如下：

1. 所附投标报价表中规定的应提供和交付的货物投标总价为人民币________元。

2. 投标人将按招标文件的规定履行合同责任和义务。

3. 投标人已详细审查全部招标文件，包括修改文件（如需要修改）以及全部参考资料和有关附件。我们完全理解并同意放弃对这方面有不明及误解的权利。

4. 其投标自开标日期有效期为________________个日历日。

5. 如果在规定的开标日期后，投标人在投标有效期内撤回投标，其投标保证金将被贵方没收。

6. 投标人同意提供按照贵方可能要求的与其投标有关的一切数据或资料，完全理解不一定要接受最低价格的投标或收到的任何投标。

7. 与本投标有关的一切正式往来通讯请寄：

地址：____________________邮编：____________________

电话：____________________传真：____________________

投标人代表姓名、职务：____________________

投标人名称（公章）：____________________

日期：________年________月________日

全权代表签字：____________________

第三节 审计报告

一、审计报告的含义及作用

审计报告是指审计机构或审计人员，在完成某项审计工作后，向委托者或授权者提交的全面反映审计情况、分析结论、评价结果及处理意见等的一

种书面报告。

审计报告为政府、企业及有关单位、人员了解掌握相关情况提供了依据，有利于及时发现、解决问题，更好地进行管理和决策，保护自身利益。同时审计报告还反映审计工作的成果，因而可以作为衡量一项审计工作完成状况和质量的基本凭证。

二、审计报告的种类

按审计工作内容的不同可以分为财政财务审计报告、财经纪律审计报告及经济效益审计报告等；按审计活动性质不同可以分为内部审计报告和外部审计报告；按审计范围不同可以分为综合性审计报告和专题审计报告。

三、审计报告的写作

一份完整的审计报告主要包括以下几部分：

（一）标题

常见的标题形式一般由审计机关名称、审计项目名称和文种三部分构成。审计机关名称可以省略，也可以同时省略审计机关名称和审计项目名称，仅用文种“审计报告”作标题。如《××市审计局关于××公司违反财经纪律问题的审计报告》、《关于××厂2008年度财务收支情况的审计报告》。

（二）受文机关

标题下一行顶格写上审计工作的委托者或审计报告需送交的对象的全称，后加冒号。写法类似公文的主送机关。

（三）正文

正文主要由以下内容组成。

1. 前言

用简要的文字介绍审计工作的概况。如被审计对象的基本情况、审计工作的依据、目的、时间、范围、内容和方式等。

2. 情况与问题

集中写明被审计对象的有关情况，通常用精确的数字反映各项经济指标、财务数据等，并详细写明审计中发现的问题。肯定成绩，找出问题都要实事求是，因为这关系到后面的结论、意见和建议是否正确、恰当、可行。这一部分是审计报告的核心部分。

这部分内容如较多，可采用分列小标题或者加标序号的方式将有关内容按主次轻重的顺序排列，既要有材料也要有分析。

3. 结论、意见与建议

根据事实与分析，明确对审计对象的看法，得出结论。针对被审计对象存在的问题，提出合理的、可行的处理意见和建议，以帮助其解决或改进工作。结论要客观，意见要恰当，建议要可行。

（四）结尾

结尾部分包括签章地址和报告日期等内容，即由审计机关或审计人员签名、盖章，并注明审计机关地址，然后写上审计报告的日期。

有时根据需要还会在报告尾部标注有关附件的名称、数量。这些附件是附在审计报告之后一同报送的，作为重要的凭证资料。

四、审计报告的写作要求

（一）坚持实事求是的原则

一切从实际出发，实事求是地反映情况、研究问题，排除一切干扰，努力认清事实真相，确保审计报告的独立性、客观性和权威性。

（二）清晰准确的语言表达

审计报告的写作是件严肃的事，无论是在陈述事实还是交代意见时都要求语言简洁凝练，清晰准确。一方面要开门见山，不要拐弯抹角，做到详略得当，重点突出；另一方面文字朴实，直述其事，表意明确，涉及定性、定量的地方要慎重斟酌，恰如其分。

【例文一】

××省科技项目财务审计报告

（参考样式）

审计编号

××省科学技术厅：

受你厅委托，我们根据《中国注册会计师审计准则》和省级科技项目经费管理相关规定，审计了××单位（公司）“××××××”成果转化和产业化项目（以下简称本项目）的贷款和利息支付情况。××公司的责任是提供本项目真实、合法、完整的会计资料，我们的责任是对本项目的经费投入情况及经济指标的执行情况发表审计意见。在审计过程中，我们按照《××省省级科技计划项目验收财务审计管理办法（试行）》的规定要求，结合项目实际情况，查阅了会计账簿、凭证、报表及相关资料，并察看了现场，核对账物的一致性，实施了我们认为必要的审计程序，现将审计结果报告如下：

一、承担单位和项目基本情况

（一）单位基本情况

××公司系经工商行政管理局批准，成立于××年××月××日。取得注册号为××的企业法人营业执照。公司类型：有限责任公司/外商独资企业/中外合资企业，注册资本人民币××万元，法定代表人：×××，地址：×××。经营范围为××。

（二）项目基本情况

××公司于××年××月起，与××××单位合作或引进××××单位××××成果对该项目进行转化和产业化。该项目在转化和产业化过程中，在×××等银行发生了借贷，利用金融资金进行成果转化和产业化。到××年××月基本完成设备安装调试和中试试验，进行批量产业化生产（以发生批量销售收入为准）。

项目名称：

项目技术合作（成果引进）方：

获得的主要知识产权：

项目实施负责人：×××，职务（职称）

主要参加人员包括：×××，职称；×××，职称；×××，职称；……

二、项目贷款、利息支付和贷款资金情况

（一）科技专项贷款和利息支付情况

根据项目实施总结报告，《××省科技计划项目经费决算申报书》、科技专项贷款合同、银行实际贷款额度和相关的利息支付凭证，审计确认科技专项合同贷款××万元，银行实际贷款××万元，累计利息支付××万元（见下表）。

表　科技专项贷款和利息支付情况

<table>
<tr><td>贷款银行</td><td colspan="2">贷款合同编号</td><td colspan="2">贷款期限</td><td>贷款金额</td></tr>
<tr><td></td><td colspan="2">年借字第　　号</td><td colspan="2">年　月　日—　年　月　日</td><td>万元</td></tr>
<tr><td></td><td colspan="2">年借字第　　号</td><td colspan="2">年　月　日—　年　月　日</td><td>万元</td></tr>
<tr><td></td><td colspan="2">年借字第　　号</td><td colspan="2">年　月　日—　年　月　日</td><td>万元</td></tr>
<tr><td colspan="3">贷款总额</td><td colspan="3">________万元</td></tr>
<tr><td rowspan="9">利息支付</td><td>时间</td><td colspan="2">金额（万元）</td><td>凭证编号</td><td>备注</td></tr>
<tr><td></td><td colspan="2"></td><td></td><td></td></tr>
<tr><td></td><td colspan="2"></td><td></td><td></td></tr>
<tr><td></td><td colspan="2"></td><td></td><td></td></tr>
<tr><td></td><td colspan="2"></td><td></td><td></td></tr>
<tr><td></td><td colspan="2"></td><td></td><td></td></tr>
<tr><td></td><td colspan="2"></td><td></td><td></td></tr>
<tr><td></td><td colspan="2"></td><td></td><td></td></tr>
<tr><td></td><td colspan="2"></td><td></td><td></td></tr>
<tr><td colspan="3">利息支付总额</td><td colspan="3">________万元</td></tr>
</table>

（二）科技专项贷款资金使用情况

据项目实施总结报告、《××省科技计划项目经费决算申报书》和会计账簿、凭证、报表及相关资料，审计确认科技专项贷款××万元，主要用于：

1. 技术开发、成果转化和产业化过程中的中间试验，工业化试验和小批量生产所需购置的各种仪器、检测设备、材料、工装试验和生产设备投入××万元；

2. 成果转化和产业化过程中所需购置的技术软件、试验与检测仪器、样品样机和生产设备投入××万元；

3. 与该项目的科技成果转化、产业化活动相关的零星土建工程投入××万元。

清单见附件。

（三）主要经济指标完成情况

项目从××年××月开始实施，到××年××月完成中试（或基本完成技术开发任务)，该研发成果主要用于××，目标产品为××，产品于××年××月开始进入市场发生销售（或由于××原因失败）。

根据××公司提供的销售收入明细账及增值税发票、销售合同等资料，审计确认由于本项目的实施，××年××月××日至××年××月××日实现年销售收入××万元、年增利润××万元、年增税金××万元（可以分年度列出）。

三、需要披露的事项

（一）项目承担单位财务管理情况，应当明确指出该项目转化和产业化过程中涉及的技术开发费有无单独建账，独立核算。

（二）该项目有无从其他途径得到过财政经费的资助。

（三）科技项目申报的贷款和利息支付情况存在的问题。

（四）其他需要说明的内容。

四、审计结论

就企业项目财务管理、决算申报书编制情况、科技专项贷款使用等方面发表总体审计意见。

附件：科技贷款主要使用清单

本报告仅供“××省科技计划项目”验收时使用。

××会计师事务所（盖章）

中国注册会计师（签字）

中国注册会计师（签字）

二〇〇×年×月×日

【例文二】

关于对××外贸公司与香港
××公司合作办厂引进设备情况的审计报告

××审计局：

根据局第××次会议决定，我们于20××年7月1～15日对我省××外贸公司与香港××公司合营办厂引进设备情况进行了审计，现将审计结果报告如下：

（一）基本情况

××外贸公司是我省具有进出口业务权的地方工贸企业。该公司现有职工 436 人，设八个科室，一个直属五金加工厂。该公司 1983 年被批准自营出口业务，主要出口小五金产品。几年来，经过广大职工的努力，出口业务有了一定的发展，1985 年出口销售额达 736 万元，出口创汇 145 万美元，均比 1983 年翻了两番。但是，由于该公司主要出口货源基地直属五金加工厂的设备陈旧，因而继续扩大出口业务，增加创汇的能力受到了限制。

20××年初，经有关人员提供线索，该公司决定与香港××公司组成合营企业，合作生产经营机丝螺钉。20××年 3 月，双方签订合营合同，其基本条款规定：合作期四年，引进国际上先进的机丝螺钉生产工艺，由我方以租赁方式提供厂房 1300 平方米，负责招聘生产技术人员和工人。香港××公司提供国际上 80 年代出产的螺钉流水线全套设备共 78 台，并负责提供主要原材料和产品的外销。双方总投资 115 万美元，其中机器设备总金额 94.96 万美元。按投资比例，我方承担六成，产品外销 60%，内销 40%，注册资本 64 万美元，年提折旧 25%。四年后设备归我方。

（二）存在的问题

经审计上述合作项目，从洽谈到成交，反映出的问题不少，主要表现在：

1. 项目建议书和可行性研究报告陈述的情况不真实。

第一，申请理由缺乏事实根据。建议书说，国产生产机丝螺钉的设备工艺差、效率低，不能适应市场对机丝螺钉的需求。经查明，我国制造的生产机丝螺钉设备各项技术指标均已达到世界标准，且有供应，完全不需要引进。

第二，轻信对方谎言，香港××公司实际上是一家五金商店，规模不大，注册资本仅 10 万元港币，且从未搞过机丝螺钉的生产经营，其对我方投资的设备，是从一家行将倒闭的螺钉工厂低价买来的二手货。××外贸公司对其未作任何调查研究，仅凭对方自叙，就在建议书中轻率肯定对方生产经营机丝螺钉的经验丰富，销售网点、资金来源可靠及设备先进，是一种不负责任的渎职行为。

第三，可行性报告的资料来源不可靠，分析粗糙。“报告”的资料来源不是建立在实际调查研究的基础上，而是借用其他单位的可行性报告为蓝本依样画葫芦杜撰的“报告”，未对香港合营方的资产信誉情况加以说明，对经济效益的分析也是建立在假定引进设备是国际 80 年代先进产品，年产量能达到 4 亿只的基础上测标的，缺乏真实性。

2. 引进设备与合同条款及所附设备清单不符。

3. 赴港考查设备小组不负责任，留下隐患。

为了掌握和了解香港××公司投资设备的情况，经有关部门建议，××外贸公司于20××年5月，派出3人考查组，赴港对引进设备进行检查，在港期间考查未按预定要求，对所有引进的设备逐步逐台全面检查，仅对其中的8台设备做了表面观察，占全部引进的10%。在抽查中，既未核对出厂年号，也未进行单机鉴定，就断定该批设备有七八成新，大部分为90年代末2000年初产品，特别是在不了解同类设备国内外市场价格的情况下，就轻信对方报价合理，并向国内写了调查报告，以致报告反映的设备性能、新旧程度、制造年份和价格水平与实际鉴定的情况差距较大。

4. 各经办部门把关不严，官僚主义严重。

当××外贸公司上报项目建议书和可行性研究报告时，其主管部门对“建议书”和“报告”内容未作任何调查核实，就批转同意立项，并呈文合营办厂批准机构，建议纳入本省技术改造和引进设备的项目内，其他有关部门亦采取文转文的审批形式，逐级批转，为××外贸公司盲目与香港××公司合资经营机丝螺钉引进设备开了方便之门。

（三）处理意见

1. 鉴于引进设备正处安装阶段，尚未运转生产，建议抓紧安装工作，安装完毕，立即组织试车生产，掌握设备的实际完好率和生产效率，重新测标经营效益，以便掌握第一手资料与香港××公司进行交涉。

2. 香港合作方有意以落后的技术和设备进行欺骗，其行为违反了《中外合资经营企业法》第五条的规定责成××外贸公司立即向香港××公司提出索赔要求，要其赔偿我方由此而造成的一切损失。

3. 鉴于合同主要条款与事实不符，建议合营主管部门立即通知××外贸公司，暂停执行合同，待清查完毕后，再予考虑是否继续履行合同条款。

4. 建议中国银行××分行，暂停执行信用证项下承付贷款的契约，以减少国家利润受到进一步损害。

5. 建议合营主管部门组成一个专门小组，对合营事项进行一次全部清查，对责任者根据事实后果给予必要的政纪处分和经济制裁，触犯刑律的要追究刑事责任。

×××公司审计组

××××年×月×日

综合训练

□知识训练

一、填空题

1. 经济活动分析报告的特点有________、________、________。
2. 经济活动分析报告结构由________、________、________三部分组成。
3. 投标书又称________、________。
4. 招标书的标题由________、________、________三部分组成。
5. 按审计活动性质不同可将审计报告分为________和________。
6. 审计报告常见的标题形式一般由________、________、________三部分构成。

二、单项选择题

1. 经济活动分析是一种（　　）性质的文书。

   A. 决策性　　B. 展望性　　C. 计划性　　D. 回顾性

2. 经济活动分析正文的构成要素是（　　）。

   A. 背景、指标、措施　　B. 概况、分析、建议

   C. 前言、概况、事实　　D. 总则、分则、附则

3. 招标人为了征召承包者或合作者而对招标的有关事项、要求做出具体说明和揭示，利用投标人之间的竞争而达到优选投标人的一种告知性文书是（　　）。

   A. 通知　　B. 意向书　　C. 招标书　　D. 申请书

4. 招标书的主体一般包括招标的项目、方法和（　　）。

   A. 步骤　　B. 目的　　C. 范围　　D. 根据

5. 审计报告的结尾除落款外，还可以（　　）。

   A. 提出意见　　B. 强调结论　　C. 标注附件　　D. 介绍依据

三、多项选择题

1. 经济活动分析报告公文式标题构成要素有（　　）。

   A. 单位名称　　B. 报告时限　　C. 分析对象　　D. 文种

2. 招标、投标的步骤是（　　）。

   A. 招标单位发布招标公告　　B. 投标单位购买招标文件与投标

C. 开标评标决标　　D. 中标、签订合同

3. 招标公告又称（　　）。

A. 招标广告　B. 招标启事　C. 招标通告　D. 标函

4. 审计报告写作时要（　　）。

A. 实事求是　B. 主次有序　C. 表达准确　D. 建议可行

四、判断题

1. 经济活动分析报告就是调查报告。（　　）

2. 招标人对投标人的投标有明确的期限要求。（　　）

3. 投标人在投标书中对自己的权利和义务可以不做表态。（　　）

4. 审计报告是一种具有一定法律效力的严肃文体，因而所列事实或材料必须确凿充分。（　　）

5. 审计问题是审计报告的核心内容，写作时这部分内容一般应按问题的重要程度和主次轻重来排列。（　　）

五、名词解释

1. 经济活动分析报告

2. 招投标

3. 审计报告

六、简答题

1. 招标书投标书有哪些特点?

2. 经济活动分析的方法主要有哪些?

3. 简述经济活动分析报告与市场调查报告的区别。

4. 审计报告的正文可以分为几部分?

□能力训练

1. 上网搜索有关信息，写一份关于某企业的经济活动分析报告。可以选择某一个方面深入分析。

2. ××公司拟向社会公开招标采购一批微型计算机作为办公设备，要求是品牌产品，性能优良，价格适中，售后有保障。请据此情境补充详细内容写一份招标公告，再以投标人的身份写一份针对这次招标的投标书。

3. 以被委托人身份对社团或班级经费使用情况进行内部审计，撰写审计报告一份。

第七章　外经贸仲裁文书

学习提示

在对外经济贸易活动中，交易双方在履约时，常会因责任和权利，双方对合约条款理解偏差等问题而产生争议。如果双方通过协商、调解不能解决，就会诉诸仲裁，因此需要撰写仲裁文书。仲裁文书包括仲裁申请书、仲裁答辩书和仲裁裁决书。本章学习目的是为了让学生了解外经贸仲裁的含义、特点、原则、作用以及外经贸文书的含义、特点。重点掌握外经贸文书的写作格式和写作要领。

第一节　外经贸仲裁概述

一、外经贸仲裁的含义

仲裁亦称公断，是指双方当事人通过协商自愿将有关争议提交第三者即仲裁人审理，由其依据法律或依公平原则作出裁定，并约定自觉履行该项裁决的一种制度。

对外经济贸易仲裁是指中国的国际经济贸易仲裁机关，对产生国际经济贸易活动的争议案件，根据双方当事人的书面协议或一方当事人的申请，依照一定的程序进行审理，并作出裁决的一种制度。

仲裁作为解决国际经济贸易的一种常用方法，已被世界多数国家所公认。据最新统计表明，中国国际贸易仲裁委员会受案量居世界前列，仲裁案件以和解方式解决的趋势逐步上升。

二、外经贸仲裁的特点

（一）自主性

中国国际经济贸易仲裁委员会隶属于中国国际商会，而不是国际机关。

受理案件的权限来自争议双方自愿授权而不是出自强制性的法定管辖。同时，提交仲裁的双方当事人可以选择合法的仲裁地点、仲裁机构，也可以选择使用的法律等。

（二）灵活性

对外经济贸易仲裁可以依据有关国家的法律进行裁决，也可以按照相适应的国际贸易惯例对争议事项作出裁决。仲裁可以与调解交叉进行，也可以用仲裁方式记录双方达成和解的内容。

（三）约束性

对外经济贸易仲裁按照一定的法律程序受理争议案件，并以适用的国内外法律和国际惯例为依据审理案件和作出裁决，仲裁员由对国际经济贸易、科学技术和法律等方面具有专门知识和实际经验的中外人士担任，他们有权威性或较高的社会知名度，所作出的裁决大都是终局的，对双方当事人均有约束力。

（四）保密性

为了维护商业信誉，为当事人保守商业秘密，对外经济贸易仲裁一般不公开审理，对案件内容任何人不得向外界透露，仲裁裁决也不公开。

三、外经贸仲裁的原则

（一）尊重当事人意愿的原则

对外经济贸易仲裁是以当事人的仲裁协议为基础的，当事人可以自行约定或选择仲裁事项、仲裁地点、仲裁机构、仲裁程序、仲裁员、仲裁所适用的法律、使用的语言以及仲裁裁决的效力等。尊重当事人意愿是对外经济贸易仲裁最基本一项原则。

（二）独立公正的原则

独立公正是指审理案件的独立性与作出裁决的公正性，仲裁委员会和仲裁庭在审理案件的过程中，具有独立的地位，任何外来力量都不得干预。仲裁员严格依照仲裁程序规则的规定办事，保证每一方当事人都享有公平审判的权利。

（三）平等互利的原则

在对外经济贸易仲裁中，仲裁员对所有当事人，应不论国籍、地区、政治态度如何，一律一视同仁，平等对待，保证双方当事人平等地享受权利、承担义务，兼顾双方的经济利益，不偏袒任何一方，全面听取双方当事人的意见，严格以客观事实为依据，尊重法律和合同的规定，实事求是地解决当事人之间的争议。

（四）参照国际惯例的原则

对外经济贸易仲裁机关在解决当事人的国际经济贸易争议时，应参照国际惯例。因为国际惯例是在长期的国际贸易往来中形成并为许多国家所接受和采用的通用规则和习惯，往往融会了不同的法律制度中共同的东西，易于为有关国家和当事人所接受。参照国际惯例不仅有助于国际经济贸易的解决，还有利于我国对外贸易活动与世界接轨。

四、外经贸仲裁的功用

中国国际贸易仲裁委员会以仲裁的方式，独立、公正地解决契约性或非契约性的经济贸易等争议。这些争议包括：

（一）国际或涉外的争议；

（二）涉及香港特别行政区、澳门特别行政区或台湾地区的争议；

（三）外商投资企业相互之间以及外商投资企业与中国其他法人、自然人或经济组织之间的争议；

（四）涉及中国法人、自然人或其他经济组织利用外国的、国际组织的或香港特别行政区、澳门、台湾地区的资金、技术或服务进行项目融资、招标投标、工程建筑等活动的争议；

（五）中华人民共和国法律、行政法规特别规定或特别授权由仲裁委员会受理的争议。

五、外经贸仲裁的程序

对外经济贸易仲裁程序是指中国国际贸易仲裁委员会解决可仲裁的争议时所适用方式方法和步骤。主要有：

（一）仲裁申请、答辩、反请求

仲裁委员会收到申请人的仲裁申请书及其附件，经审查认为符合受理条件后，向申请人和被申请人发出仲裁通知，被申请人在收到仲裁通知的规定期限之内提交答辩书和有关证明文件。

被申请人如有反请求，必须在规定期限内以书面形式提交仲裁委员会。

（二）仲裁庭的组成

仲裁庭由三名仲裁员组成，共同审理案件，其中两名可以由双方当事人各自在仲裁委员会仲裁员名册中选定。

（三）开庭和裁决

开庭是仲裁庭在双方当事人的法定代表人或委托代理人、律师等参加下，对仲裁请求进行审理和裁决的活动。

裁决是仲裁庭依法满足或驳回申请人的仲裁请求及被申请人的反请求，解决纠纷的具体事项，作出决定。一裁终局后，双方当事人必须自觉执行仲裁裁决，否则，当事人可向人民法院申请强制执行。

第二节　外经贸仲裁文书

一、外经贸仲裁文书的含义

外经贸仲裁文书是交易双方根据仲裁协议通过仲裁机构解决争议过程中所运用的文书形式。主要包括仲裁申请书、仲裁答辩书和仲裁裁决书。

二、外经贸仲裁文书的特点

（一）权威性

外经贸仲裁文书的权威性，主要体现于仲裁裁决书。仲裁裁决是一种终局性的法律行为。它是依据当事人双方在交易过程中发生的争议和磋商等客观事实，根据有关的规定及与之相适应的国际惯例，经过审理最后认定的。而裁决书则是对这种法律认定的书面反映，具有规定双方继后行为的法律约束力，因而具有权威性。仲裁裁决书的权威性来自法律的权威性。

它之所以具有权威性，还在于它是建立在维护当事人双方的权利和义务的原则基础上的，并且是争议双方自愿授权的。

（二）论辩性

仲裁问题的争议性决定了仲裁文书写作的论辩性特点。在仲裁过程中，当事人以书面的或言辞的形式就交易中的争议问题各自依据事实和法律申明己方的观点，澄清事实，提出要求（如索赔），并相互辩驳。作为这一过程的工具和手段的仲裁申请书、答辩书必然具有论辩性特点。

写作仲裁文书，要遵循逻辑思维和论辩性文章的基本要求。应概念明确、判断恰当、推理严密；要论点鲜明、论据真实、论证充分，并力求做到观点与材料统一，有理、有力、有节。

（三）序列性

仲裁的法律程序性规定了仲裁文书写作的序列性特点。仲裁申请书、答辩书和裁决书互相依存，互相作用，是按一定的先后次序各自在不同的环节上发挥自己的功能作用的。先有申请书的申诉，次有答辩书的反驳，最后才产生裁决书的裁定。这就是序列性的含义。但这种程序并不是简单的递进形式，在这个总体模式的内部也往往出现交互形式。被诉方在答辩书中既可对申诉方予以答辩，也可以提出己方的反诉要求；对此，申诉方也须予以答辩、反驳，这样，就产生了双方角色易位的现象。

这个序列运作过程不仅可以是单向的，也可以是双向的，这就形成了如下的运行公式：申诉——答辩——反答辩——再度答辩，循环往复，直到终局裁决。写作仲裁文书，必须了解这一规律性特点。

三、外经贸仲裁文书的类型及格式

（一）仲裁申请书

是交易一方向仲裁协议所规定的仲裁机构提交有关争议内容并要求进行裁决的申请文书。

1. 仲裁申请书的格式：

1）标题。用比正文大一些的字体于起行的正中书写“仲裁申请书”字样。

2）抬头。即收文单位。正标题下空一行顶格写明接受申请的仲裁机构的全称。如“中国国际经济贸易仲裁委员会”，名称下加冒号，按惯例名称前加一“致”字。

3）正文。是仲裁申请书的主体部分。正文部分要详细交代申诉人和被申诉人的名称、地址，写清所申请的事情和理由（包括合同签订的时间、合同编号、合同内容、争议内容、要求索赔的内容及协商经过等），具体地提出索赔、指定仲裁员和仲裁手续费等方面的要求。

4）结尾。一般有其惯用语，如“以上申请，请仲裁委员会受理审议”，“请仲裁委员会审议并作出公正裁决”等。

5）附件、署名和日期。提出仲裁申请一般都须附上有关文件，作为事实依据，如合同书、有关证明书、争议发生后相互协商交涉的往来函电等。附件的数量和名称必须注明。最后，署上申请人的全称及申请日期。

2. 仲裁申请书的写作要求：

1）叙述申请事由必须简明扼要、实事求是。在仲裁申请书中，事情的经过和申请的理由是很重要的内容，是仲裁机构据以作出公正裁决的关键所在，因此，合同内容、争议情况、索赔经过和理由必须陈述得真实、清楚、充分，不能有丝毫出入，但又不可行文冗杂。在写作时，要做到条理清楚、主次分明、言简意赅，抓住重点和关键，又要交代清事情的来龙去脉。

2）提出申请要求必须明确具体。仲裁申请书的申请要求，一是指提出申诉、指定仲裁员和仲裁手续费等方面的要求。二是指索赔要求。前者是仲裁审理过程中的必要程序，后者则是仲裁的主要内容，因此必须明确具体，不得含糊或有所遗漏。

3）行文用语要平实准确。申请书要叙清事由，明确提出要求，措词必须平实准确，既不能违背事实，也不能夸大其辞。事件发生的经过、时间的先后及事件涉及的各种数字等等，必须叙述得准确无误。

（二）仲裁答辩书

仲裁答辩是仲裁审理程序之一。答辩一般可委托律师进行。仲裁答辩书就是答辩内容的书面形式，即交易双方采取仲裁方式解决争议时，在一方向仲裁机构递交仲裁申请书后，另一方向该仲裁机构作出有针对性地为己方辩解的文书。

1. 仲裁答辩书的格式：

1）标题。于起行正中书写“仲裁答辩书”字样。

2）抬头。与仲裁申请书和抬头相同，前面亦照惯例写一个“致”字。

3）前言。说明答辩事因和交代主要观点。这部分首先要说明答辩事早，即说明为何事答辩，然后要明确提出该答辩书的主要观点，如“我认为申诉人认定被申诉人必须理赔的理由是不能成立”。如果答辩委托律师进行，前言中必须加入说明律师身份和情况的内容。

4）答辩正文。这部分是答辩的主体，主要内容是对仲裁申请书所述事实情况作一定的说明或更正，并针对申请书中要求仲裁的内容，作有利于已方的具体辩驳，以求公正裁决。

5）结尾。对主体部分的答辩要点作扼要的概括，并重申观点。最后，用惯用语如“请仲裁委员会作出公断”等结束全文。

6）附件、署名和日期。为提供有利于己方的证据，答辩方亦可在答辩书后附上申诉方未曾出示的有关文件、函电等。附件的数量和名称也要注明。最后，在全文右下方署上答辩人的全称及申请日期。

2. 仲裁答辩书的写作要求：

1）必须注重辩驳的针对性。交易双方发生争议的情况一般都较为复杂，而且往往会出现各执一端、各争其是的局面。因此，根据客观事实，针对对方有悖于事实的方面进行辩驳，有针对性地运用适当的法律规定和条文以及国际惯例驳斥对方观点，申明己方观点，比无针对性地反复叙述事实或空洞无物地进行辩解要有效得多。

2）条理清楚，步步深入。在仲裁答辩书中，需要辩驳的内容往往不是一点或一个方面，因此，需要有条理地、根据不同的内容逐一进行辩驳，步步深入并据以提出充分理由和鲜明的观点，以期得到裁决的圆满结果。

3）语言要有论辩色彩。申请书的语言要平实、准确，答辩书的语言则必须具有论辩的色彩。在有针对性的辩驳中，善于驳倒对方的观点，澄清有关的事实，明确自己的主张，必须据事、据理力争，但不可强词夺理。

（三）仲裁裁决书

外经贸仲裁裁决书，是仲裁机构在审理当事人双方的争议之后，所颁发的表述裁决决定的文书。它是终局性的，具有法律效力，双方必须遵照执行。它是由首席仲裁员或独任仲裁员签发。

1. 仲裁裁决书的格式：

1）标题。包括仲裁机构名称和文种名称，如“中国国际经济贸易仲裁委员会裁决书”。

2）编号。包括机关代字、年号和文件号，如“外仲字〔2009〕×号”。

3）前言。写明争议双方单位全称、审理的议案名称、仲裁庭的组成、审理议案的时问和地点等。

4）正文。包括案情概述、责任分析、裁定三部分内容。

5）结尾。有其固定用语，如“本裁决为终局裁决”。

6）署名和日期。仲裁庭及仲裁员的署名必须是个人签章，日期必须是完整的年、月、日。签章和日期是裁决生效的标志和时限，是必不可少的部件。

2. 仲裁裁决书的写作要求：

1）在概述案情时，应反映三方面事实：一是争议双方的关系，争议发生的时间、原因、经过和争议的焦点。二是申诉人在仲裁申请书中提出的主要要求，如索赔等。三是被诉人在仲裁答辩书中提出的主要意见，如拒绝承认违约事实等。

2）在分析责任时，应客观、恰当。应按照合同条款、国际惯例及有关规定，对申诉人和被诉人提出的事实根据、意见要求进行正确的判定，对双方应承担的责任作细致分析，并说明责任的最终归属。

3）裁决的措词要明确、具体、严谨，不能笼统、含糊、啰嗦的结果是要求双方遵照执行的，如果裁决书的语言笼统、含糊，就可能使双方无法明确自己的责任，甚至引起新的推诿和争议；啰嗦的语言还会影响裁决的严肃性和权威性。因而，裁决的措词用语必须明确、具体、严谨。

四、仲裁文书的写作要领

仲裁文书中的每个文种（申请书、答辩书、裁决书）都分别提出了具体的写作要求。这里，再从总体上谈谈写作要领和基本要求。

首先必须熟悉自己所从事的外贸工作的业务知识，了解有关的法律、法规常识；写作仲裁裁决书，还要求精通有关的法律、法规知识和国际贸易知识以及相关的国际惯例。这是写好对外贸易仲裁文书的业务能力条件。

因为仲裁文书写作同其他基础写作一样，不仅要有规范的程式、严密的逻辑，而且要求叙述完整、说明清晰、论证有力、语言凝练、文笔畅达、材料充实、观点鲜明。这是写好仲裁文书的基本写作能力条件。

如内容的实用性、格式的规范性、文字的严谨性、写作目的的指向性等；阅读和借鉴文理俱佳的范例文章，经常进行单项和综合的写作技能的训练。这是写好仲裁文书的实用写作能力条件。

做好调查、研究和材料收集工作，重事实，重证据，善于分析综合，以唯实、唯理、唯公的态度来写作仲裁文书。这是写好仲裁文书的实践性、公正性的前提条件。

【例文一】

仲裁申请书

致中国国际经济贸易仲裁委员会：

申诉人：中国××进出口公司，法人代表×××

地址：中国××市××路××号

被诉人：××国H公司，法人代表×××

地址：××国××市×××路××号

申诉人于×年×月×日与×国H公司（被诉人）签订第×号合同（见附件1），订购食用M油100吨。该批油装××轮于×年×月在港，实际到货

100吨，价值××万美元。货到后，经×商品检验局抽样检验发现，该100吨食用M油沉淀多，有异味，色泽深，有2%的杂质，即使加工后也不能食用(见附件2检验证明)。

申诉人于×年×月×日致函H公司提出保留索赔权（见附件3)，又于×年×月×日去函将有关商检证明寄给该公司，并提出索赔（见附件4)。

×年×月×日，H公司×先生来我公司洽商索赔事宜。双方共同察看了M油的外观情况，并请×先生一起对M油质量又一次作了检验。×先生当场承认了我们所提出的该商品的质量问题，但对我们的检验手段提出异议，要求带M油样品回国检验。

时至今日已逾三月，H公司并未将检验结果告我。在此期间，我方曾于×年×月×日，×年×月×日，×年×月×日连续去电去函催促（见附件5，6，7)，对方均未作答复。据此，我方又于×年×月×日去函再次提出索赔（见附件8）但H公司竟不遵守合同规定，来函矢口否认油质有问题，拒绝赔偿（见附件9)。在这种情况下，我们不得不向贵仲裁委员会提出申诉。

仲裁员拟请仲裁委员会主任代为指定。

仲裁手续费预付人民币××元，另行汇上。

索赔清单：

合同××号项下食用油100吨，计××万美元。

银行利息，月息×厘，按一年计算，计××万美元。

仓租，共×吨，共×㎡计××万美元。

海运费计×万美元。

检验费计×万美元。

共计××万美元。

以上申请，谨请贵委员会早日开庭审理。

附件：合同影印件1份、商检证明1份、索赔电函6份、对方拒赔信函1份。

中国××进出口公司

×年×月×日

【例文二】

仲裁答辩书

致中国国际经济贸易仲裁委员会：

我是××律师，接受×国H公司委托，作为合法辩护人进行答辩。我认为申诉人认定被诉人违约，并要求赔偿合同中全部货款及其他费用的理由是不能成立的。兹陈述如下：申诉人在申请书中说××合同食用M油有异味，沉淀多，色泽深，影响了油质，被诉人认为这只是一个理解上的问题。至于申请书所说并出示检验证明认定M油有2%的杂质，那是不准确的，因为该检验并非每桶都检验，而只是抽样检查，并不能说明问题；而且H公司经××检验所检验结果，M油中并未掺入杂质（见附件1）。申请书称该油即使加工后也完全不能食用，这也没有充分的依据。

申请书指责被诉人未能及时答复申诉人索赔要求，是欠公允的。被诉人×年×月×日给申诉人的电传中曾很坦率地说过自己的实际困难（见附件2）。

申诉人认为被诉人拒绝赔偿，是不遵守合同规定的违约行为，也是欠妥的。被诉人在拒赔函中，已再三强调了拒赔的理由（见申请书附件9），并出示了检验证明。而且根据合同中商品检验条款、索赔理赔条款的内容（见申请书附件1）以及《联合国国际货物销售合同公约》××条款第×条（见附件3），我们的理由全能够成立。

基于以上情况，被诉人拒绝承认违约，也拒绝赔偿合同货物的全部款项以及其他费用，请仲裁委员会审议。

附件：检验证明1份、协商电传1份、国际贸易××条款1份。

被诉人律师（签字）

×年×月×日

【例文三】

中国国际经济贸易仲裁委员会仲裁裁决书

外仲字〔200×〕×号

中国××进出口公司（买方）与×国H公司（卖方）之间发生的有关××合同争议案，我仲裁委员会根据买卖双方的申请、答辩组成仲裁庭，于×年×月×日在北京进行了审理。现将案情、责任和仲裁庭的决定分述如下：

一、中国××进出口公司（买方）与×国H公司（卖方）

于×年×月×日签订第×号合约，以FOB价成交100吨食用M油。因油质问题，双方发生争议。为此，买卖双方曾经过多次协商，未能达成协议。为此，买方于×年×月×日向我会提出仲裁申请，要求卖方赔偿合同货物的所有款项及有关的费用。卖方于×年×月×日递交了答辩书，拒绝承认违约事实。

二、仲裁庭详细审阅了双方当事人提供的材料和证件，并进行了必要的调查，认为：买卖双方所述事实经过都符合事实本身。买方在未对全部货物作彻底检验和未对“未能食用”的结论提供充足证据的情况下，要求赔偿合同的所有货款，是不合理的。根据FOB价格条款，运输费、包租费等均应由买方承担，卖方未能按合同商品品质条款向买方提供高质食用M油，在给买方销售增加困难的问题上负有一定的责任。

三、根据平等互利和双方都应遵守合同信用的原则，兹决定：

1. 卖方H公司没有按合同商品品质条款向买方中国××进出口公司提供高质食用M油，给买方销售带来一定困难，应给予买方发票金额30%的补贴。

2. 本案仲裁手续费为人民币××元，由卖方承担。买方在提交仲裁申请书时向我会预付的手续费人民币××元应予全部退还。

3. 卖方×国H公司须在仲裁裁决公布十日内，将应给予买方的补贴金额和仲裁手续费如数交付。

本裁决为终局裁决。

仲裁庭

首席仲裁员（签字）

仲裁员（签字）

×年×月×日

综合训练

□知识训练

1. 谈谈仲裁申请书、仲裁答辩书和仲裁裁决书三者之间的关系。

2. 仲裁申请书和仲裁答辩书在行文格式和表达方式上有何不同?

3. 写作仲裁申请书,为什么要做到事实清楚、证据确凿、理由充分?

4. 有人说,写仲裁申请书和仲裁答辩书,应注意虽然“义正”,但不必“辞严”。对这种说法,你是怎样理解的?

5. 请分析并修改下面五个病句:

(1) 我们申请对外贸易仲裁委员会立即开始仲裁程序。

(2) 卖方于×年×月间发生异常天气现象。

(3) 因此我公司无法履行交货。

(4) 顷接贵公司×月×日来函称所到之货短缺××箱。

(5) 你方×月×日来信要求改按你方设计的新包装盒。

□能力训练

请根据下面所给案例材料,就同一争议内容,分别写一份仲裁申请书、仲裁答辩书和仲裁裁决书。

有一份出售茶叶的合同,按卖方仓库交货条件买卖,数量为10000公斤,总值为25000美元。合同规定买方应于10月份提取货物,卖方于10月1日已将提货单交付买方,买方也付清了货款。但是,买方直到10月31日尚未提走货物,于是卖方将货物搬移至另一不适当的地方存放。由于茶叶与牛皮合存于同一地方,当买方于11月15日提货时,发现有10%的茶叶已与牛皮串味而失去商销价值。因而买方主张合同无效,卖方应退回全部货款,卖方不同意。经协商无效,买方提请仲裁。

第八章　外经贸商品宣传文书

学习提示

本章节的学习，要求学生了解商业广告的种类、商品报道及商品说明书的特点；引导学生学习商业广告、商品报道和商品说明书的结构和写法；学会比较商品广告与说明书的异同，正确掌握写作要领。

第一节　商业广告

一、广告的含义

广告有广义和狭义之分，广义的广告即“广而告之”，泛指有目的的公众性传播活动，包括公益广告和商业广告；而狭义的广告专指商业广告，是广告主或商家借助各种媒介推销商品，从而获得经济利益的宣传方式和手段。其目的在于影响消费者的消费观念和消费行为，从而促销商品，使商家或广告主获得经济利益。

商业广告是商品经济的产物，随着市场经济的日益发展，商品生产和商品销售的竞争也日益激烈，商业广告是密切联系生产者、经营者和消费者的一座桥梁，在沟通商情、促进竞争、促进销售、指导消费等方面发挥着越来越广泛的作用。

二、广告的特点

（一）真实性

真实性是广告的生命，也是广告取信于消费者的保证。因此，广告一定要遵循实事求是的原则，不可无中生有、弄虚作假。

1994 年 10 月 27 日第八届全国人民代表大会常务委员会第十次会议通过的《中华人民共和国广告法》第一章第四条规定“广告不得含有虚假的内容，不得欺骗和误导消费者。”第五章第三十八条规定：“发布虚假广告，欺骗和误导消费者，使购买商品或者接受服务的消费者的合法权益受到损害，由广告主依法承担民事责任；广告经营者、广告发布者明知或者应知广告虚假仍设计、制作、发布的，应当依法承担连带责任。”

（二）针对性

广告对商品的宣传要有的放矢，通过对诉求对象的准确定位，来决定广告的内容和形式。定位不同，广告的内容和方式也会相应地有所不同。

（三）鼓动性

广告作为联系商家和消费者的一座桥梁，作为一种促销手段，只有善于抓住商品的特点，同时针对消费者的心理进行鼓动和说服，才能引起消费者的兴趣，激发他们的购买欲望。

（四）新颖性

市场经济条件下，商品的竞争激烈，商品广告的竞争也日趋白热化。如何使广告在众多的竞争者中脱颖而出，吸引消费者的眼球，关键看广告是否具有独特新奇的创意或表现手法。只有另辟蹊径，用新颖的手法把商品信息准确传达给消费者，才能取得成功。

（五）思想性

广告广而告之的传播性会使它对社会风气和人们的精神面貌产生潜移默化的影响。因此，广告一定要注意其社会影响，做到观点正确鲜明，内容积极健康。《广告法》规定广告“不得妨碍社会公共秩序和违背社会良好风尚；不得含有淫秽、迷信、恐怖、暴力、丑恶的内容；不得含有民族、种族、宗教、性别歧视的内容……”

（六）简洁性

任何广告都是有偿的，冗长的广告不但会增加广告费用，还会淹没主题，不易给消费者留下深刻的印象。因此广告要求在极短的篇幅和时间里包含丰富的内容，做到简洁明快。

三、广告的类别

依据不同的标准，广告可以划分为不同的类别。

（一）按内容划分

按内容划分，可以分为商品广告和企业形象广告。

1. 商品广告：其目的是在短期内推销商品，主要通过介绍商品的功能、特点等宣传商品，刺激消费者的购买欲望。

2. 企业形象广告：以宣传企业的总体形象，展现企业实力、传播企业经营理念为目的，增强公众对企业的认识和了解，提高知名度。它注重的是一种长期经济效益。

（二）按媒介划分

按媒介划分，可以分为新闻媒体广告、网络广告、灯光广告、实物广告、招牌广告等。

1. 新闻媒体广告：主要包括报纸、杂志、电视、广播。它的受众面广、速度快，在各类广告媒介中占有重要的地位。

2. 网络广告：是一种新兴的广告媒介，因其空间的无限性而极具发展潜力，生命力旺盛。

3. 灯光广告：主要包括灯箱和霓虹灯。它们在夜晚也能发挥广告宣传的功能，同时还美化了城市的夜景。

4. 实物广告：在衣、帽、水杯、购物袋、雨伞等各种具有使用价值的物品上所做的广告，兼具广告和实用的功能。

5. 招牌广告：包括商铺招牌、路牌和招贴。以显著的位置或者醒目内容吸引消费者的注意。

（三）按体式划分

按体式划分，可以分成独白式、对话式、情节式等。

1. 独白式：直接向消费者介绍推荐产品，可由权威人士、知名人士、也可由普通消费者来充当介绍者。

2. 对话式：通过两个或两个以上人物的对话来推销商品，这种形式更活泼。

3. 情节式：通过故事情节将消费者带入一定的情境当中，商品在这里成为整个故事的一个有机环节，在情节的发展中自然而然地被推出，消费者易于接受。这种方式有利于调动消费者的情绪，效果很好。

四、广告的写作

一篇完整的广告文案一般由标题、正文、标语和随文四部分组成。

（一）标题

标题是对广告内容的高度概括，在广告中占有重要的位置，一则好的标题往往能够立即引起读者的注意，引发读者去阅读正文，唤起读者购买欲望。

1. 标题的类型

（1）直接标题：用简洁的文字推出商品，不加任何修饰和点缀。如：“李字牌蚊香”、“盖中盖含片”。这种标题开门见山、通俗易懂，但缺乏生动性。

（2）间接标题：这种标题不直接介绍商品，而是利用委婉的语言或艺术化的手段，迂回曲折地推出商品，以引起消费者的兴趣和好奇心理，如某洗衣粉广告标题“妈妈的好帮手”，某少儿图书的广告标题“儿童的精神家园”，这种标题具有较强的艺术性。

（3）复合标题：是上述两种标题的综合运用，具备两种标题的优点，运用也更加全面、灵活。

2. 标题的表现形式

标题的表现形式多种多样，主要有：

（1）新闻式：宣布新闻或提供信息。如“丽花丝宝高级洗发系列隆重上市”。

（2）提问式：以提问开始，激发消费者的兴趣，鼓励他们在正文中寻找答案。如某洗发水广告标题：“你想像我一样拥有一头乌黑亮丽的长发吗?”。

（3）号召式：提出主张，号召采取购买行动。如“光洁牌剃须刀，你明智的选择”

（4）悬念式：引起读者的好奇和思考。如某营养品的广告标题“不是药，比药更有效”，吸引消费者阅读正文，从中得出答案：什么不是药，却比药更有效。

（二）正文

正文是广告的核心，它的作用是进一步解释说明广告标题，更充分详细地介绍宣传对象，以劝诱或说服消费者接受宣传的内容。

1. 正文的结构

（1）引言：是衔接标题、开启正文的过渡段。要以概括精炼的笔触点明标题并引出正文，引发读者阅读正文的兴趣。

（2）主体：是广告文本的中心，主要依据消费者的需求宣传商品的功能、优势、特点、价格、售后服务保障等。

（3）结尾：以富有鼓动性的语言敦促消费者购买。

2. 正文的写作方式

（1）直述式：采取理性的方法，客观、直截了当地将商品的特性表达出来，没有过多的修饰与描绘。

（2）描述式：以生动细腻地描绘展现美好的画面，激发消费者的情感和欲望。

（3）叙述式：通过设置情节、讲述故事的方式推出商品，引人入胜。

（4）证言式：通过第三人来推荐商品。可以是权威人士、知名人士的推荐，也可以是普通的消费者的经验反馈。这种方式往往比较具有说服力。

（三）标语

1. 定义

广告标语又称广告口号、广告语，是广告中长期反复使用的口号文字。它基于长远的销售利益，向消费者传达一种长期不变、相对稳定的观念。

2. 结构类型

(1) 单句：即一个简短的单句。如，中国联通“让一切自由联通”、李宁运动品牌“一切皆有可能”。

(2) 对句：由两个互相关联的简单短句组成。如：中国移动“诚信服务，满意一百”、奥康鞋业“穿奥康，走四方”。

（四）随文

随文又称附文，是广告文案的附属文字。它的主要内容一般包括企业名称、公司名称、商标、权威机构的认证标识、电话、开户银行、银行账号等。随文是对广告正文的进一步补充，是广告文案的有机组成部分。写作时一定要核对准确，才能为消费者提供必要的线索，起到指导购买的作用。

五、广告的写作要求

（一）内容真实

真实是广告的生命。广告的创作要求实事求是，不能弄虚作假欺骗消费者。需要说明的是，广告的真实不等于广告不需要艺术夸张，相反地在真实的基础上，运用艺术的手法适当渲染夸张，可以产生更好的宣传效果，引发消费者的美好想象，获得心理满足感，从而引发购买行为。

（二）主题突出

广告的主题只有鲜明突出，才能吸引消费者，达到促销的目的，切忌杂乱无章。写作时可以根据产品的自身特点，竞争对手的情况，消费者的需求及心理因素来确定主题。

（三）创意新颖

广告要不拘一格，不断发展和创新。在海量的信息中如何使你的广告让人惊鸿一瞥，给别人留下深刻的印象？只有立意新颖，才能出奇制胜，使人耳目一新，吸引读者。

（四）语言精妙

一则成功的广告要善于运用语言的艺术来吸引人们的视听，激发他们的兴趣和购买欲望。广告创作可以根据现实情况或生活发展逻辑，进行推测和想象，通过想象和联想打破空间和时间的限制，使广告富于创意；还可以运用比喻、巧用成语、双关、谐音、反复等修辞手法来增强广告的魅力，如某服饰广告“衣衣不舍”、仲景牌六味地黄丸“药材好，药才好”。

六、广告标题与广告标语的区别

广告标题与广告标语的区别主要表现在以下几个方面：

1. 位置不同。广告标题通常位于正文之前，而广告标语通常在正文之后；

2. 职能不同。广告标题的主要职能是引起消费者注意，而广告标语的主要职能是体现广告宣传的目标；

3. 时限不同。广告标题可以随时更换，而广告标语则是在某一阶段内长期使用；

4. 不同媒体中二者出现的频率也不同。广告标题多出现在印刷媒体中，而广告标语多出现在广播、电视媒体中。

【例文一】

标题：华为 3Com 大江汇流奔腾入海

正文：

大江汇流、奔腾入海，澎湃动力、生生不息。

华为 3Com，秉承关注客户需求的理念，融合双方资源优势与技术精华，植根中华沃土，放眼广阔世界；继续以高标准、高要求为用户提供全面、创新的产品，以高效、快速的响应能力提供专业化的服务支持，全力为用户创造更高的网络价值。

华为 3Com，永远值得信赖的朋友，伴您奔向更博大的网络海洋。

标语：合力智慧创新无限

随文：华为 3Com 技术有限公司全称、网址、服务热线、杭州基地及北京分部的具体地址

【例文二】

CLUB MED 度假村

标题：在 CLUB MED 到处都松绑的七情六欲

正文：松绑的心情——快乐的遭遇简直应接不暇，大脑无法负荷。

松绑的表情——笑的时候，后臼齿清晰可见，照片里常出现疯狂的特写。

松绑的食欲——面对龙虾大餐、法国大餐、意大利菜，日本美食能不动口除非想让口水流干。

松绑的运动细胞——旱鸭子变成游泳大队大队长，沙发马铃薯变成运动场赶场明星。

松绑的睡眠，松绑的梦，松绑的每分每秒

人生难得松绑一回，现在就打电话到各大旅行社，或CLUB MED度假村洽询详情

广告语：CLUB MED，一种新的度假哲学

【例文三】

高炉家酒

旁白	画面
1. 在家的时候，老想着朋友；	一男子在家中与喝酒的朋友们通话
2. 和朋友们一起，又总是牵挂着家；	该男子与家中妻子手机通话，旁边朋友们正在喝酒；
3. 其实，朋友和家的距离，有时仅是一杯酒；	男子打开家门，朋友们蜂拥而入，该男子与朋友们在家中喝酒的场景；

标语：高炉家酒，感觉真好。

第二节　商品报道

一、商品报道的含义及作用

商品报道是一种简要及时地报道有关商品的生产、销售、服务、竞争等信息的文体。商品有关信息的报道，既有利于经营决策层制定切实可行的决策又有利于改善经营管理及服务，同时还可以互通有无，互相促进，提高竞争能力。

二、商品报道的种类

从商品报道的结构上看，可将其分为以下几类：

1. 简略式报道：用非常简要的文字作为标题反映中心内容或者不用标题直接用一句或几句简要的文字报道有关信息。

2. 常规式报道：有完整的标题及正文，以完整的结构报道较为单一的内容。

3. 系列式报道：将性质相同的几则信息放在一起形成一组报道。

三、商品报道的特点

（一）简明扼要

以简明扼要的文字报道有关商品的生产、销售、服务等信息。

（二）重点突出

商品报道作为一种商品信息传播的方式，它总是要让读者或听众能很快抓住重点，把握重要信息。

四、商品报道的写作

商品报道的写作类似一般的新闻报道，其结构一般包括标题、导语、主体、结尾四个部分。

（一）标题

商品报道的标题要求用极为简洁的语言概括、评价报道的主要内容。其常见形式有：

单行式标题，即只有一条正题。简短、内容单纯的报道常用单行式标题。如：《国产汽车销量连续半年超百万辆》。

双行式标题，即由主副标题构成。主标题概要报道最重要的新闻事实或评价主要内容，副标题或补充新闻事实或交代新闻背景或引出报道范围。如：《洋奶粉说涨就涨——国内奶企丧失话语权?》、《网购月饼花样多——“独版”月饼游离监管之外》、《调税不是涨价理由——白酒价格应由市场说了算》、《铁矿石“中国价格”悬念待解——风物长宜放眼量》。

有时也可以省略标题，比如有的一句话式报道。

（二）导语

导语属于商品报道的开头部分，通常用几句简要的话引出报道的主体内容或表明作者对报道内容的主观评价，以引起受众的兴趣或注意。

导语通常有以下几种写法：

1. 叙述式。简要地概括报道的主要内容或介绍报道的背景。

2. 描写式。对报道事实采用描写的方式，引人入胜。

3. 提问式。设置与报道主要内容有关的问题，引起别人注意。

4. 结论式。对报道事实及内容作出某种评价或表明作者观点。

（三）主体

主体部分用事实、材料对导语中提到的新闻事实进行具体报道，可视为对导语的丰富和补充。主体部分可以按时间顺序介绍报道的主要内容，让读者了解其发展的时序；也可以按报道事实的重要程度为序来安排内容。可以先报道最重要的，然后是一般的，也可以先报道一般的，逐渐递增，逐步引出最重要的事实或材料。

（四）结尾

商品报道结尾可以预测事件的发展趋势也可以概括事件产生的影响，还可以表明作者的观点、感受等。有些报道主体部分结束，全文就自然结尾了。

五、商品报道的写作要求

（一）真实准确

商品报道和一般新闻报道一样，真实准确是其生命力之所在。不难想象一个错误的商品信息可能会带来的灾难后果。即使是作者的主观评价，也要力求全面客观。

（二）及时有效

商品信息繁多，市场又是瞬息万变，及时报道有关商品信息可以更好地方便企业经营决策。过时的报道不管内容多重要，价值也不大。对同一事件，事实的报道角度不同，其产生的效用也不相同，所以如何更有效地发挥报道的作用也是写作前须认真对待的。

（三）篇幅短小，写法灵活

商品报道属于简要报道，只有简明扼要，才能更有利于抓住重点，发挥时效。商品报道可以采用多种表达方式，既不能偏离中心，又力求生动。

【例文一】

网络营销、手机广告成2010年最In媒体广告

9月14日，中国软件资讯网从台湾媒体获悉，为进一步了解各企业明年广告的布局，探讨在宅经济当道的时代，数字广告的发展潜力，中国台湾经济部技术处资策会FIND自2009年6月22日起至7月6日止，针对有提供终端产品给消费者的企业展开“2009企业主广告需求大调查”，结果显示2010年四大传统媒体及公关活动的使用意愿将大幅衰减，唯独数字媒体持续看涨，其中“网络营销”仍是广告主最爱，有超过5成的使用意愿；“手机广告”成长幅度最高，达14.3%，堪称为不景气下的新媒体宠儿！

特别值得一提的是“网络广告”的采用以关键词广告为主（64.2%），再者为文字联结型广告（47.2%）；手机广告以文字短信型为大宗（95.5%），与位居第二LBS广告（18.2%）仍有段差距，而户外数字广告牌广告的采用率仍在10%～15%之间，尚处于发展阶段。

一、2010年最In媒体广告——“网络营销”、“手机广告”

根据调查结果显示，受到景气影响，广告主无不审慎考虑广告预算的投资报酬率，而网络广告相对较低的预算及更为精准的接触率，使得有一半以上的广告主选择了网络广告。展望明年，四大传统媒体及公关活动的使用意愿大幅衰减，而数字媒体广告后势持续看涨，除网络营销仍是广告主最爱之外，手机广告成长幅度最高，甚至高达14.3%。

二、数字广告采用类型

就各数字广告类型的采用现况来看，网络广告相对其他数字广告，其采用类型较分散，和其发展成熟有关，其中以“关键词广告”的采用率最高，占了6成以上（64.2%），再者为“文字联结型广告”，接近5成（47.2%）；就户外广告牌广告而言，目前仍集中在传统类型的“外墙布幕广告”（82.9%），再者为“灯箱/招牌”（50.4%），而属于数字广告牌广告的“广告电视墙”、“LCD屏幕”和“LED跑马灯”其采用率则在10%～15%左右，说明目前的供需两端可能都处于发展阶段。

就手机广告的类型来看，文字短信型广告当道，其采用率高达95.5%，这和其成本和技术门槛较低有关，且为一般手机皆能接收的广告类型，但也因着SMS广告的泛滥，渐渐被视为垃圾邮件，而降低了其广告效度，未来朝向多元、创意的广告类型发展势在必行。

户外数字广告牌广告在本次调查结果中显示为发展阶段的广告，这可能和目前数字广告牌平台架构和规格尚未统一、成为扩大市场规模时的障碍有关。此外，数字广告牌也未如传统媒体，已发展出成熟的游戏规则，如广告的制作技术和要计价方式等，但数字广告牌具分众传媒特性和接近购买时机点的促购特性，且相较于电视，面板有大部分的时间在播放广告，对于广告主都是相当大诱因，如果能克服目前的障碍，未来发展值得期待。

分析此报告后也观察到，手机广告最大的优势在于个人化程度高且可随身携带，因此到达率高、目标精确，且信息传递速度快；对于广告主而言，不仅成本低，还能正中目标客群，不失为一个投资报酬率高的媒体。目前类型仍多集中在文字短信型广告，为扭转其垃圾邮件形象，掌握内容相关性、适地性，最好能经由消费者同意，将是其后势发展的关键。

受到金融海啸的震荡，2008年许多产业大砍广告预算，显现产业的盛衰将直接影响广告投入意愿。

根据尼尔森的统计，2008年传统四大媒体广告量较2007年下降了6.6%，然而数字媒体却有着不同凡响的表现，包含网络广告逆势成长了21%，广告量达新台币57.86亿元，今年预估达新台币68.68亿元的规模；新窜起的手机广告则成长了5%左右，达新台币19.81亿元的广告量，且随着3G普及和移动上网开通率攀升，以及智能手机市场打开，有市场人士乐观预估到2013年手机广告的市场规模将达到新台币50亿元。

就户外数字广告牌广告而言，媒体预测公司PQ预测，尽管户外传统广告营收今年将下降1%，但户外数字广告将逆势成长9%，且随着能分析消费者行为并与之产生互动，或精确测量广告阅览人数的技术愈来愈成熟，吸引了广告主的兴趣，成为未来看俏的数字媒体之一。总而言之，在这一波新兴数字媒体兴起之际，谁能快速掌握客户需求，谁就能站在市场最有利的位置带领风潮。

【例文二】

金融危机影响持续　中国造船业新订单大幅减少

中新社南通九月十二日电（朱晓颖）在连日沿江走访长江下游数家大型造船厂后，记者发现，长江下游造船企业订单最晚延续至二〇一三年，多数造船厂订单持续至二〇一一年至二〇一二年，今年有意向签新单的国际船东寥寥无几。

江苏位于长江下游入海口，是中国第一造船大省，诸多超大型造船企业在此云集。长江口也是中国三大造船基地之一，占有世界造船十分之一的市场份额。

位于江苏江阴的扬子江船业集团公司是中国五百强上榜企业，排在中国造船行业前二十强。该集团办公室主任、副总经理王文珍告诉记者，今年公司计划交船四十艘次，但上半年，公司暂无新的意向订单，但近期会有落实，目前扬子江造船订单持续到二〇一一年上半年。

南通中远川崎船舶工程有限公司副总经理杨易川也表示，公司今年已交船八艘、十艘船舶在建，目前虽有新的意向订单，但数量很有限，两个船坞订单分别持续至二〇一二年至二〇一三年。“这几个月情况稍好，上半年连个船东的询价都没有”，该公司制造本部副本部长许维明说。

截至今年五月，位于南通的江苏熔盛重工集团有限公司接单量全球第六、中国第二。其总裁办公室副主任闻江告诉记者，熔盛造船在今年接下“全球第一单”后，现有交船期限持续至二〇一二年。他指着熔盛码头对岸说，今年南通二至三家大中型船厂裁员，他所知的一家船厂倒闭，中国造船企业正在危机中“洗牌”重整。

第三节 商品说明书

一、商品说明书的含义

商品说明书是以平易、朴实的语言介绍商品（服务）的性能、特征、用途、使用和保养方法等知识，用以指导消费的一种文书材料。也称使用说明书。

商品说明书是联结生产者与消费者的纽带，是消费者使用产品的指南。消费者通过商品说明书了解产品的性能，掌握产品的使用方法，正确有效地使用、维护和修理产品。

商品说明书一般由生产单位编制，印成册、单页或印在包装、标签上，随商品发出，具有一定的宣传促销、指导解疑等作用。

二、商品说明书的特点和分类

（一）特点

1. 实用性

商品说明书是生产者向消费者介绍产品特点、性能、用途、使用维护方法的说明文书，消费者对照说明书要会使用、维修，所以要介绍清楚，给人以知，教人以用。

2. 客观性

商品说明书的客观性一是指作者在撰写说明书的时候态度是客观的，对介绍、说明的产品必须冷静、客观地解说；二是指说明书介绍的知识、产品的情况必须符合实际，不得有半点虚假和欺骗。

3. 说明性

商品说明书以说明为主要表达方式，内容主要是说明、介绍产品，沟通生产者与消费者的关系，所以说明产品是商品说明书的主要功能和目的。因此说明书应该写得清清楚楚，使读者看得明明白白。

（二）分类

按照不同的标准，商品说明书大体上有以下几种分类。

1. 以内容为标准，可分为解说阐述性说明书和介绍简述性说明书。

2. 以篇幅的长短为标准，可分为完整性说明书和简约性说明书。

3. 以表达的形式为标准，可分为文字式说明书、图表式说明书和音像式说明书。

4. 以述说形式为标准，可分为自述式和问答式。

三、商品说明书的结构和写法

一篇完整的说明书一般由封面、目录、正文、附录四部分构成。此处仅对正文部分做一介绍。商品说明书的正文一般由标题、正文和尾记三部分组成。

（一）标题

1. 直接以文种作标题。例如：《商品说明书》、《产品说明书》、《使用指南》、《使用须知》、《用户手册》等。

2. 以商品名称作标题。例如：《白猫无磷超浓缩洗衣粉》。

3. 以商品名称加文种作标题。例如：《洗得宝 84 消毒液使用说明书》。

（二）正文

正文是商品说明书的核心部分。各种商品不同，需要说明的内容也不同。一般情况下主要内容包括产品构造、性能、特点、适用范围、技术参数、安装、使用方法、注意事项等。

正文部分常见的写法有以下几种：

1. 条款式

即把要说明的内容分条列项逐一介绍给消费者。如果内容类别较多，还可以标上数字序号。常用的家用电器说明书多采用这种方式。

2. 短文式

对商品的性质、性能、特征、用途和使用方法作简要介绍，多用于介绍性的内容说明，常用商品多采用这种方法。

3. 图文结合式

即用文字逐条表达的同时，全文或个别条款配以插图或表格，化抽象为直观，帮助消费者轻松准确理解说明的内容。一些较为复杂的商品说明书安装方法、使用注意事项部分中常常使用这种方式。

4. 自问自答式

针对消费者使用中可能存在的问题，将要说明的内容归纳成问题，按一定顺序逐个提出并作解答。

（三）尾记

产品说明书的尾部，用以标记产品及生产者相关信息的内容。如商品标识、厂家名称、地址、电话、邮编、E-mail 地址、传真及产品的批号、生产日期、质量级别等。不同的商品说明书，尾记部分项目不同，可根据实际确定内容。

四、商品说明书的写作要求

（一）实事求是

写作商品说明书应该本着实事求是、对消费者负责的态度，尊重事实，准确客观地介绍商品，让消费者能正确地使用、操作产品。

（二）突出重点

不同类型的产品，其特性也不相同，所以写作说明书时应该明确写作重点，方便消费者把握产品特性和使用须知。

（三）语言简洁易懂

商品说明书是为广大消费者服务的，其面对的对象层次不一，因此写作商品说明书时要尽量使用通俗易懂的语言，适当使用专业术语。同时说明书讲究实用性、科学性，因而语言要简洁明了。

五、商品说明书与商品广告的区别

（一）目的不同

广告旨在宣传推销产品，刺激消费者的购买欲望；而商品说明书旨在说明产品特性及使用方法等，方便消费者使用、保养。

（二）内容不同

广告可以借助多种表达方式突出产品特性，增强宣传效果；说明书以说明为主，重在客观准确地介绍商品。

（三）表现方法不同

广告手法丰富多样，强调创意；商品说明书则相对朴实，重在说明。

（四）适用场合不同

广告一般在售前、售中借助各种媒介向消费者宣传介绍自己的商品；说明书一般在售后随商品赠送，用于指导消费。

【例文一】

白猫超浓缩无磷洗衣粉

产品名称：白猫超浓缩无磷洗衣粉

产品成分：Proclean去污因子、表面活性剂、无磷助剂、硅酸盐助剂、污垢悬浮剂等。

产品介绍：新五重功效。速溶顽固污渍，超浓缩用量少，易溶解更方便，易漂洗更节能，适合机洗更轻松。

适用范围：棉、麻、化纤类之织品、衣物。机洗、手洗皆宜。

注意事项：避免儿童接触，不要吞咽，避免与眼睛直接接触。

【例文二】

洗得宝84消毒液使用说明书

[产品说明]：本品是以次氯酸钠为主要有效成分的消毒液，原液有效氯含量在5%～7%范围内。可杀灭肠道致病菌、化脓性球菌、致病性酵母菌和细菌芽孢，并能灭活病毒。

[使用范围]：一般物体表面消毒、食饮具消毒、果蔬消毒、织物消毒、血液及黏液等污染物品消毒、排泄物消毒；并规定按照限定的使用浓度、消毒时间、使用方法使用。

使用范围	允许使用浓度（以有效氯含量计，mg/l）	作用时间（min）	使用方法
一般物体表面	100	10	对各类清洁物体表面擦拭、浸泡、冲洗消毒。
	400	10	对各类非清洁物体表面擦拭、浸泡、冲洗、喷洒消毒。喷洒量以喷湿为度。

（续表）

使用范围	允许使用浓度（以有效氯含量计，mg/l）	作用时间（min）	使用方法
食饮具	按照《食（饮）具消毒卫生标准》（GB14934）		对去残渣、清洗后器具进行浸泡消毒；消毒后应将残留消毒剂冲净。
	400	20	消毒传染病病人使用后的污染器具。用于先去残渣、清洗后再进行浸泡消毒的器具，消毒后应将残留消毒剂冲净。
	500～800	30	消毒传染病病人使用后的污染器具。用于去残渣、未清洗进行浸泡消毒的器具，消毒后应将残留消毒剂冲净。
织　物	250～400	20	消毒时将织物全部浸没在消毒液中，消毒后用生活饮用水将残留消毒剂冲净。
血液、黏液等体液污染物品	5000～10000	≥60	对各类传染病病原体污染物品、物体表面覆盖、浸泡消毒。
排泄物	10000～20000	≥120	按照1份消毒液、2份排泄物混合搅拌后静置120分钟以上。

［剂型］液体

［规格］500ml/瓶

［注意事项］1. 对金属有一定的腐蚀性；对织物有一定的漂白性。

2. 产品应贮存在阴暗干燥处和通风良好的清洁室内。

3. 运输时应有防晒、防雨淋等措施；装卸应避免倒置。

［保质期］6个月

［生产许可证号］京卫消证字（2003）第0107号

［执行标准］卫监督发［2007］265号

北京洗得宝消毒制品有限公司

公司地址：北京市平谷区　　邮　　编：101209

电　　话：010－89957966　　传　　真：010－89957425

综合训练

□知识训练

一、填空题

1. 广告正文的写作方式有________、________、________、________。
2. 广告标语又称________、________。
3. 商品报道的导语常见写法有________、________、________、________。
4. 从商品报道的结构上看，可将其分为________、________、________。
5. 商品说明书的正文一般由________、________、________三部分组成。
6. 商品说明书正文部分常见的写法有________、________、________、________。

二、单项选择题

1. 商品广告宣传的重点是（　　）。
   A. 产品优势　　B. 商家信息
   C. 企业资质　　D. 促销信息
2. 担负阐释和说服功能的部分是商品广告的（　　）。
   A. 标题　　B. 标语
   C. 正文　　D. 随文
3. 有关商品的生产、销售、服务等信息的介绍性文字材料是（　　）。
   A. 商品报道　　B. 商品广告
   C. 商品说明书　　D. 市场调查报告
4. 以说明为主，介绍产品特性及使用方法等，用以指导消费的文书是（　　）。
   A. 商品报道　　B. 商品广告
   C. 商品说明书　　D. 经济活动分析报告

三、多项选择题

1. 广告“酒气冲天，飞鸟闻香化凤；糟粕落地，游鱼得味成龙。”（洋河大曲广告）在修辞上属于（　　）。
   A. 比喻　　B. 象征

C. 夸张　　D. 拟人

2. 商品广告的写作要求是（　　）。

A. 实事求是　　B. 新颖别致

C. 针对性强　　D. 条款明确

3. 商品报道的结尾方式有（　　）。

A. 预测趋势　　B. 表明观点

C. 总结全文　　D. 自然收尾

4. 产品说明书的尾部通常会标记（　　）。

A. 生产厂家　　B. 联系方式

C. 产品质量信息　　D. 促销信息

四、判断题

1. 广告的宣传要取得效果，就必须介绍商品的所有特点。（　　）

2. 广告为了介绍产品的优点，可以适当夸张一些。（　　）

3. 商品报道可以互通有无，提高企业或产品竞争力。（　　）

4. 商品报道就是新闻报道。（　　）

5. 商品说明书重在介绍产品的使用方法，对产品的特性可不作介绍。（　　）

6. 自问自答的形式表现消费者关心的问题，这种方法不能用在产品说明书中。（　　）

五、名词解释

1. 广告

2. 商品说明书

六、简答题

1. 广告文案写作有哪些基本要求？

2. 广告的标题和标语的区别有哪些？

3. 商品说明书与商品广告有哪些区别？

4. 商品报道的写作有哪些要求？

5. 商品说明书的写作要求有哪些？

□能力训练

1. 评析下面一则广告：

皮鞋广告

1. 本产品款式新颖，做工精良，穿着大方、舒适。质量上乘，价格合理，包君满意，欢迎选购！

2. 对校园消费市场做个调查，就发现的商品或服务信息撰写一份商品报道。

3. 假设你所在的外贸公司准备代理外销一种名茶，请你为这种产品撰写一份宣传广告文案和一份产品说明书。

第九章　国际技术贸易进出口文书

学习提示

国际经济技术贸易是客观世界发展的需要，是世界经济的重要组成部分。世界经济发展离不开国际经济技术贸易，国际经济技术贸易又推动了世界经济发展。当代国际经济技术贸易的发展已成为不可逆转的世界性潮流。中国自实行对外开放政策以来，对外经济技术贸易有了突破性发展，获得了历史性成就。

从广义看，国际经济技术贸易所包含的内容相当广泛，可以说几乎所有涉外经济都可以称之为国际经济技术贸易。我们通常所说的：要发展同世界各国的经济技术合作，要引进技术和外资，参加国际市场的交换，参加国际分工和竞争，等等，都是从广义上讲的国际经济技术贸易。就其实质而言，国际经济技术贸易是主权国家间通过竞争和协调，在自愿互利基础上进行的经济活动。

从狭义看，国际经济技术贸易是主权国家间，在自愿互利的基础上，通过一定的方式，侧重在领域内共同进行的较长期的经济活动。就其实质而言，国际经济技术贸易是生产要素在国际间的重新移动、重新组合和重新配置，即资本、劳动、技术、管理和信息等诸生产要素在国际生产领域中不断进行合理组合和配置。各国在平等原则下，以其生产要素的优势进行各种方式的国际经济技术合作，可以使各国互相有利。

国际经济技术贸易进出口文书主要是指国际经济技术进出口合同，即供方和受方共同实现特定目标而规定的双方权利与义务的法律文件。

国际经济技术贸易合同，依据它的不同的交易方式和内容，可分为许可证贸易合同和成套设备交易合同。学习时，重在引导学生区别国际技术贸易与一般商品交易的特点。

第一节 国际技术贸易进出口文书的特点

国际经济技术贸易是一种特殊的贸易，它有区别于一般商品交易的特点：

一、标的物是无形的

技术贸易不同于商品贸易。技术贸易的标的物不是有形商品，而是无形的技术知识。当然，供方也可能将机器设备与技术知识一同有偿地转让给受方，这依然是技术贸易，并不能改变它的贸易性质。

二、标的物的所有权和使用权是分离的

技术贸易的标的物，不同于一般商品。一般商品交易中，买方购得了商品，就有了对该商品的占有权，卖方也就随之失去了所有权。而技术贸易，供方出让的只是标的物的使用权，并不出让所有权。

三、合同执行是相对长期的

一般商品交易合同至多两至三年，短的只有几个月。但技术交易合同少则三五年，多则十年甚至二十年。

四、技术转让的价格缺乏可比性

技术转让的价格始终是一个变量。它的价格与自身的先进程度成正比，与市场需求成正比，与受方的经济效益成正比，与地域的大小成正比。

五、技术贸易合同的内容比较复杂

技术合同的内容比一般商品贸易合同复杂。除基本条款外，它还涉及投资、外贸、价格、税法、外汇管理、劳动管理、土地使用、零部件和材料来源、燃料动力供应、设备订购、人员培训、工程建设、经营管理、销售渠道等。

六、合同的条款具有严密的逻辑性

技术贸易合同，其逻辑性不仅体现在条款之间排列的先后顺序上，而且还体现在条款的内容前后保持一致上。

七、技术贸易合同的技术性

因为这种贸易的交换物是一种技术，而不是有形的商品，所以它涉及许多专业的技术知识。这些技术知识包含两个方面：

一是科学原理及工业生产知识；二是科学管理知识。如果缺乏这两方面的知识，制作合同时，就会出现漏洞，为以后执行合同埋下隐患。

此外，技术贸易合同双方的法律权利与义务是对等的，因而合同同样具有严格的法律制约作用。

依据以上一些特点，在编写技术贸易合同时要注意下面几个问题：

一是由于技术贸易的标的物是无形的商品，那么在编制合同条款时，一定要将无形的东西具体化、有形化。如是专利应在合同的主体部分或附件里反映出专利清单、专利号、申请号、注册国、登记内容、起始时间、有效期限、地区范围等内容，尤其要在条款中规定供方近期交纳的专利年费，防止合同期满前专利失效。如是专有技术，应注意写清保密条款，传授技术的方法、时限及检验标准和方法，这些内容必须具体明确，防止落空。此外，对侵权条款也应作出明确规定。

二是由于标的物的所有权和使用权是分离的，受方只能取得使用权，而不能拥有所有权。这种使用权都有时间和地域的限制。受方只能在一定的期限内、一定的地域范围内有使用权。因此，在制作合同时，应将时间和地区的范围表达得明确和具体，因为这与价格有密切的关系。

三是由于这类合同执行的时间比较长，又不可能一次将款付清，因此不仅要订立合同价格保值条款，还要注意这种技术的先进性和新颖性能维持多久。

四是因为这种贸易的技术转让价格没有可比性，它的价格没有可参照的依据，它只是供受双方谈判妥协的产物在写作时应根据达成的一致价格意见选用价格表达方式。

五是由于技术合同的内容比较复杂，起草这类合同一定要注意完善，条款不能有遗漏，权利和义务以及制约性条款要面面俱到，细致入微。

六是由于合同条款具有严密的逻辑性，在制作合同时要注意条款之间的有机联系和先后顺序。

掌握了技术贸易合同的特点及写作要点，再加上我们以往学到的一般商品贸易合同的制作方法和专业知识，就比较容易写作技术贸易合同了。

第二节　许可证合同

国际许可证贸易是国际技术贸易的重要内容之一，它是指技术许可方将其交易标的即使用权通过协议和合同转让给技术接受方。转让使用权的为许可方，接受转让的一方称为接受方。许可证贸易的内容主要有三项：一是专利使用权的转让；二是商标使用权的转让；三是专有技术使用的转让。

许可证合同一般包括以下内容：

一、首部

（一）合同名称

应写明“××专有技术合同”、“××专利技术合同”或“××商标转让合同”等。

（二）合同编号

（三）前言

应包括订约时间、地点、双方公司名称、地址、合同标的内容及意愿。

二、主体

许可证合同的主体部分大致可分 14 个大方面：

（一）定义

主要写的用于本合同的一些名词应具有合同所规定的含义。

（二）合同的内容和范围

这是技术合同最基础的部分，要明确供、受双方的权利与义务。

（三）价格

技术贸易一般不使用价格术语，但它的价格表述有三种方式可供选择：可变价格、固定价格和可变价格与固定价格结合的方式。而无论采用哪种价格方式都应在有关业务知识的基础上写得明确、具体、细致。

（四）支付条款

实质上这一部分应着力明确支付条件，它包括支付的货币、支付的方法和时间等等。

（五）技术文件交付

主要内容应包含交付的时间、方式和地点。交付条款还应注明包装和标准，要求资料采用何种文字，所采用的计量标准等等。

（六）改编、修改和改进

这一部分内容应包括：受方对自己发展的技术享有所有权，采用双方互惠和互相提交的方法，应避免片面回授的条款。

（七）考核和验收

应明确考核验收的具体内容、标准、地点、时间、条件，考核验收的方法以及责任及费用的划分等。

（八）保证与索赔

这一部分内容实际上是规定供方的义务，这些义务包括：保证是成熟的技术；文件是完整的、清晰的、正确的；保证按期交割文件。如果不履行这些保证，即算违约。

（九）侵权与保密

这一部分主要是应划分供受方的责任。因此行文时要明确表示，不能有半点含糊。按国际惯例，侵权指控发生后应由供方负责解决。而受方则在合同有效期内负有保密责任，并且在合同期满后仍有继续使用权。

（十）税费

这里主要包括纳税对象、纳税办法、纳税义务人、税率等问题。应依据有关法律写得简短而明确。

（十一）仲裁

这里的仲裁条款与一般商品贸易合同基本一致。

（十二）不可抗力

这里应包括人力不可抗拒的范围、影响，并且具有有效证明。此外还应规定延迟的时间。

（十三）合同生效、终止及其他

此条款应写明合同的生效期、合同使用的文字、份数，对合同修改的规定，合同的有效时间、合同终止后的债务处理等，以及附件在合同中的作用。

（十四）开户银行及法定地址

三、尾部

尾部应包括以下内容：双方代表签字、印章、公证人签章、签约日期以及合同附件目录等，具体格式可参照例文。

以上我们将有关许可证合同的主要条款大致介绍了一些，在不同交易和情况下，有些条款可适应灵活掌握，但应该遵循制定合同的基本原则。

××专利技术合同

合同号：××

本合同于二〇〇×年×月×日在北京签订。

一方为：中国，北京，××公司（以下简称受方）。

另一方为：×国，×市，××公司（以下简称供方）。

前言

1. 供方是××号中国专利的唯一专利权人。供方于二〇〇×年×月×日将××专利项下的发明向中国专利局提出申请，申请号是××。中国专利局于二〇〇×年×月×日批准××号专利权。

2. 供方有权和同意给予上述专利实施许可证。

3. 受方同意得到供方上述专利实施许可证。

4. 双方通过协商订立条款如下：

第1款　许可证的类型

1. 本许可证系一项独占许可证。

2. 供方不得在第3款所列的合同地区内制造、使用和销售本许可证产品。

3. 受方有权授予分许可证。

4. 本独占许可证未经供方允许不得转让。

第2款　技术使用范围

1. 供方确定××号专利的保护范围是……

2. 供方已在合同地区以外的地区使用××号专利技术，供方根据使用结果确定达到以下技术水平……（或者：供方在签订。本合同之前没有使用过××号专利技术，供方确定××号专利技术在签订合同时达到下列技术使用水平……）

3. ××号专利的全部技术使用范围为本合同许可证的技术使用范围。

第3款　合同地区

1. 本独占许可证授予以下地区……

2. 受方不得在上述地区以外的其他地区制造、使用和销售本许可证产品。

3. 受方可以向下列国家出口本许可证产品……

第4款　技术援助

1. 供方有义务向受方提供实施××号专利所必需的技术资料，其具体内容和交付日期详见本合同附件1。

2. 供方负责接受、安排受方技术人员赴供方企业培训。供方应尽最大努力满足受方培训的要求，使受方人员能掌握××号专利技术。具体要求详见本合同附件2。

3. 供方负责派遣技术人员赴受方企业提供技术服务。具体要求详见本合同附件3。

第5款　专利技术的改进

1. 供方有义务向受方通报所有在合同有效期内有关专利技术的改进成果并提供给受方使用，使用费不得因此而提高。

2. 受方对专利技术进行改进不需要得到供方的批准，但必须通告供方。供方在支付适当费用后有权使用受方的改进成果。

3. 受方的改进成果如具有专利性，受方有权提出专利申请。专利权批准后归受方所有。

第6款　供方的担保

1. 供方担保第2款中列明的所有内容。供方和受方共同在受方工厂对××号专利产品的技术水平和要求进行考核验收，并由供方承担考核、验收责任。具体要求详见本合同附件4。

2. 供方担保其所有的××号专利权是合法的，有效的。

第7款　维护和保护专利权

1. 供方有义务负责维护专利权并支付年费。

2. 供方有意放弃专利权时，必须及时通知受方。受方有权免费取得所放弃的专利权。

3. 供方和受方都有权向侵犯专利权的第三者起诉。一方起诉时另一方应予以支持。决定起诉的一方承担起诉费用，胜诉时收的款项也归他所有。如果合同双方商定共同起诉，则以上发生的费用和收益按以下比例分摊：

供方××%　　受方××%

第8款　实施义务

1. 受方承担实施专利的义务。

2. 受方不承担不制造和销售竞争产品的义务。

第9款　支付和支付条件

1. 受方向供方支付合同总价为：

入门费：__________美元（大写__________美元）

提成费：按双方商定的提成方式、提成率、提成基价、提成年限等规定写清楚。

2. 本合同下的一切费用，均以美元电汇（T/T）或信汇（M/T）支付，受方通过北京中国银行和××××银行支付。供方付给受方的款项应通过××××银行北京中国银行支付。

所有在中国发生的银行费用，由受方负担，在中国以外发生的银行费用由供方负担。

3. 本合同总价按下述办法和比例由受方支付给供方：

1）入门费的××%，计________美元，受方收到供方下列单据之日起不迟于三十天，经审核无误支付给供方：

① 给方银行出具的金额为________美元，以受方为受益人的不可撤销的保证函正副本各一份。

② 金额为合同总价的形式发票一式四份。

③ 即期汇票正副本各一份。

受方在支付上述款项的同时，向供方提交由北京中国银行出具的金额为——美元以供方为受益人的不可撤销的保证函正副本各一份。

2）入门费的××%，计________美元，在供方交付完本合同附件1规定的技术资料后，不晚于受方收到供方提交下列单据之日起三十天内，经审核无误，由受方支付给供方。

① 商业发票一式四份；

② 即期汇票正副本各一份；

③ 技术资料最后一批交付的空运单及供方说明技术资料已经全部交付完毕的信件一式两份。

3）入门费的××%计________美元，在按本合同附件2完成培训工作后，受方收到下述单据三十天内经审核无误，由受方支付给供方。

① 商业发票一式四份；

② 即期汇票正副本各一份；

③ 由双方签署的说明培训已按合同要求完成的证明文件一式两份。

4. 受方在产品考核达到第2款所规定的技术水平后，开始支付提成费。提成费支付条件如下：

1）每年12月31日后的十五天内，受方将上一日历年度的产品实际销售量通知供方（注：也可规定一年两次，或其他办法）。

2）受方收到供方下列单据后三十天内，经审核无误后由受方支付给供方。

① 该期提成费计算书一式四份；

② 商业发票一式四份；

③ 即期汇票正副本各一份。

5. 供方需向受方支付罚款或赔偿时，受方有权从上述任何一次支付中扣除。

第 10 款　税费

1. 凡因履行本合同而发生在受方国家以外的一切税费，均由供方承担。

2. 供方因履行本合同而在中国境内取得的收入，必须按中国税法纳税。此税费由受方在每次支付时扣交，并将税务局的收据副本一份交供方。

第 11 款　仲裁

1. 因执行本合同所发生的或与本合同有关的一切争议，双方应通过友好协商解决。如协商仍不能达成协议时，则应提交仲裁解决。

2. 仲裁地点在北京，由中国国际贸易促进委员会对外经济贸易仲裁委员会按该会仲裁程序规则进行仲裁。

3. 仲裁裁决是终局裁决，对双方均有约束力。

4. 仲裁费用由败诉方负担。

5. 除了在仲裁过程中进行仲裁的部分外，合同应继续执行。

第 12 款　不可抗力

1. 签约双方中的任何一方，由于战争、严重水灾、火灾、台风和地震（或其他双方同意的不可抗力事故）而影响合同执行时，则延长履行合同的期限，相当于事故所影响的时间。

2. 责任方应尽快将发生不可抗力事故的情况以电传或电报通知对方，并于十四天内以航空挂号信将有关当局出的证明文件提交给另一方确认。

3. 如不可抗力事故延续到一百二十天以上时，双方应通过友好协商尽快解决继续执行合同的问题.

第 13 款　违约

合同的任何一方由于非属不可抗力的原因违反本合同的条款，另一方可以用书面方式要求违章方赔偿损失或提前终止合同。如果要求赔偿损失，通知发出九十天内违章方未予赔偿，另一方有权提交仲裁。

第 14 款　合同生效、终止及其他

1. 本合同由双方代表于________签字，由各方分别向本国政府当局申请批准，以最后一方的批准日期为本合同生效日期。双方应尽最大努力在六十天内获得批准，用电传通知对方，并用信件确认。

本合同自签字之日起六个月仍不能生效，双方有权取消合同。

2. 本合同有效期从合同生效日算起共×年，有效期满后本合同自动失效。

3. 本合同终止后，受方有权继续销售在合同终止前制造的合同产品。

4. 本合同期满时，双方发生的未了债权和债务，不受合同期满的影响，债务人应对债权人继续偿付未了债务。

5. 本合同用英文和中文两种文字写成，具有同等效力。双方各执英文本和中文本各一式两份（日本国以日文和中文两种文字）。

6. 本合同附件为本合同不可分割的组成部分，与合同正文具有同等效力。

7. 对本合同条款的任何变更、修改或增减，须经双方协商同意后授权代表签署书面文件，作为本合同的组成部分，具有同等效力。

8. 在本合同有效期内，双方通讯以英文或中文进行，正式通知应以书面形式，挂号信邮寄，一式两份。

第 15 款　法定地址

供方：××公司

地址：××××

电传：××××

受方：××公司

地址：××××

电传：××××

第三节　成套设备项目合同

成套设备项目交易是指以提供技术、工程设计、器材、厂房建设等项目为内容的交易。有时还包括生产、管理、产品销售以及培训技术人员等项目服务。成套设备项目合同往往含有工业产权、专有技术服务的内容，除技术贸易条款外，还应加上有关设备内容的贸易条款。其主要内容如下：

一、首部

（一）成套设备项目合同的首部应写明合同的名称

如“××生产技术及设备合同”。

（二）应注明合同的编号，以便联系、报批、归档时使用。

（三）第三部分应包括如下内容

订立合同的时间、地点，双方公司的名称、地址，双方的共同意愿。

二、主体部分

（一）前言部分

应表明双方本着平等互利的原则，通过友好协商，就有转让权的××设备项目生产技术问题进行合作。

（二）定义条款

为避免双方在合同执行中对名词术语作不同的解释，造成执行合同的困难，这部分主要将本合同中出现的专有名词给予限制，即本合同内出现的名词应具有所规定的含义。

（三）合同内容条款

是技术合同最基础的部分，明确双方在技术方面的权利与义务。

（四）价格条款

根据合同内容应列出总价和分项价格。

（五）支付条款

这种合同的支付方式与许可证贸易合同近似，但又不完全相同（见例文）。

（六）交付条款

此项条款包括“货物”、“材料”的交付和“技术文件”的交付，应包含交付的时间、方式和地点。

（七）包装、标记和发运单据条款

此项条款与一般商品进出口合同基本相同。

（八）标准和验收条款

这一条款里应规定检验标准、检验方法、检验费用的负担以及检验结果处置等。

（九）保证、零赔和罚款条款

这一条款大部分与一般商品合同相同，唯保证和罚款才是这一合同所特有的，保证条款应载明供方提供的设备和材料是全新的，质量优良的，技术水平是先进的。提交的技术资料和图纸是完整、清晰和正确的，并规定一个具体保证期。这是索赔与罚款的前提，应写得具体明确。

（十）保密和侵权条款

甲方应保证本合同的合法地位，并具有转让专有技术的合法权利。甲乙双方对任何第三方保密。

（十一）人员伤亡和财产受损条款

此条款在行文时，依各种可能性划清责任，使合同更加严密。

（十二）保险条款

此条款应明确规定保险责任划分以及各种履行义务。

（十三）税收条款

这一条款应简短而明确地写明纳税对象、纳税办法、纳税义务人、税率等方面的内容。

（十四）仲裁条款

此条款与一般进出口水平合同仲裁条款相同，应指明仲裁机构及有关仲裁事项。

（十五）人力不可抗拒条款

此条款与许可证合同相合。

（十六）合同的生效、终止及其他条款。

（十七）开户银行及法定地址。

三、尾部

如同前面讲述的许可证合同，写作格式见例文。

××生产技术及设备合同

甲方：

乙方：上海××厂

通过友好协商，于2008年×月×日在中国上海签订本合同。

一、前言

1.1 鉴于甲方是××的专业生产厂，目前正从事于各种规格、型号的××的生产，持有制造××的各种专业技术并拥有转让的权力。拥有设计、组织、供应××生产所需的全套设备，并使其配套，形成综合生产的能力。

1.2 鉴于乙方愿意从甲方引进生产××的专有技术设备、用于生产××的全部零部件，并将其组装成××，以在本合同规定期限内形成完整的有效的生产能力，并取得预定的质量指标。

1.3 甲乙双方本着平等互利的原则，通过友好协商，就以下条款达成协议。

二、定义

2.1 本合同中“货物”的含义是指甲方直接向乙方出售的用于××生产的设备、仪表、工夹模具、备附件和易损件等。

2.2 本合同所用专有技术的含义是指甲方通过各种途径向乙方转让的各种技术情报、技术秘密、专利，其中包括产品开发设计、生产、组装。测试、检验、管理和维修的所有技术和经验等。

2.3 本合同所用“合同工厂”的含义是指直接使用从甲方引进货物和专有技术并在甲方人员的指导下，成功形成××生产能力的产品工厂。

2.4 本合同所用“合同产品”的含义是指合同工厂运用甲方提供的货物和专有技术，配套一小部分乙方自备设备。形成完整的、先进的生产线，并在甲方人员的培训、服务和指导下自行制造出九种不同型号的××，其规格质量均符合乙方要求。

2.5 本合同所用“配套件”的含义是指乙方为合同工厂配套的某些乙方已拥有的设备、工夹具等。

2.6 本合同所用“技术文件”的含义是指甲方向乙方转让本合同附件七所列的专有技术书面资料。

2.7 本合同所用“材料”的含义是指甲方提供的本合同项下为制造合同产品所需的各种原材料、辅助材料和消耗性材料。

2.8 本合同所用“散装件”的含义是指甲方提供的用于制造合同产品所需的各种零部件、辅助材料及消耗性材料。

三、合同内容

3.1 甲方同意向乙方出售，乙方同意向甲方购买生产合同产品所需的有关货物和材料（内容见附件四）和全部专有技术（内容见附件七），使合同工厂在本合同规定期限内，成功地形成本合同规定的生产纲领（见附件一）。

3.2 乙方承担合同工厂界区的土建和公用设施设计，甲方承担合同工厂内的安装配置、工艺流程设计，并保证提供此项设计是可行的、经济的、合理的。

3.3 根据双方商定，乙方自行提供一部分配套件（内容详见附件五）。该配套件是在甲方认可的基础上所提供，所以对合同工厂和合同产品的验收是适宜的。

3.4 本合同规定，甲方向合同工厂提供一年用的备品备件和易损件（内容见附件四)。

3.5 双方商定，甲方向乙方提供合同工厂所需的各种材料(内容附件四)。

3.6 合同生效后，甲方派遣身体健康、技术熟练的技术人员来合同工厂进行货物的检验、安装、调试、试车及产品和合同的验收并给合同工厂人员以具体的技术指导和培训(详见附件九)，乙方提供翻译。

3.7 合同生效后，乙方将派遣人员去甲方工厂实习培训，甲方将尽最大努力在合同规定的期限内，使乙方人员顺利完成培训计划，并能胜任合同工厂的各项工作(详见附件八)。

3.8 对“合同工厂”，具体验收条件和方法(详见本合同附件十一)。

3.9 本合同生效后，在本合同有效期间，如甲方出售和本合同相同的专有技术和技术文件给中国第三方，将按中国政府的有关规定办理。

四、价格

4.1 根据本合同第三章所列内容，总价为________其中包括：

A. “货物”费：________

B. “材料”费：________

C. “专有技术”和“技术文件”转让费：________

D. 零件制造技术指导费：________

4.2 上述价格应是固定价格。

A. “货物”“材料”保险由乙方办理。

B. “技术文件”为上海机场交货价，即：在“技术文件”空运到上海，直至卸在上海机场指定地点为止的一切费用均由甲方承担，保险也由甲方办理。

4.3 上述总价应包括甲方派遣技术人员所发生的下列费用：

如：甲方技术人员在“合同工厂”安装、调试、试车和验收及来上海进行技术指导的往返旅费、居住和生活等费用。包括乙方的培训费。

4.4 上述总价包括“合同工厂”验收后的一年保证期内，甲方派遣人员来华解决设备、技术问题的所有费用。

4.5 上述总价包括在中国境外发生的一切税费和其他费用。

4.6 乙方所在的银行费用由乙方负担，甲方承担在中国境外的一切银行费用。

5.1 本合同第四章第 4.1A 条款“货物”的付款。

合同生效后 60 天内，乙方通过中国银行上海分行，开出以甲方为受益人的，金额为“货物”总价100%的不可撤销的信用证。在此价格中：

A.“货物”价格××%于甲方按本合同第六章的规定装运“货物”后，凭下列单据按信用用证规定转开证银行议付。

① 可以议付货款的已装船的清洁无疵正本提单三份、副本两份、空白背书、空白抬头、注明“运费已付”和已通知目的口岸的中国对外贸易运输公司。

② 发票五份，注明合同号码、品名、数量、单价和总值。如系分批装运者，并加注批号。

③ 详细装箱清单一式四份，注明品名、数量、净重、毛重和尺码。

④ 双方同意的××商检机构或制造厂出具的品质检验证书及数量证明书各一份。

⑤ 即期汇票正副本各一份。

⑥ 根据第六章有关规定，所发装运通知的电传副本一式两份。

B.“货物”总价的××%于“合同工厂”验收合格后，甲方凭双方签订的验收报告转开证银行议付。

5.2“专有技术”和“技术文件”转让费的付款：

A. 乙方在收到本合同附件七规定的全部技术文件后10天内凭下列单据以电汇方式支付专有技术和技术文件转让费的××%。

① 邮包收据注明“邮费已付”/空运提单注明“运费已付”。

② 装箱单一式两份，注明品名、数量、净重和尺码。

③ 文件运出后所发给乙方的电报通知证实副本一份。

④ 保险单一式两份。

B. 乙方培训人员结束在××国的培训回国后，乙方凭双方签署的培训人员合格证书，于10天内以电汇方式支付“专有技术”和“技术文件”转让费总价的××%。

C.“合同工厂”验收合格后，乙方凭双方签字的验收证书，于10天内以电汇方式支付“专有技术”和“技术文件”转让费总价的××%。

5.3“材料”费的付款：

在装运前3个月内，乙方通过中国银行上海分行开出的以甲方为受益人的金额为本合同4.1.B条“材料”费价格100%的不可撤销的信用证，凭5.1条规定的单据按信用证规定转开证银行议付。

5.4 甲方零件制造设备厂技术指导费用的付款：

A. 零件技术指导费的××%，于甲方技术人员到达上海，凭甲方的发票一式四份转开证银行议付。

B. 零件技术指导费的××%，于零件生产车间验收合格后，凭甲乙双方签字的验件证书，乙方于10天内以电汇方式支付。

六、“货物”“材料”的交付

6.1 甲方同意在合同生效后210天日内，将组装线的全部货物一次装运目的港上海港。

6.2 甲方负责办理货物和材料的一切装运手续。货物和材料装船后，甲方应立即以电传将详细情况通知乙方，供乙保险。其中应包括：载运船舶名称、国别、吨级、所载货物和材料的名称、数量、价值、件数、毛重、尺码以及特殊件的特殊运输要求和估计到达上海港的日期等。

6.3 货物和材料允许分期分批装运。

七、“技术文件”的交付

7.1 本合同所列的技术资料和图纸，甲方同意于本合同生效后120天分三批向乙方交全。

7.2 “技术文件”采用面交或上海机场交接。如上海机场交接，甲方在每批文件空运后24小时之内，用电报或电传方式将合同号、发运日期、航班号、空运单号、件数重量等通知乙方。空运单日期为该批技术文件的实际交付日期。

7.3 如在运输途中或其他属于甲方的原因，技术文件在到达乙方时发生丢失、损坏、不清楚或不完整时，甲方应在收到乙方通知后30天内免费补送乙方。

7.4 甲方交付的技术文件必须使用中文和英文（或英文），度量衡采用公制。

八、包装、标记和发运单据

8.1 甲方负责货物和材料的全部包装，均应适合于海洋和内陆运输的多次搬运、装卸的坚固包装，并根据不同货物特点需要，加上防潮、防霉、防雨、防震以及防腐蚀等保护措施，以使货物和材料安全无损运抵上海港指定码头交付乙方。

8.2 如果甲方采用集装箱装运货物，可按通用的集装箱方式、装运标志进行。

8.3 甲方应在包装箱的四个侧面，用不褪色的油漆以明显易见的英文字样印刷如下标记：

A. 合同号：

B. 唛头标记：

C. 箱号/件数：

D. 收货人：

E、目的港：中国．上海

F、毛重/净重

G、尺码（长×宽×高）厘米

8.4 每个包装箱或捆件内应附有下列单据：

A. 装箱单副本一式三份（其中一份放在箱内）。

B. 货物和材料质量合格证书一式三份。

C. 各货物和材料厂家出厂检验记录一式两份。

8.5 甲方交付的技术文件如采用空运方式，其包装应适应长途运输、多次搬运、防潮、防雨。每一包装封面注明下列内容：

A. 合同号：

B. 唛头标记：

C. 件号/毛重公斤：

D. 收货人：上海××厂

每件包装内应附上技术文件的详细清单（包括序号、“技术文件”名称、资料号或图号、份数等）一式三份。每件的毛重不得超过 80 公斤，体积不得超过 40×70×100 厘米。

8.6 甲方应在每批技术文件发运后 2 天内，将运单和文件详细清单各三份航寄乙方。

九、标准和检验

9.1 甲方在“货物”到达本合同指定地点 60 天前应向乙方提供合同工厂的货物的检验标准和规范，除非双方决定采用其他检验标准和规范外，甲方提供的检验标准和规范即为合同工厂的货物的检验和规范。

9.2 由甲方交付的合同货物需有制造厂出具的并经甲方签署的质量合格证并说明检验的技术数据和结论，或检验单以及装箱单，作为货物的质量依据。

9.3 货物运抵合同工厂后，由乙方组织对货物进行开箱检验。甲方有权自费派遣检验人员参加开箱检验工作。每批货物装运前不迟于 40 天，甲方应通知乙方是否派出甲方检验人员参加开箱检验工作。

9.4 甲、乙双方共同检验时，如发现货物由于甲方原因有任何损坏、缺陷、缺少或不符合本合同中规定的质量标准和规范时，应做开箱记录，由双方代表签字，各执一份，作为乙方向甲方索赔的依据。如双方代表就开箱记录不能取得一致意见，则应提请中国商品检验局进行复验，并以商品检验局出具的商品检验证书作为向甲方索赔的依据。

9.5 如因甲方原因，甲方检验人员未能按时到达现场，乙方有权自行开箱检验。如发现货物因甲方原因有损坏、缺陷、短少或不符合本合同的质量标准和规范时，则由中国商品检验局出具检验证书，作为乙方向甲方索赔的依据。

9.6 甲方应在收到中国商品检验局的证书后，尽快无偿换货或补发短缺，以使合同工厂能按合同规定的进度准时验收。由此产生的一切费用均由甲方承担。

十、考核和验收

10.1 合同工厂的考核、验收条件和方法（详见合同附件十一）。

十一、保证、索赔和罚款

11.1 合同工厂的品质保证在全部安装、调试、试车、验收后（签订验收报告之日后起算）为12个月。

甲方按本条规定限度的保证构成甲方对其供应给合同工厂全部货物和材料的唯一保证。

如果乙方是按照甲方规定的标准并在正常操作限度内使用和保养维修的或经甲方书面同意进行过违背技术文件的修理或结构改变，又将所发现的缺陷及时地通知甲方，甲方应负责将产生的各种缺陷免费修理或免费更换。如乙方在未经甲方书面同意之前，对设备进行过违背甲方所提供技术文件规定进行修理或结构变更以及违背技术文件进行使用和保养、维修所造成的损失。甲方不承担保证责任。

11.2 甲方保证所提供给乙方的本合同项下的技术文件内包含的设计、生产工艺、制造方法和检验标准是先进的、可靠的。所提供的技术文件是完整的、清晰的、正确的和明的。在合同工厂安装、试车期间，如因甲方提供的技术文件、工艺设计、货物和材料附带的资料或甲方安装人员或技术人员的错误所造成的施工错误、设备损坏或材料损失，甲方应负责免费更换被损坏的甲方所提供的货物。并赔偿实际被损坏的其他材料和实际增加的有关费用。上述保证是甲方对所提供的专有技术和技术文件的唯一保证。对乙方所受到的间接损失，如生产或利润损失及由于乙方或合同工厂对甲方所提供的专有技术和技术文件误解或错用而造成的直接或间接损失，甲方不承担责任。

11.3 如货物和材料不能按本合同规定时间运抵合同目的港，卸至指定码头，从而影响合同工厂的安装、调试和验收，甲方应从2008年×月×日起向乙方按下述比率支付延期交割合同工厂罚款。每延期一周罚交合同总价的0.5%，不满一周的按一周计算，但罚金不得超出合同总价的5%。

甲方对上述罚款的支付，并不解除甲方继续履行各项合同义务。货物和材料在开箱检验时，如发现少量遗漏及不全，且不影响合同工厂的安装、试调和验收，可不追究罚款之责任。

11.4 如由于甲方原因，技术文件不能按本合同规定时间交付，并影响了合同工厂的生产，甲方应向乙方最终按下列比率付延期罚款。每延期一周，罚合同4.1.C段总金额0.5%，但最终不超出合同总价的5%，不满一周做一周计算，甲方对上述罚款的支付并不解除甲方继续交付技术文件的责任。技术文件开箱检验所发现的部分遗漏及不全，如不影响项目的进程，可不追究罚款之责任。

11.5 若本项目经三次验收不合格，如系甲方责任，则按下列办法处理：

A. 若因产品不合格使乙方不能投产，乙方有权终止合同，甲方应在十天内退还乙方已付的全部4.1.C专有技术和技术文件转让费款项，并加年利8%的利息。乙方在收到退款后10天内退回全部技术文件。

B. 若产品不合格系个别非关键性指标达不到合同的规定，而这种质量问题不影响投产和用户的使用，甲方应协助乙方达到合同产品指标，或减少双方同意的技术费。

11.6 若验收不合格，经分析属乙方责任，则乙方仍应按本合同第五章的时间表支付。

十二、保密和侵权

12.1 甲方保证是本合同规定的专有技术的合法地位，并具有转让专有技术的合法权利，乙方在使用甲方提供的专有技术时，如遇到任何第三方提出侵权的控告，甲方应承担处理，并承担全部法律上和经济上的责任。但乙方应：

(1) 及时通知甲方；

(2) 不单方面承认有这种违反的情况。

12.2 在本合同有效期内乙方或甲方如对合同工厂所使用的技术（包括工艺和设备）有新的发展或改进时，不管这些发展和改进是否可以取得专利，双方均应无偿地为对方提供这些发展和改进的使用权，并通过书面将有关情况通知对方。

12.3 甲乙双方对今后相互免费提供的发展和改进，自提交日期起的3年内，对任何第三方予以保密。

12.4 在合同期满之后，乙方有权继续使用甲方提供的专有技术。

十三、关于人员受伤、财产受损的责任

13.1 就双方派遣人员而言，应遵守暂居国的法律，如发生伤亡事故，应按暂居国的法律办理。

13.2 甲方人员在合同工厂工作期间由于未遵守合同工厂的规定而受伤亡，则由甲方负责承担损失和受伤亡人员的一切费用。如果由于合同工厂在事故发生之前没有交代规定而使甲方人员受到伤亡，则由乙方承担损失和受伤人员的一切费用。本条款的精神也同样适用于乙方派遣人员。

13.3 如发生财产损坏，也可参照13.2条的原则处理。

十四、保险

14.1 甲方应在技术文件装运之前向有关保险公司投保甲方认为合适的险别，并在技术文件装前将保险单据一式两份航寄乙方备查。

14.2 乙方负责货物和材料的保险，但如果甲方没有及时把装运通知电告乙方而导致乙方无法保险因由此产生的一切损失均由甲方负责。

十五、税收和关税

15.1 根据中华人民共和国关于外国企业所得税法的有关规定，甲方应向中国税务机构缴纳第四章4.1条C项费用的所得税，税率为20%，上述所得税将由乙方代为向中国税务机构缴纳，并向甲方提供中国税务机构开具的纳税证明一份。

15.2 凡履行本合同而引起的除本合同第15.1条以外的税费发生在中国国内的，由乙方承担；发生在中国以外国家和地区的，均由甲方承担。

15.3 根据中华人民共和国政府关于个人所得税法有关规定，外国工作人员在中国境内企业中连续工作（居住）90天，应向中国税务机构缴纳个人所

得税。

十六、人力不可抗拒

16.1 定义：

人力不可抗拒事故，意指包括战争以及严重火灾、风暴、洪水、大雪、地震和双方承认在能力控制以外的其他无法预见的严重事件。

16.2 人力不可抗拒的影响：

如任何订约一方因人力不可抗拒事故而无法履行本合同义务时，应立即以电报或电传扼要地通知对方并作出详细的书面报告。无法履行其义务的一方有权展延由于人力不可抗拒事故造成逾期履约的时限而免受处罚。

一旦影响一方履约能力的不可抗拒事故终止后，该方应立即通知对方并恢复其义务的履行。

16.3 证明

如人力不可抗拒事故发生在中华人民共和国，由中国国际贸易促进委员会上海分会出具或确认的声明应即成为有效证明；如人力不可抗拒事故发生××，则当地商会出具或确认的声明即为有效证明。申言人力不可抗拒的一方应在另一方要求下立即提供该事故的证明。

16.4 延迟的伸展

若一方因人力不可抗拒事故而履约延迟超过六个月，双方应通过洽商达到一个公平的能维持各方合同利益的协议，若双方不能达成协议，任何一方可按本合同第十七章提交仲裁，由仲裁委员会裁决。

十七、仲裁

17.1 凡有关本合同或执行本合同而发生的一切争执，应通过友好协商解决，如不能解决，则应申请中国国际贸易促进委员会对外贸易仲裁委员会规定的仲裁程序在北京进行仲裁，该仲裁委员会作出的裁决是终局的，甲、乙双方均应受其约束，任何一方不得向法院或其他机关申请变更，仲裁费用由败诉一方负担。

17.2 在仲裁期间，除仲裁的事由外，双方均应继续履行本合同规定的各自义务。

十八、开户银行

18.1 甲方开户银行：

地址：

电传：

18.2 乙方开户银行：中国银行，上海分行

地址：

电传：

十九、合同的生效及其他

19.1 生效

本合同由双方代表于上海签字，由各方分别向本国政府当局申请批准以最后一方的批准日期为本合同生效日期。双方应尽最大努力在60天内获得批准，用电传通知对方，并用信件确认。

19.2 本合同附件一、二、三、四、五、六、七、八、九、十、十一均为本合同不可分割的组成部分。

19.3 本合同用中文及×文缮就，两种文本具有同等效力，两种文字的正本各两份，甲、乙方各执中文一份，×文一份。两种文字的副本各三份，分送有关机构。

19.4 甲乙双方的责任，以本合同规定为准，双方在贸易磋商中，函电和口头的承诺，随着本合同的签订，自行失效。

19.5 对本合同内容，条款的任何修改和补充，应有甲乙双方代表签署书文件，这些文件是本合同不可分割的组成部分。

19.6 本合同的有效期为自本合同生效日起3年有效。

二十、法定地址

甲方：地址

乙方：地址

上述法定地址如有变化，应及时通知对方。

甲方：(签章)　　　　　　　　乙方：(签章)

合同附件目录

附件一：关于合同工厂生产纲领的说明

附件二：合同产品的性能规格及外形说明

附件三：合同产品的技术要求和验收方法

附件四：甲方提供的设备、仪表、工夹模具及原辅助材料清单

附件五：乙方自行配套设备清单

附件六：甲方提供设备、仪表、工夹模具的说明

附件七：关于甲方向乙方提供技术资料的内容

附件八：关于乙方派遣人员到甲方工厂考察实习培训的说明

附件九：关于甲方派遣技术人员指导的说明

附件十：材料、零件的说明

附件十一：关于合同工厂的验收条件和方法

综合训练

1. 国际经济技术贸易合同在制作时应注意哪几方面？

2. 制作国际经济技术贸易合同与一般商品进出口合同有什么不同？

第十章　中外合资企业文书

学习提示

中外合资企业文书是确定中外合资企业中投资各方的相互关系及其具体业务性文书。

在经济合作活动中，一般把两个或两个以上国家的投资者组成的公司、企业或经济组织成为合资经营企业或合作经营企业。

根据外资企业的投资方式，外商投资企业可分为两大类，一类是股权式经营企业（又称合资经营企业），另一类是契约式经营企业（又称合作经营企业）。

本章内容仅介绍在中国境内设立合资企业所需的有关基本的程序性、法律性文书。（注：本章中所说的合营企业，皆为中外合资经营企业的简称。）

按照我国《合资法》第三条规定："合营各方签订的合营协议、合同、章程，应报中华人民共和国外国投资管理委员会……"及国务院公布的《中外合资经营企业登记管理办法》规定："合资企业申请登记时，应提交合营各方签订的合营协议、合同和企业章程的中外副本。"由此可见，合资经营企业的成立，应该具有的法律文件是合资协议、合资合同和合资章程。

此外，项目建议书和可行性研究报告的批准，也是在我国境内设立中外合资企业的必不可少的准备性法律程序。

因而这五种文书是设立中外合资企业过程中必写的文书。据此，本章将合资企业文分为五种，即：项目建议书、可行性研究报告、协议书、合同、章程。

学习时，要求学生了解中外合资企业文书的主要内容，重点掌握五类文书的内涵、特点、写作格式及写作要求。

第一节　项目建议书

一、项目建议书的含义

中外合资企业项目建议书是由中国合资者向企业主管部门呈报拟与外国合资者建立合资企业的申请性文书。

二、项目建议书的特点

（一）建议性

项目建议书应根据国家的经济规划、经济建设方针，在调查研究基础上，结合资源、市场等情况、提出拟建合资项目的建议和设想。

（二）分析性

项目建议书的内容必须对拟建项目的可行性进行初步的研究分析，并对引进技术的必要性和可能性、市场情况、经济效益等进行预测。

三、项目建议书的写作格式

（一）标题

项目建议书的标题有两种表达方式，一种是完整型，由合营双方名称，项目名称及文种组成。如《××公司与日本三洋电器公司合营建立年产五十万台全自动洗衣机项目建议书》。一种是省略型，即将合营双方名称省略不写。如《新建年产×万吨啤酒厂合资项目建议书》

（二）正文

项目建议书应具备下列主要内容：

1. 中方合资单位：包括单位名称、法定地址、法人代表姓名及职务、主营单位名称及生产经营等。

2. 合营对象：包括对方名称、国别、注册国家、法定地址、法人代表姓名及职务、资信情况、业务范围、规模、产品声誉、销售渠道等。

3. 举办合资企业的理由：主要从国内外技术上的差距、质量上的差距、国内外市场需求、销售渠道和利用外资等方面来说明举办合资企业的重要性和必要性。

项目主要内容：

（1）生产和经营的规模、范围；

（2）合资经营的年限；

（3）合资企业的地址、占地面积、建筑面积；

（4）合资企业的人数；

（5）投资总额、注册资本和各方所出资金比例；

（6）投资方式和资金来源；

（7）产品的技术性能及销售方向；

（8）主要原材料、燃料、水电、动力、交通运输及协作配套等方面条件；

（9）初步的技术、经济效益分析。

项目实施计划的进度安排。

如果项目是分期实施，应列出分期工程的时间安排。

（三）附件

申报项目建议书，与其相关的材料必须齐全。诸如邀请外商来华技术交流计划、出国考察计划、可行性研究工作计划等。

（四）落款

申报合资单位名称、日期（印章）。

四、项目建议书的写作要求

（一）要充分占有资料

合资项目建议书的拟写，必须要有完整的资料数据为依据。为求资料数据的全面、完整，拟写者不仅要做好经济建设的调查以获得第一手资料，而且还要了解国内情况，产品经济指标在国内的位置，现在原材料的供应、设备、技术、产品质量以及国内外市场销售等情况。然后再把搜集的资料数据加以筛选，以达到去粗取精，去伪存真的目的。

（二）把握分析方法

项目建议书的写作，既要充分占有资料，又要注意分析方法的选择和使用，同时在分析中，观点要正确鲜明，依据要准确充分，合乎逻辑。

（三）语言要简洁明了

项目建议书的写作，只需以叙述方式将有关事项表达清楚即可，无需运用描绘、修饰性词语，故语言以通俗易懂、简洁明了为宜。

【例文一】

中外合资项目建议书

一、项目名称：中日合营毛纺织厂

主办单位：××毛麻公司，地址：××市×路×号。

项目负责人：×××（××毛麻公司经理）

二、外方合资者国别企业：香港沙田仿制品有限公司（日商）。

香港沙田纺织有限公司是日本沙田纺织商社设在香港的跨国子公司，该公司资金雄厚，经营有方，在香港、新加坡、曼谷等东南亚一带独资或合资经营的呢绒、羊毛衫、地毯等工厂多家，对于经营及生产羊毛衫制品已有二十多年经验，其产品遍销东南亚、欧美等地，由于管理先进，产品质量过硬，价格便宜而享有较好的声誉。

三、合资办厂的理由：(略)

四、合资内容：

1. 生产和经营的规模范围

生产利用国产羊毛制成的毛纺织品：呢绒、羊毛衫、挂（地）毯、绒线。

生产利用国产羊毛为原料的混纺产品：呢绒、羊毛衫、挂（地）毯、绒毯。

上述产品由中方提供生产场地、劳动力、管理和技术人员；日方提供设备：纺机、织机、产品检验设备以及车间空调设备、运输汽车等。

2. 合资经营年限：20 年

3. 合资企业地址：××市西郊

占地面积：1000 平方米

建筑面积：厂房，4000 平方米

办公及附属建筑：1500 平方米

4. 投资总额及投资比例：投资总额人民币 2500 万元，其中注册资本：人民币 2000 万元，中方占 60%，日方占 40%，其中部分资金由合资企业向银行申请贷款。

5. 合资企业职工人数

生产人员：600 人，其中男 120 人，女 480 人（包括管理、技术人员）。

6. 投资方式及资金来源

中方以厂房、动力设施及现金作为投资。

日方全部以现金作为投资。

7. 产品的质量及销售方向

合资企业生产的各种产品要达到国际上具备的竞争能力和水平。70%的产品将由日方通过各种渠道销售到国际市场，30%向国内销售。

8. 外汇平衡

合资企业所需的外汇支出，由日方返销合资企业产品进行平衡。

五、合资企业的经济效益分析

年产值、利润、上缴税收、工资奖金、分红、积累。(略)

六、项目实施计划进度安排。(略)

七、附件。(略)

第二节　可行性研究报告

一、可行性研究报告的含义

可行性研究是指对某一中外合资项目的成功可能性、经济利益和风险、技术适宜性等进行科学分析和论证，以制定正确的投资决策，避免项目盲目性、减少损失和风险。

可行性研究报告是指在可行性研究的基础上对项目进行多方案的评价和最终选择并作可行或不可行的评定的一种经济技术论证性文书。它是可行性研究成果的集中表现，是作为投资决策的重要依据。

二、可行性研究报告的写作格式

可行性研究报告的基本结构有标题、正文、附件。

(一) 标题

一般由合资双方名称、项目名称、文种三个方面组成。如《安徽××公司与×国××公司合资经营××产品的可行性研究报告》，也可只写项目名称和文种。如《合资经营××项目的可行性研究报告》，标题的拟写最好能体现经营项目的性质、产品及规模。

（二）正文

一份以合资经营项目为主线的可行性报告，正文部分应包括下列内容：

1. 总论

（1）项目名称。例如《中日合资经营年产二十万台全自动洗衣机》

项目法定地址：××省××市

中方项目承办单位：××厂（或公司）

中方项目法定代表：××厂长（或经理）

中方合营主管部门：××市××厅（局）

外方合营者承办单位：××国（地区）××公司

外方合营者法定代表：××国（地区）××公司××项目经理

（2）可行性研究工作组。

写明本可行性研究报告的委托咨询单位（具备审查合格资格），主要负责人（组长），技术负责人及经济负责人的姓名（注明行政职务或技术职称）。

（3）项目资金。

货币单位：人民币：万元

　　　　　外币：万美元

合资项目总投资额：×××万元

注册资本：×××万元

中方股本：×××万元，占注册资本××%

外方股本：×××万元，占注册资本××%

中方出资方式：土地资金、厂房设施折合×××万元，自有资金×××万元，合计×××万元。

外方出资方式：设备、技术专利合计×××万美元，折合人民币×××万元。

合资企业国内银行贷款：×××万元

合资企业国外银行贷款：×××万元

中方股本缴付期限：××年××月××日以前

外发股本缴付期限：××年××月××日以前

（4）合营期限：××年。

合营期内，合营各方按注册资本比例分享红利和分担风险及亏损。

（5）项目背景及有关文件。

项目背景及洽谈历史（略）。

项目建议书及批准文件。（包括批准机关文号、日期及主要结论）

其他文件。

(6) 可行性研究的概况、结论、问题及建议。

① 概况。包括项目宗旨、经营范围、主要产品、技术方案和设备方案，各项生产条件劳动定员、总投资估算及资金来源，经济效益及主要指标，国民经济分析的主要指标及不确定分析指标等。

② 结论。该项目在技术上、市场上和经济上是可行的（或不可行的）以及项目的优点和实施的可能性。

③ 存在的问题及建议。

该项目存在的问题是什么，如果可行性研究的结论认为该项目不可行或某方面不可行，应提出建议，如采取什么措施进一步进行研究，使项目成为可行及其他建议。

2. 市场预测与项目规模分析

(1) 市场供需预测。

① 国内、国外市场需求预测；

② 国内市场供应量及国外进口量预测；

③ 国内、国外销售量预测。

(2) 产品方案论证。

① 产品方案描述；

② 产品经济寿命期预测；

③ 产品竞争能力分析。

(3) 生产规模。

① 生产经济规模的确定；

② 生产规模论证；

③ 生产计划的编制。

3. 物料供应

(1) 物料内容及特点。

列出主要物料清单、质量要求、单位产品消耗定额、单价和来源，注明进口物料内容，对其他一般物料做总的估算需要量和费用需要量。

(2) 物料供应规划。

根据生产规划，确定物料供应规划，包括各年物料供应和来源等。

(3) 物料供应费用。

根据物料需要、价格、运费和储存费用等估算正常生产年度物料供应费用等。

4. 建厂地区条件、厂址选择及费用估算

(1) 建厂地区条件。

① 厂址坐落地点、位置；

② 自然条件；

③ 交通运输条件；

④ 公用设施；

⑤ 物料供应条件；

⑥ 市场销售条件；

社会经济条件。

(2) 厂址选择。

(3) 厂址费用估算。

① 土地征用费；

② 场地开发费；

③ 厂外工程费等。

5. 工艺技术和设备

(1) 项目技术目标方案。

说明国内、外技术状况和发展趋势，结合企业的实际条件和国家的经济、技术政策，拟建项目的技术目标，包括采用先进技术和设备，提高产品质量和生产能力，提高产品设计和制造技术水平，实现现代化管理的培训人才以及提高经济效益等方面的具体要求。

(2) 工艺技术方案选择。

① 主要工艺方案及其技术论证；

② 技术引进方案（包括理由、内容、方式及费用估算等）。

(3) 设备方案的选择。

① 设备组合方案的选择；

② 设备清单及其来源；

③ 进口设备方案的选择；

④ 国内设备来源选择；

⑤ 设备投资费用估算等。

6. 项目设计方案

(1) 总图运输方案。

① 项目范围；

② 总图运输方案；

③ 总图运输方案的论证。

(2) 存储方案。

① 说明原料、成品、中间物料，主要辅料及燃料的储量，储存期限及存储方式；

② 说明仓储的设备及规模；

③ 列出主要设备清单。

(3) 公用工程设施方案。

① 公用工程（包括水、电、通讯、供热、制冷等工程设施）；

② 企业管理、生活福利设施。

(4) 土建工程方案。

① 土建工程方案及其论证；

② 土建工程清单；

③ 土建工程投资费用估算。

7. 生产组织

(1) 企业组成、管理体制及经营方式。

说明企业的管理体制是几级管理及各级的组成，并说明企业的经营方式。

(2) 企业组织机构的设置。

① 权力机构：中外合资经营企业根据其性质应设立董事会，董事会成员应按各方投资比例作出明确规定。

② 管理机构的设置：可设总公司（总厂）和分公司（分厂）或公司（厂），下设各部门和科（室），并确定各机构职能。

(3) 劳动定员及工资。

① 劳动定员（工人，管理人员，高级管理人员）；

② 职工来源；

③ 工资及补贴。

(4) 人员培训。

包括国内国外培训人数、要求及费用估算等。

8. 环境保护和劳动安全防护

(1) 环境保护方案；

(2) 劳动保护方案；

(3) 安全保护方案；

(4) 职业安全方案。

9. 项目实施计划

(1) 项目实施各阶段内容；

(2) 项目实施计划时间表的编制；

(3) 项目实施费用估算。

10. 投资估算及资金筹措

(1) 总投资估算。

① 国内项目总投资估算；

② 外商投资项目的总投资估算。

(2) 资金筹措。

① 外商直接投资；②国外信贷资金；

③ 国内资金；④资金运用规划。

11. 经济评价

(1) 财务评价。

财务评价是项目经济评价的重要组成部分，它是在国家现行财税和价格体系基础上，对项目进行效益分析，考察项目盈利性、借款偿还、外汇平衡等财务状况以及中外合营各方的盈利水平。

(2) 国民经济评价。

国民经济评价是项目经济评价的核心部分，它是从国民经济的角度考察项目的效益和费用；分析项目对国民经济的贡献；评价项目经济上的合理性。

(3) 不确定性分析。

项目经济评价所采用的数据存在一定程度上的不确定性，需要进行不确定性分析，以了解各因素变化对经济评价指标的影响，预测项目风险，分析项目在财务上和经济上的可靠性。

不确定性分析包括盈亏平衡分析、敏感性分析和概率分析。

12. 评价

(1) 工程技术、财务及国民经济综合评价；

(2) 社会效益评价；

(3) 结论（包括项目的优点、总论或建议）。

附件（略）。

三、可行性研究报告的写作要求

（一）重事实

在项目可行性研究报告的整个写作过程中，主要着眼点在事实分析。

写作者对各类情况的分析显得特别重要，既要有全面情况，如社会需求情况，又要有局部情况，如地域、环境情况。写作过程也就是研究各种情况、各方面条件的过程。当然，对情况的叙述和分析不是可行性研究报告的写作目的，情况、事实的分析以能否由此得出本项目是否可行为目的，报告的说服力首先建立在事实的真实、典型，议论的有理有据上。因此，可行性研究报告的事实材料既是研究对象，又是产业研究结果的依据，是证明研究材料结论真实性的重要支柱，所以要确保其真实性和准确性，尤其是数字材料，要认真核算。

（二）有系统

可行性研究报告中的材料涉及许多方面，可谓种类繁多、内容复杂，但作为写作者来说，不管事实材料多么繁琐，都应该分别说明属于哪些问题，总体来说又是共同说明某一项目可行性的，因此在写作时要注意逻辑性、注意严密思考，使之成为一个完整、系统、有说服力的有机整体。

（三）讲科学

可行性研究报告的结论既要旗帜鲜明，又要客观科学。旗帜鲜明是指结论果断明确，是非分明，绝不模棱两可，然否各半，符合事物的本质，预测符合事物发展的规律。

（四）通俗化

可行性研究报告内容多，牵涉面广，同时还有很强的专业性，因此在语言上除了准确、简洁、周密、鲜明外，还要注意通俗易懂力求避免过多的行业术语。

【例文二】

×市×制冷设备厂与德国凯斯有限公司合资
经营年产×万吨××产品的可行性研究报告

一、总论

1. 项目名称：×市×制冷设备厂与德国凯斯有限公司合资经营年产×万吨××产品的可行性研究报告

2. 项目承办单位：×市×制冷设备厂

负责人：厂长×××

3. 本可行性研究工作由×市××工业设计院承担，该机构于××年经×

市计划委员会审查资格合格。

4. 可行性研究工作总负责人：高级工程师×××。

5. 可行性研究工作技术负责人：总工程师×××。

6. 可行性研究工作经济负责人：总会计师×××。

7. 本项目建议书业经×市商务局于××年××月×日以×字×号批准。

二、中方合营者基本情况

×市×制冷设备厂是一个具有职工×××人，以生产××产品为主的×型厂，行政上隶属于市××工业局；营业执照为××号；地址为××市××路××号。

全厂占地面积××亩，建筑面积××平方米，共有××设备××台，××年底固定产值为××万元，额定流动资金为××万元，完成总产值××万元，实现利润为××万元。

全厂共有工程技术人员××名，其中高级××名，中级××名。共有经济管理人员××名，其中高级××名，中级××名。

全厂共设××科（室），下属车间××。

三、外方合营者的基本情况

德国凯斯有限公司创建于××年，共有职工×××人。厂址在德国××市××街××号。营业执照××号，主要产品为××，××年产量为××，占世界比重的×%，销售金额为××万美元，主要销售市场为××地区。母公司在德国××市。世界各地共有11个子公司，注册资本×××万美元，投资总额×××万美元。

四、筹办合资经营的理由及依据，合营方案总的分析与结论

我国海域辽阔，石油资源丰富，海上石油开发已列为国家重点发展项目之一。海上石油钻研主要设备是钻井平台，据了解每口井需要消耗性设备为50万美元。各种设备我国尚未生产过，国家经委已决定由×市×制冷设备厂生产，以适应石油生产的需要，国际上生产各种消耗性设备的大公司主要有5家，其中凯斯股份公司的产品要占一半左右，技术、质量都是比较先进的，我国要填补这个空白，必须从外国引进技术，而经比较德国凯斯公司是理想的合作伙伴，而且该公司与×市×制冷产品厂过去已有过交易，双方已有合作基础。

投资双方确定成立合营公司，注册资本为××万美元，其中中方占52%，外方占48%。双方均以现金投资（中外方均以本国货币折成美元投资），以合营公司名义购进国外设备，合营公司总投资额为××万元。投资总额为注册资金外，不足之数向国外银行贷款。合营期限20年，公司地址设在中国×市。

本合营方案在引进技术方面是先进的，是符合我国国情的，经济上是合理的，财务资金上是合理的，社会效益是良好的。

五、市场

1. 国内市场调查预测表。编制主要产品销售量年度分布表和主要产品销售金额分年预测表。预测依据市场商业信息与历史资料，以合资经营制冷剂为例，根据内贸部××年市场调查，我国家用电冰箱城市普及率与国外相比较差距很大。预测到200×年，我国家用电冰箱城市普及率达到××%，所需制冷剂的数量比现在增加7.4倍，年平均增加速度为31%左右，如制冷剂按15%年增长率计算，每年需要量为6～7万吨，而我厂现有生产量不到十分之一，由此可以断定，合营制冷剂，该产品的市场销售是没有问题的。

2. 国外市场调查预测表。同样编制上述两表，资料应由外方合营者提供。制表时必须说明：

（1）合营公司主要产品内外销比例；

（2）外销是由外方合营者包销还是代销，外销价格如何确定；

（3）外汇收入额应以外销产品的销售净额计算。

3. 进入国际市场的设想措施。据外方合营者提供的信息得知，制冷剂外销主要是亚太地区。该地区年需要量为××万吨，但有15家厂竞争，外方合营者占的比例为×%。预计合营企业生产的产品分年打入亚太地区的数量为××万吨。

六、生产

1. 产品生产能力的选定。编制主要产品生产能力分年选定表。产品生产能力选定的理由：以200×年需要为目标，从××年开始，××产品年递增率为××万吨。

在市场预测基础上，最低可提供成品量是生产计划的依据，也是保持合营公司的最低水平，据此可测算出公司的盈亏。但这个产量不代表公司的生产能力，生产能力是以设备、人员、物资三者的利用为条件，估计市场上升的变化，作出最高可供销售量，即公司的生产纲领。生产纲领一般按一班

（八小时）编制。如市场销售量增加时，可采取措施增加部分设备，人员增为两班制，产量亦可相应增加。因此生产纲领适宜市场销售为基础的，它包括三种计划：最低销售计划，最高销售计划，生产能力计划。可行性研究经济效益的分析以第一种为核算依据，以第二种为投资总额计算基础，以第三种为产销平衡的依据。

2. 主要产品分年产销方案表。（略）

七、原材料供应

1. 主要原材料、动力、燃料供应计划。（略）
2. 主要原材料规格质量要求。（略）
3. 物料供应分析计划表。（略）

八、人员、工资及福利预测表。（略）

九、厂址选择

合营公司地址设在××，现有面积××平方米，厂房建筑面积××平方米。选择理由：1. 地处×市近郊××中心，协作比较方便；2. 交通运输方便，厂址只要铺设3公里，就可以与铁路干线相连，通往全国；厂址临近××港口，外运方便；3. 附近有热电厂，电力供应充沛。

十、技术与设备

1. 技术引进与选定的理由
2. 技术转让的特点
3. 支付技术转让费的条件
4. 产品技术指标汇总表
5. 技术转让及费用汇总表
6. 引进设备清单（包括名称、主要规格、数量及从何国引进）
7. 设备价格选择的依据
8. 固定资金计划

十一、生产组织、劳动定员

1. 合营公司组织机构（略）。
2. 工时定额（分工种制定）

3. 人员配备。(略)

4. 人员培训。

(1) 国外培训计划每年为40人次，在2～3年内进行，共计80人次，平均每人按4个月计算；

(2) 国内培训，主要采取短期训练方式。

十二、基本建设

已编制基本建设设计任务书，其中的征地、拆迁、安置、土地平整以及修建厂内外的基础设施和配套的公共设施，均已取得了有关市政规划部门的支持与同意。

十三、横向配套

合营公司对下列内容均已做了安排：

1. 横向配套的质量、价格、供货等要求；
2. 主要原材料需求量及来源；
3. 横向国产率计划；
4. 横向配套件厂技术改造所需资金。

十四、环境保护

环境保护与筹办合营工作同步进行，在建设过程中，及时注意解决废水、废气、废渣问题，到建成时达到我国有关环境保护规范要求。

十五、投资估算和资金筹措

1. 投资估算

(1) 固定资产投资，共计××万美元；

(2) 流动资金，按照流动资金周转天数估算，最高额为××万元，达到生产纲领年为××万元。

(3) 项目总投资费用为××万元。

2. 资金筹措

资金主要来源有：①各方投入股金××万元；②长期银行贷款××万元；③短期银行借款××万元；④合营公司内部积累××万元。

3. 外汇平衡

合营企业在合营初期一般外汇支出较多，收入较少，必须要落实解决差额的措施。因此编制详尽外汇收入表常常是一个很重要的工作。外汇收支平衡表的内容包括收入与支出两大部分。其中收入部分包括中方投资、外方投资、产品返销、借款外汇、外汇存额利息、其他等合计。支出部分包括进口机器设备、合营公司工程设计费、进口零部件、偿还外汇借款和利息、许可证及咨询费、外籍职工薪金及费用、出国培训费、产品返销费用（包括运输费、保险费、交际费用等）、技术转让费、投资人分利、外汇投资还本提存、其他等合计。然后根据收入与支出的合计数分别计算出当年的余额和累计余额。

对于外汇缺额问题，如果合营企业的产品，属于中国急需进口的，以中国国内市场为主要销售市场的，外汇不平衡由有关省、自治区、直辖市人民政府或国务院主管部门在留成外汇中调剂解决，不能解决的，由对外经济贸易部会同中华人民共和国国家计划委员会审批后纳入解决计划。

十六、财务与经济分析

从产品成本、利润、资产负债等情况分析，合营公司财务上的前景是乐观的，正常生产年度税后利润为15%，平均每年可供分配利润额为注册资本的20%，通过采用投资回收期、投资利润率、盈亏临界点等指标进行分析，合营公司投资效益是理想的，投产后所获利润能达到公司的目标。

十七、社会经济效益

社会经济效益的分析是为国家对该合营企业做出批准与否的宏观决策提供依据，对目前可能提供的数据和可疑有根据地进行预测的数据进行定量分析，对目前无法提供的或无法预测的数据进行定性分析。

十八、项目实施计划与进度要求

1. 签订协议、合同、章程、协商董事会名单以及报批的计划进度；（略）
2. 厂内外工程的计划进度；（略）
3. 引进技术、进口设备的计划进度；（略）
4. 试生产和正式投产的计划进度。（略）

十九、主要附件（略）

第三节 协 议 书

一、合营企业协议书的含义

合营企业协议书是指合营各方对设立合营企业的某些要点和原则达成一致而订立的文书。因此，协议是签订合同的前提。

二、合营企业协议书与合营企业合同的区别

协议书是合营各方对某一合营项目进行谈判，协商后签订的具有合同性质的文书，它的作用、格式、写法与合同基本相似，但协议书不受什么限制，使用较广泛，另外协议书的内容也不像合同那样具体相近，而是较为原则、概括。

三、合营企业协议书的内容及格式

（一）协议书的内容，主要包括

1. 合营企业名称、性质、经营范围及规模；
2. 合营企业的投资金额及各方面的投资比例；
3. 合营企业产品销售的内外比例；
4. 合营企业管理机构的组成；
5. 技术引进及补偿办法；
6. 合营各方利润分配和亏损分担的比例；
7. 合营期限；
8. 解决合营各方之间的争议的方式和程序等。

（二）协议书的格式，由

1. 标题；
2. 合营各方名称；
3. 正文条款；
4. 签字等部分，构成。

第四节　合　同

一、中外合资企业合同的含义

中外合资企业合同是指合资各方设立合资企业就相互之间的权利和义务达成一致意见而订立的文件。合资企业的合同是成立合资企业的必要条件。它是在申报项目建议书和可行性研究报告之后，合资各方认为该项目技术上、经济上可行，条件也谈妥，并在签订协议书的基础上再正式签订的。当合资企业协议与合同有抵触时，应以合同为准。

二、中外合资企业合同的特点

（一）合同的主体是中外合资企业，其标的是指具体的合资企业；

（二）在中国境内成立的合资企业，其双方（或多方）签订的合同必须经中国政府批准方能生效；

（三）合同的法律依据应以中国法律为基准；

（四）合同期限较长，一般在10至20年，有的甚至长达几十年；

（五）合同内容远比一般单纯买卖合同内容庞杂得多。

三、中外合资企业合同的主要内容

（一）前言部分，包括

1. 合资各方名称、注册国家、法定地址和法定代表的姓名、职务和国籍。

2. 合资企业的名称、法定地址、宗旨、经营范围和规模。

（二）正文部分，包括

1. 合资企业的投资总额、注册资本、合资各方的出资额、出资比例、出资方式、出资的缴付期及出资欠缴、转让等规定。

2. 合资各方利润分配和亏损分担的比例。

3. 合资企业董事会的组成、董事名额的分配以及总经理、副总经理及其他高级管理人员的职责、权限和聘用办法。

4. 采用的主要生产设备、生产技术及来源。

5. 原材料购买和产品销售方式，产品在中国境内和境外销售比例。

6. 外汇资金收支的安排。

7. 财务、会计、审计的主力原则。

8. 有关劳动管理、工资管理、劳动保险等事项的规定。

9. 合资企业的期限、解散及清算程序。

10. 违反合同责任。

11. 解决合资各方之间争议的方式和程序。

（三）结尾部分，包括

合同文本使用文字和生效条件，合同生效日期、有效期限、终止日期等。

四、中外合资企业合同的格式

第一章　总　则

中国××公司和×国××公司，根据《中华人民共和国中外合资经营企业法》和中国其他有关法规，本着平等互利的原则，通过友好协商，同意在中华人民共和国××省××市，共同投资举办合资经营企业，特订立本合同。

第二章　合营各方

第一条　本合同的各方为：

中国××公司（以下简称甲方），在中国××地登记注册，其法定地址在中国××市××街××号。法定代表：姓名×××职务×××国籍××。

××国××公司（以下简称乙方），在××国××地登记注册，其法定地址在××。法定代表：×××职务××国籍××。

（注：若有两个以上合营者，依次成为丙丁……方。）

第三章　成立合资经营公司

第二条　甲、乙方根据《中华人民共和国中外合资经营企业法》和中国的其他有关法规，同意在中国境内建立合资经营××有限责任公司（以下简称合营公司）。

第三条　合营公司的名称为××有限责任公司。外文名称为××。

合营公司的法定地址为：××省（市）××市××路××号。

第四条　合营公司的一切活动，必须遵守中华人民共和国的法律、法令和有关条令规定。

第五条　合营公司的组织形式为有限责任公司。甲、乙双方以各自认缴的出资额对合营公司的债务承担责任。各方按出资额在注册资本中的比例分享利润和分担风险及亏损。

第四章　生产经营目的、范围和规模

第六条　甲、乙双方合资经营的目的是：本着加强经济合作和技术交流的愿望，采用先进而适用的技术和科学的经营管理方式，提高产品质量，并在质量、价格等方面具有国际市场上的竞争能力，提高经济效益，使投资各方获得满意的经济利益（注：要根据具体情况写）。

第七条　合营公司生产经营范围是：生产××产品；对销售后的产品经行维修服务；研究和发展新产品（注：要根据具体情况写）。

第八条　合营公司的生产规模如下：

1. 合营公司投产后的生产能力为××。

2. 随着生产经营的发展，生产规模可增加到××。产品品种将发展××（注：要根据具体情况写）。

第五章　投资总额与注册资本

第九条　合营公司的投资总额为人民币××元（或双方商定的一种货币）。

第十条　甲、乙方的出资费用共为人民币××元，以此为公司的注册资本。

其中：甲方××元，占××%；乙方××元，占××%.

第十一条　甲、乙双方将以下列作为出资：

甲方：现金××元

机械设备××元

厂房××元

土地使用权××元

工业产权××元

其他××，共××元。

乙方：现金××

机械设备××元

厂房××元

土地使用权××元

工业产权××元

其他××，共××元。

（注：以实物工业产权作为出资时，甲乙双方应另行订立合同，作为本合同的组成部分）

第十二条　合营公司注册资本甲乙方按其出资比例分×期缴付，每期缴付数额如下：（注：根据具体情况写）

第十三条　甲乙任何一方如向第三者转让其全部或部分出资额，需经另一方同意，并报审批机构批准。

一方转让其全部或部分出资额时，另一方有优先购买权。

第六章　合营双方的责任

第十四条　甲、乙方应各自负责完成以下各项事宜：

甲方责任：

办理为设立合营公司向中国有关主管部门申请批准、登记注册、领取营业执照等事宜。

向土地主管部门办理申请取得土地使用权的手续。

组织合营公司厂房和其他工程设施的设计、施工。

按第十一条规定提供现金、机械设备、厂房。

协助办理乙方作为出资而提供的机械设备进口报关手续和中国境内的运输。

协助合营公司联系落实水、电、交通等基础设施；协助合营公司招聘当地的中国国籍的经营管理人员、技术人员、工人和所需的其他人员。

协助外籍工作人员办理所需的入境签证、工作许可证和旅行手续等。

负责办理合营公司委托的其他事宜。

乙方责任：

按第十一条规定提供现金、机械设备、工业产权……并负责将作为出资的机械设备等实物运至中国港口。

办理合营公司委托在中国境外选购机械设备、材料等有关事宜。

提供需要的设备安装、调试以及生产技术人员、生产和检验技术人员。

培训合资公司的技术人员和工人。

如乙方同时又是技术转让方，则应负责合营公司在规定的期限内按设计能力稳定地生产合格产品。

负责办理合营公司委托的其他事项。（注：要根据具体情况写）

第七章　技术转让

第十五条　甲、乙双方同意，由合营公司与××方或第三者签订技术转让协议，以取得为达到本合同第四章规定的生产经营目的、规模所需的先进生产技术，包括产品设计、制造工艺、测试方法、材料配方、质量标准、培训人员等（注：要在合同中具体写明）。

第十六条　乙方对技术转让提供如下保证：（注：在乙方负责向合营公司转让技术的合营合同中才有此条款）

1. 乙方保证为合营公司提供××（注：要写明产品名称）的设计、制造技术、工艺流程、测试和检验等全部技术是完整的、准确的、可靠的，是符合合营公司经营项目的要求，保证能达到本合同要求的产品质量和生产能力。

2. 乙方保证合同和技术转让协议规定的技术全部转让给合营公司，保证提供的技术是乙方同类技术中最先进的技术。

3. 乙方对技术转让协议中规定的各阶段提供的技术和技术服务，应开列详细清单作为该协议的附件，并保证实施。

4. 图纸、技术条件和其他详细资料是所转让技术的组成部分，保证如期提交。

5. 在技术转让协议有效期内，乙方对该项技术的改进，以及改进的情报和技术资料，要及时提供给合营公司，不另收费用。

6. 乙方保证在技术转让协议规定的期限内使合营技术人员和工人掌握所转让的技术。

第十七条　如乙方未按合同及技术转让协议的规定提供设备和技术，或发现有欺骗和隐瞒之行为，乙方应负责赔偿合营公司的直接损失。

第十八条　技术转让费采取提成方式支付。提成率为产品出厂净销售额的××%。

提成支付期限以本合同第十九条规定的技术转让协议期限为期限。

第十九条　合营公司与乙方签订的技术转让协议期限为×年。技术转让协议期满后，合营公司有权继续使用和研究发展该引进技术。

（注：技术转让协议期限一般不超过十年，协议需经对外经济贸易部或其委托的审批机构批准）

第八章　产品的销售

第二十条　合营公司的产品，在中国境内外市场上销售，外销部分占××%，内销部分占××%（注：可根据实际情况写明各年度内外销的比例和数额。一般情况下外销量至少能满足合营公司外汇支出的需要）

第二十一条　产品可由下述渠道向国外销售：

由公司直接向中国境外销售的占××%。

由合营公司与中国外贸公司订立合同，委托其代销，或由中国外贸公司包销的占××%。

由合营公司委托乙方销售的占××%。

第二十二条　合营公司内销产品可由中国物资部门、商业部门包销或由合营公司直接销售。

第二十三条　为了在中国境内外销售产品和进行销售后的产品维修服务，

经有关部门批准，合营公司可在中国境内设立销售维修服务的分支机构。

第二十四条　合营公司的产品使用商标为××。

第九章　董事会

第二十五条　合营公司登记之日，为合营公司董事会成立之日。

第二十六条　董事会由××名董事组成，其中甲方委派××名，乙方委派××名。

董事长由甲方委派，副董事长由乙方委派。董事和董事长任期四年，经委派方继续委派可以连任。

第二十七条　董事会是合营公司的最高权力机构，决定合营公司的一切重大事宜。对于重大问题（注：按中外合资经营企业法律实施第三十六条列举主要内容），应一致通过，方可作出决定。对其他事宜，可采取多数或简单多数通过决定（在具体合同中要明确规定）。

第二十八条　董事长是合营公司的法定代表。董事长因故不能履行其职责时，可临时授权副董事长或其他的董事为代表。

第二十九条　董事会会议每年至少召开一次，由董事长召集并主持会议，董事长可召开董事会临时会议。会议记录应归档保存。

第十章　经营管理机构

第三十条　合营公司经营管理机构，负责公司的日常经营管理工作。经营管理机构设总经理一人，甲方推荐；副总经理×人，由甲方推荐×人，乙方推荐×人。总经理、副总经理由董事会聘请，任期×年。

第三十一条　总经理的职责是执行董事会会议的各项决议，组织领导合营公司的日常经营管理工作。副总经理协助总经理工作。

经营管理机构可设若干部门经理，分别负责企业各部门的工作，办理总经理和副总经理交办的事项，并对总经理和副总经理负责。

第三十二条　总经理、副总经理有营私舞弊或严重失职，经董事会会议决议可随时撤换。

第十一章　设备购买

第三十三条　合营公司所需原材料、燃料、配套件、运输工具和办公用品等，在条件相同情况下，应先在中国购买。

第三十四条　合营公司委托乙方在国外市场选购设备时，应邀甲方派人参加。

第十二章　筹备和建设

第三十五条　合营公司在筹备、建设期间，在董事会下设立筹备建设处。

筹建处由×人组成，其中甲方×人，乙方×人。筹建处设主任一人，由×方推荐。筹建处主任、副主任由董事会任命。

第三十六条　筹建处具体负责审查工程设计，签订工程施工承包合同，组织有关设备、材料等物资的采购和验收，制定工程施工总进度，编制用款计划，掌握工程财务支付和工程决算，制定有关的管理办法，做好工程施工过程中文件、图纸、档案、资料的保管和管理等工作。

第三十七条　甲乙双方指派若干技术人员组成技术小组，在筹建处领导下，负责对设计、工程质量、设备材料和引进技术的审查、监督、检验、验收和性能考核等工作。

第三十八条　筹建处工作人员编制、报酬及费用，经甲乙双方同意后，经董事会批准撤销。

第三十九条　筹建处在工厂建设完成并办理完毕移交手续后，经董事会批准撤销。

第十三章　劳动管理

第四十条　合营公司职工的招聘、辞退、工资、劳动保险、生活福利和奖惩等事项，按照《中华人民共和国中外合资经营企业劳动管理规定》及实施办法，经董事会研究制订方案，由合营公司和合营公司的公会组织集体或个别地订立劳动合同加以规定。

劳动合同订立后，报当地劳动管理部门备案。

第四十一条　甲、乙双方推荐的高级管理人员的聘请和工资待遇、社会保险、福利、差旅费标准等，由董事会会议讨论决定。

第十四章　税务、财务、审计

第四十二条　合营公司按照中国有关法律和条例规定缴纳各项税金。

第四十三条　合营公司职工按照《中华人民共和国所得税法》缴纳个人所得税。

第四十四条　合营公司按照《中华人民共和国中外合资经营企业法》的规定提取储备资金及职工福利奖金，每年提取的比例由董事会根据公司的经营情况讨论决定。

第四十五条　合营公司的会计年度从每年一月一日起至十二月三十一日止，一切记账凭证、单据、报表、账簿用中文填写。（注：也可同时用甲乙双方同意的另一种外文书写）

第四十六条　合营企业的财务审计聘请在中国注册的会计师审查、稽查、并将结果报告董事会和总经理。

如乙方认为需要聘请其他国家的审计师对年度财务进行审查，甲方应予同意。其所需一切费用由乙方承担。

第四十七条　每一经营年度的头三月，由总经理组织编制上一年度的资产负债表、损益计算书和利润分配方案，提交董事会会议审查通过。

第十五章　合营期限

第四十八条　合营公司的期限为××年。合营公司的成立日期为合营公司执照签发之日。

经一方提议，董事会会议一致通过，可以在合营期满六个月前后向我、对外经贸部（或其委托的审批机构）申请延长合营期限。

第十六章　合营期满财产处理

第四十九条　合营期满或是提前终止合营，合营公司应依法进行清算，清算后的财产，根据甲、乙方投资比例进行分配。

第十七章　保险

第五十条　合营公司的各项保险在中国人民保险公司投保，投保险别、保险价值、保期等按照中国人民保险公司的规定由合营公司董事会会议讨论决定。

第十八章　合同的修改、变更与解除

第五十一条　对本合同及附件的修改，必须经甲、乙双方签署书面协议，并报原审批机构批准，才能生效。

第五十二条　由于不可抗力致使本合同无法履行，或由于合营公司连年亏损，无力继续经营，经董事会一致通过，并报原审批机构批准，可提前终止合营期限和解除合同。

第五十三条　由于一方不履行合同、章程规定的义务或严重违反合同、章程规定，造成合营公司无法经或无法达到合同规定的经营项目的，视做违约方片面终止合同，对方除有权向违约一方索赔外，并有权按合同规定报原审批机构批准终止合同。如甲、乙方同意继续经营，违约方应赔偿合营公司全部损失。

第十九章　违约责任

第五十四条　甲、乙任何一方未按本合同第五章的规定依期按数提交完出资额时，从逾期第一个月算起，每逾期一个月，违约一方应缴付应出资额的百分之一的违约金外，守约的一方有权按本合同第五十三条规定终止合同，并要求违约方赔偿损失。

第五十五条　由于一方的过失，造成本合同及其附件不能履行或不能完全履行时，由过失的一方承担违约责任；如属双方的过失，根据实际情况，由双方分别承担各自应负的违约责任。

第五十六条　为保证合同及其附件的履行，甲、乙双方应相互提供履行的银行担保书。

第二十章　不可抗力

第五十七条　由于地震、台风、水灾、战争以及其他不能预见并且对其发生和后果不能防止或避免的不可抗力，致使直接影响合同的履行或者不能按约定的条件履行时，遇有上述不可抗力的一方，应立即电报通知对方，并应在十五天内，提供不可抗力的详情及合同不能履行，或部分不能履行，或者需要延期履行的理由的有效证明文件，此项证明文件应由不可抗力发生地区的公证机构出具。按照对履行合同影响的程度，由双方协商解决是否解除合同，或者部分免除合同的责任，或者是延期履行合同。

第二十一章　适用法律

第五十八条　本合同的订立、效力、解释、履行和争议的解决均受中华人民共和国法律的管辖。

第二十二章　争议的解决

第五十九条　凡因执行本合同所发生的或与本合同有关的一切争议，双方应通过友好协商解决；如果协商不能解决，应提交北京中国国际贸易促进委员会对外经济贸易仲裁委员会，根据该会的仲裁程序暂行规则进行仲裁。仲裁裁决是终局的，对双方都有约束力。

或者凡因执行本合同所发生的或与本合同有关的一切争议，双方应通过友好协商解决，如果协商不能解决应提交×国×地×仲裁机构根据该仲裁程序进行仲裁。仲裁裁决是终局的，对双方都有约束力。

或者凡因执行本合同所发生的或与本合同有关的一切争议，双方应通过友好协商解决，如果协商不能解决，应提交仲裁。

仲裁在被诉人所在国进行：

在中国，由中国贸易促进委员会对外贸易仲裁委员会根据该会的仲裁程序暂行规则进行仲裁。

在（被诉人国名）由（被诉人国家的仲裁组织名称）根据该组织的仲裁程序进行仲裁。

仲裁裁决是终局的，对双方都有约束力。

（注：在订立合同时，上述三种方式仅能选一种）

第六十条　在仲裁过程中，处双方有争议正在进行仲裁的部分外，本合同应继续履行。

第二十三章　文　字

第六十一条　本合同用中文和×文字写成，两种文字具有同等效力。上述两种文本如有不符，以中文本为准。

第二十四章　合同生效及其他

第六十二条　按照本合同规定的各项原则订立如下的附属协议文件，包括：工程协议、技术转让协议、销售协议……均为本合同的组成部分。

第六十三条　本合同及其附件，均须经中华人民共和国对外贸易部（或其他的审批机构）批准，自批准之日生效。

第六十四条　甲、乙双方发送通知的方法，如用电报、电传通知时，凡涉及各方权利、义务的，应随之以书面信件通知。合同中所列甲、乙双方的法定地址为甲、乙双方的收件地址。

第六十五条　本合同于二〇〇×年×月×日由甲、乙双方的授权代表在中国××签字。

中国××公司代表　　　　××国××公司代表
（签字）　　　　（签字）

第五节　合资企业章程

一、合资企业章程的含义

合资企业的章程是按照合营企业的合同规定的原则，经合营各方一致同意规定合营企业的宗旨，组织原则和经营管理方法等事项的文件。因此，合营章程主要是设计合资企业成立后对于合资企业生产和管理的有关文件。

二、合资企业的章程与协议、合同的主要区别及相互关系

（一）协议与合同是合资企业合营各方之间制定的表述各方责、权、利的内部文件，对合营各方有约束力，无需对公众负责。

（二）章程是以合资企业名义制定的内部经营管理活动的规范文件，需对公众负责，且要对外界公布。

（三）协议、合同侧重于写明合营各方共同投资的目的和各方的责任；章

程则侧重写明合营企业怎样组建、管理、经营。

（四）章程必须以合同为准，其有关内容可以使合同内容的重复，但不能相互矛盾。

三、合资企业章程的写作格式

合资企业章程不同于简单的公约、守则之类，它要采用分章列条的复杂形式写作。

其结构大致包括标题、正文、落款三部分。

（一）标题。写明企业名称和文种，如：《××××有限责任公司章程》

（二）正文。主要包括以下内容：

1. 合资企业名称及法定地址。

2. 合资各方的名称、注册国家、法定地址、法定代表的姓名、职务、国籍。

3. 合资企业的宗旨、经营范围。

4. 合资企业的投资总额、注册资本、合营各方的出资比例、出资额转让的规定，利润分配和亏损分担比例。

5. 董事会的组成、职权和议事规则、董事的任期、董事长、副董事长的职责。

6. 管理机构的设置，办事规则，总经理、副总经理及其他高级管理人员的职责和任免办法。

7. 财务、会计、审计制度的原则。

8. 合资经营的期限、终止和清算。

9. 违约责任。

10. 章程修改的程序。

11. 文字、效力、批准机关等。

（三）落款。

合资各方代表的签字。

【例文三】

××××有限责任公司章程

第一章　总则

第一条　根据《中华人民共和国中外合资经营企业法》，中国××公司

（以下简称甲方）与××国××公司（以下简称乙公司）于××年××月××日在中国××签订的建立合资经营××××有限责任公司（以下简称合营公司），制定本公司章程。

第二条　合营公司名称为：×××有限责任公司。

外文名称为：××××。

合营公司的法定地址为：××省××市××路××号

第三条　甲、乙双方的名称、法定地址为：

甲方：中国××公司

××省××市××路××号

乙方：××国××公司

××州（市）××街××号

第四条　合营公司为有限责任公司

第五条　合营公司为中国法人，受中国法律管辖和保护。其一切活动必须遵守中国的法律、法令和有关条例规定。

第二章　宗旨、经营范围

第六条　合营公司宗旨为：使用××先进技术，生产和销售××产品，达到××水平，获取甲乙双方满意的经济效益。

第七条　合营公司经营范围为：设计、制造和销售产品以及对售后的产品进行维修服务。

第八条　合营公司的生产规模为：

××年××（表示量的单位）

××年××

××年××

第九条　合营公司向国内、外市场销售其产品。其销售比例如下：

××年：出口占百分之××，在国内销售百分之××。

××年：出口占百分之××，在国内销售百分之××。

第三章　投资总额和注册资本

第十条　合营公司的投资总额为人民币××元。

合营公司注册资本为人民币××元。

第十一条　甲、乙双方出资如下

甲方：认缴出资额为人民币××元，占注册资本的百分之××。

其中：现金××

　　　机械设备××元

厂房××元

土地使用权××元

工业产权××元

其他××元

乙方：认缴出资额折为人民币××元，占注册资本百分之××。

其中：现金××

机械设备××元

工业产权××元

其他××元

第十二条　甲、乙双方应按合同规定的期限缴清各自出资额。

第十三条　甲、乙双方缴付出资额后，经合营公司聘请在中国注册的会计师验资，出具验资报告后，由合营公司据以发给出资证明书。出资证明书主要内容是：合营公司名称、成立日期、合营者名称及出资额、出资日期、发给出资证明书日期等。

第十四条　合营期内，合营公司不得减少注册资本数额。

第十五条　任何一方转让出资额，不论全部或部分，都需经另一方同意。一方转让时，另一方有优先购买权。

第十六条　合营公司注册资本的增加、转化，应由董事会一致通过后，并报原审批机构批准，向原登记机构办理变更登记手续。

第四章　董事会

第十七条　合营公司设董事会。董事会是合营公司的最高权力机构。

第十八条　董事会决定合营公司的一切重大事宜，其职权主要如下：

决定和批准总经理提出的重要报告：

（如生产规划、年度营业报告、资金、借款等）；

批准年度财务报表、收支预算、年度利润分配方案；

通过公司的重要的规章制度；

决定设立分支机构；

修改公司章程；

讨论决定合营公司停产，终止或与另一个经济组织合并；

决定聘用总经理、总工程师、总会计师、审计师等高级职员；

负责合营公司终止和期满时的清算工作；

其他应由董事会决定的重大事宜。

第十九条　董事会由××名董事组成，其中甲方委派×名，乙方委派×

名。董事任期为四年，可以连任。

第二十条　董事会设董事长由甲方委派，副董事长一名，由乙方委派。

第二十一条　甲、乙双方在委派和更换董事人选时，应书面通知董事会。

第二十二条　董事会例会每年召开×次。经三分之一以上的董事会提议可召开董事会临时会议。

第二十三条　董事会原则上在公司所在地举行。

第二十四条　董事会会议由董事长召集并主持，董事长缺席时由副董事长召集并主持。

第二十五条　董事长应在董事会开会前30天书面通知各董事，写明会议内容、时间、和地点。

第二十六条　董事会因故不能出席董事会会议，可以书面委托代理人出席董事会。如届时未出席也未委托他人出席，则作为弃权。

第二十七条　出席董事会会议的法定人数为全体董事的三分之二，不够三分之二人数时，其通过的决议无效。

第二十八条　董事会每次会议，须详细的书面记录，并由全体出席董事签字，代理人出席时，由代理人签字，记录文字使用中文和××文，该记录由公司存档。

第二十九条　下列事项董事会一致通过。

(每个合营公司可根据各自的情况而定)

第三十条　下列事项须董事会三分之二以上董事或经过半数董事通过。

(注：每个合营公司可根据各自情况而定)

第五章　经营管理机构

第三十一条　合营公司的经营管理机构，下设生产、技术、销售、财务、行政等部门。

第三十二条　合营公司设总经理一人，副总经理一人，正副总经理由董事会聘请。首届总经理由×方推荐，副总经理由×方推荐。

第三十三条　总经理直接对董事会负责，执行董事会的各项决定，组织领导合营公司的日常生产、技术和管理工作。副总经理协助总经理工作，当总经理不在时，代理行使总经理的职责。

第三十四条　合营公司日常工作中重要问题的决定，应由总经理和副总经理联合签署方能生效，需要联合签署的事项，由董事会具体规定。

第三十五条　总经理、副总经理的任期为×年。经董事会聘请，可以连任。

第三十六条　董事长或副董事长、董事经董事会聘请，可兼任合营公司总经理，副总经理及其他高级职员。

第三十七条　总经理或副总经理不得兼任其他经济组织的总经理或副总经理，不得参与其他经济组织对本合营公司的商业竞争行为。

第三十八条　合营公司设总工程师、总会计师和审计师各一名，由董事会聘请。

第三十九条　总工程师、总会计师、审计师由总经理领导。

总会计师负责领导合营公司的财务会计工作，组织合营公司开展全面经济核算，实施经济责任制。

审计师负责合营公司的财务审计工作，审查稽核合营公司的财务收支和会计账目，向总经理并向董事长提出报告。

第四十条　总经理、副总经理、总工程师、总会计师、审计师和其他高级职员请求辞职时，应提前向董事会提出书面报告。

以上人员如有营私舞弊或由严重失职行为的，经董事会决议，可随时解聘，如触犯刑律的，要依法追究刑事责任。

第六章　财务会计

第四十一条　合营公司的财务会计按照中华人民共和国财政部制定的中外合资经营财务会计制度规定办理。

第四十二条　合营公司会计年度采用日历年制，自1月1日起至12月31日止为一个会计年度。

第四十三条　合营公司的一切凭证、账簿、报表，用中文书写。

第四十四条　合营公司采用人民币为记账单位币。人民币同其他货币折算，按实际发生之日中华人民共和国国家外汇管理局公布的汇价计算。

第四十五条　合营公司在中国银行或中国银行同意的其他银行开立人民币及外币账户。

第四十六条　合营公司采用国际通用的权责发生制和借贷记账法记账。

第四十七条　合营公司财务会计账册上应记载如下内容：

一、合营公司所有的现金收入、支出数量。

二、合营公司所有物资出售及购入情况。

三、合营公司注册资本及负债情况。

四、合营公司注册资本的缴纳时间、增加及转让情况。

第四十八条　合营公司财务部门应在每一个会计年度头3个月编制上一个会计年度的资产负债表和损益计算书，经审计师审核签字后，提交董事会会议通过。

第四十九条　合营各方有权自费聘请审计师查阅合营公司账簿。查阅时合营公司应提供方便。

第五十条　合营公司按照《中华人民共和国中外合资经营企业法所得税法实施细则》的规定，由董事会决定其固定资产的折旧年限。

第五十一条　合营公司的一切外汇事宜，按照《中华人民共和国外汇管理条例暂行条例》和有关规定及合营合同的规定办理。

第七章　利润分配

第五十二条　合营公司从缴纳所得税后的利润提取储备基金、企业发展基金和职工奖励及福利基金。提取的比例由董事会决定。

第五十三条　合营公司依法缴纳所得税和提取各项基金后的利润，按照甲、乙方在注册资本中的出资比例进行分配。

第五十四条　合营公司每年分配利润一次。每个会计年度3个月内公布利润分配方案及各方应分的利润。

第五十五条　合营公司上一个会计年度亏损未弥补前不得分配利润。上一个会计年度未分配的，可并入本会计年度利润分配。

第八章　职　工

第五十六条　合营公司职工的招收、招聘、辞退、辞职、工资、福利、劳动保险、劳动保护、劳动纪律等事宜，按照《中华人民共和国中外合资经营企业劳动管理规定》及其他实施办法办理。

第五十七条　合营公司所需要的职工，可由当地劳动部门推荐，或经劳动部门同意后，由合营公司公开招收，但一律通过考试，择优录用。

第五十八条　合营公司有权对违反合营公司的规章制度和劳动纪律的职工，给予警告、记过、降薪等处分，情节严重，可予以开除。对开除职工，须报当地劳动人事部门备案。

第五十九条　职工的工资待遇，参照中国的有关规定，根据合营公司的具体情况，由董事会确定，并在劳动合同中具体规定。

合营公司随着生产的发展，职工业务能力和技术水平的提高，适当提高职工的工资。

第六十条　职工的福利、奖金、劳动保护和劳动保险等事宜，合营公司将分别在各项制度中加以规定，确保职工在正常条件下从事生产和工作。

第九章　工会组织

第六十一条　合营公司职工有权按照《中华人民共和国工会法》的规定，

建立工会组织，开展工会活动。

第六十二条 合营公司工会是职工利益的代表，它的任务是：依法维护职工的民主权力和物质利益；协助合营公司安排和合理使用福利、奖励基金；组织职工学习政治、业务、科学技术知识，开展文艺、体育活动；教育职工遵守劳动纪律，努力完成合营公司的各项经济任务。

第六十三条 合营公司工会代表职工和合营公司签订合同，并监督合同的执行。

第六十四条 合营公司工会负责人有权列席有关讨论合营公司的发展计划、生产经营活动等问题的董事会会议，反映职工的意见和要求。

第六十五条 合营公司工会参加调解职工和合营公司之间发生的争议。

第六十六条 合营公司每月按照合营公司职工实际工资总额的百分之二拨交工会经费。合营公司工会按照中华全国总工会制定的《工会经费管理办法》使用工会经费。

第十章 期限、终止、清算

第六十七条 合营期限为××年。自营业执照签发之日起计算。

第六十八条 甲、乙双方一致同意延长合营期限，经董事会会议作出决议，应在合营期满前6个月向原审批机构提交书面申请，经批准后方能延长，并向原登记机构办理变更登记手续。

第六十九条 甲、乙双方如一致认为终止合营符合各方最大利益时，可提前终止合营。

合营公司提前终止合营，需要董事会召开全体会议作出决定，并报原审批机构批准。

第七十条 发生下列情况之一时，甲、乙任何一方有权依法终止合营。

（注：每个合资企业可根据自己的情况而定）

第七十一条 合营期满或提前终止合营时，董事会应提出清算程序，原则和清算委员会人选，组成清算委员会，开始对合营公司财产进行清算。

第七十二条 清算为委员会任务是对合营公司的财产、债权、债务经行全面清查，编制资产负债表和财产目标，制订清算方案，提请董事会通过后执行。

第七十三条 清算期间，清算委员会代表公司起诉或应诉。

第七十四条 清算费用和清算委员会成员的酬劳应从合营公司现存财产中优先支付。

第七十五条 清算委员会对合营公司的债务全部清偿后，其剩余的财产按甲、乙方在注册资本中的出资比例进行分配。

第七十六条 清算结束后，合营公司应向审批机构提出报告，并向原登记机构办理注销登记手续，缴回营业执照，同时对外公告。

第七十七条 合营公司结业后，其各种账目，由甲方保存。

第十一章 规章制度

第七十八条 合营公司董事会制定的规章制度有：

1. 经营管理制度，包括所属各个管理部门的职权与工作程序；

2. 职工守则；

3. 劳动工资制度；

4. 职工考勤、升级与奖励制度；

5. 职工福利制度；

6. 财务制度；

7. 公司解散时的清算程序；

8. 其他必要的规章制度。

第十二章 附则

第七十九条 本章程的修改，必须经董事会会议一致通过决议，并报原审批机构批准。

第八十条 本章程用中文和××文书写，两种文字具有同等效力。上述两种文本如有不符，以中文本为准。

第八十一条 本章程须经中华人民共和国商务部（或其委托的审批机构）批准才能生效。

第八十二条 本章程于××年××月××日由甲、乙双方的授权代表在中国××签字。

中国××公司代表（签字）　　　　××国××公司代表（签字）

综合训练

□知识训练

1. 什么是项目建议书和可行性研究报告？

2. 项目建议书和可行性研究报告在写作上有何要求？

3. 什么是合资经营企业？
4. 在中国境内建立合资企业需要具备哪些法律文件？
5. 合资企业合同有何特点？
6. 合资企业的协议书与合同有何区别？
7. 合资企业的合同与合资企业的章程有何区别？

第十一章　外经贸公共关系文书

学习提示

通过本章的学习，使学生对外经贸公共关系文书的写作和实际运用有基本的了解。要求能熟练地使用公关书信、公关广告、演讲词等文书形式，同时能够了解国际公共关系的相关内容。其中公关书信和公关广告为学习的重难点。

第一节　外经贸公共关系概述

“公共关系”一词的首次出现是在1807年美国总统托马斯·杰斐逊的国会演说中。根据现代公关创始人之一、公关理论奠基人爱德华·伯尼斯定义，公共关系是一项管理功能，通过制定政策及程序来获得公众的谅解和接纳。公共关系一词源自英文的Public Relations，简称“公关”（PR）。Public意为“公共的”、“公开的”、“公众的”，Relations即“关系”之谓，两词合起来用中文表述便是“公共关系”，有时候又称“公众关系”、“公众联络”等。

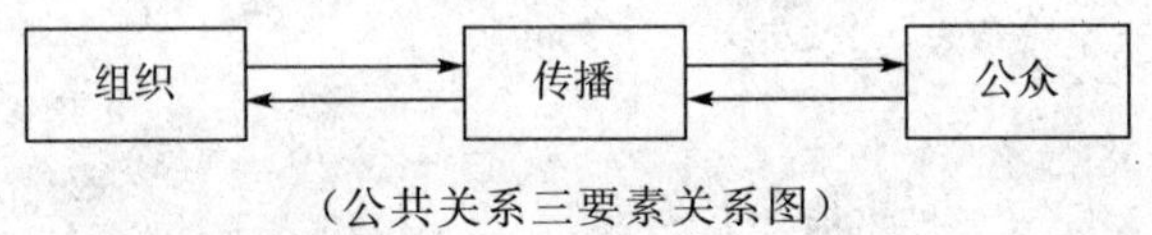

（公共关系三要素关系图）

外经贸公共关系是公共关系在对外经济贸易活动中的应用，是为了建立一个良性的国内外市场环境，增强自己的商业竞争能力，保持一个畅通的货物销售渠道，最大限度地获得经济利益而进行的一系列活动。与其他行业的公共关系相比，它具有以下特点：

1. 外经贸企业在日常工作中对内、对外要处理好多重关系，它的公众范围是很广的；

2. 外经贸公关对传媒有极大的依赖性，因此它往往从传媒中更多地获取信息，而不是形象的树立；

3. 外经贸公关的目标应以发展现有客户、发掘潜在客户为主。

公共关系文书即公关应用文。随着改革开放的深入，外经贸组织对国内外的交往日趋频繁，外经贸公关文书的运用也日趋广泛。相关从业人员必须熟练掌握这种基本的公关技能，并有效地利用此类文书的文字传播来达到公关目的。

第二节　公共关系书信

一、几种常见的公共关系书信

（一）贺信与贺电

贺信、贺电是向对方表示祝贺、赞扬的礼仪性公关文书，针对性强，内容具体。它可以用于祝贺对方取得卓越成就、巨大贡献；或用于祝贺重大会议、庆典；也可用于祝贺个人就任、晋升、寿诞等。以文书的形式表示的称“贺信”，以电文形式表示的称“贺电”。

贺信、贺电的写法如下：

1. 标题

2. 称呼

首行顶格写清受祝贺的组织的全称或个人姓名、职衔、职称。

3. 正文

另起行空两格简述所祝贺的事由，并对对方的成绩、活动的意义、个人的品质和贡献等做简要陈述。

4. 结尾

5. 署名和日期

（二）感谢信、表扬信、慰问信与推荐信

感谢信侧重于对别人的关心、支持、帮助等表示感谢，只要写明为何事向何人（或单位）表示何种谢意即可。写给单位的，在信纸的正中写上“感谢信”三个字（给个人的则不必写）。致感谢之意时，应注意感情真挚，用词恰当，不要过分，避免谄谀之嫌。

表扬信是一种表扬个人或集体先进事迹、先进思想的信件，其格式与感谢信相同。撰写时应注意：对被表扬人和事的叙述一定要准确无误，评价要实事求是、恰如其分。除了作者在信中给予表扬外，信中也可以建议有关部门给予表扬。

慰问信是一种对他人表示慰藉、问候、鼓励、关切的专用信件。慰问信的内容要根据事件和对象的不同有所区别。如：慰问灾区人民，在表示难过或哀痛的心情之后，要着重鼓励对方战胜灾害；慰问节假日坚持生产的工农群众，则着重称颂他们的贡献等。语言应当亲切、热情，富有感情色彩。

推荐信主要用于向别人推荐人或事物，以便别人采纳。一般是第三者写，也有自荐的。它要求将被推荐者的基本情况和值得推荐的理由写充分，但又要实事求是，不作溢美之词，也不要故意隐瞒某些缺点和不足。写到国外的推荐信，推荐人在前面要作自我介绍，写明自己的姓名、工作单位、通讯地址、职称、主要著作、与被推荐人的关系等；国内的推荐信，可在信中顺便作自我介绍，说明推荐人与被推荐人的关系。如有现成表格，可照表格填写有关问题，然后写几句推荐语。

（三）求职及辞职信

求职信是求职者写给招聘单位的信函，是求职者向用人单位或单位领导人介绍自己的实际才能、表达自己就业愿望的一种书信，可以起到毛遂自荐的作用。好的求职信可以拉近求职者与人事主管（负责人）之间的距离，获得多一些的面试机会。求职信也是一种自我表白，多数用人单位都要求求职者先寄送求职材料，由他们通过求职材料对众多求职者有一个大致的了解后，再通知面试或面谈人选。因此，求职信写得好坏与否将直接关系到求职者是否能进入下一轮的角逐。求职信所给的对象很难明确，也许是人事部一般职员，也许是经理，因此求职信写上“人事部负责人收”较妥，此外内容要简明扼要和实事求是。

求职信的格式、内容及撰写要求：

1. 称谓（对受信者的称呼）

要写在第一行，要顶格写受信者单位名称或个人姓名和称谓。

2. 正文

正文要另起一行，空两格开始写求职信的内容。正文内容较多，要分段写。

（1）写求职的原因；

（2）写对所谋求的职务的看法以及对自己的能力做出客观公允的评价，这是求职的关键。要着重介绍自己应聘的有利条件，要特别突出自己的优势和“闪光点”，使对方信服；

（3）提出希望和要求。这段属于求职信的内容的收尾阶段，要适可而止，不要罗唆，更不要苛求对方。

3. 结尾

另起一行，空两格，写敬祝语。这两行均不点标点符号，不必使用过多的礼貌用语，以免画蛇添足。

4. 署名和日期

写信人的姓名和成文日期写在信的右下方。姓名前面不必加任何谦称的限定语，以免有阿谀之感，或让对方轻看你的能力。成文日期要年、月、日俱全。

5. 附件

有说服力的附件是对求职者的鉴定的凭证。所以求职信的附件是不可忽视的组成部分。附件不需太多，但必须有分量，足以证明你的才华和能力。

辞职信，也叫辞职书或辞呈，是辞职者向原工作单位辞去职务时写的书信。辞职信是辞职者在辞去职务时的一个必要程序。辞职信的写作要求是：态度恳切、措辞委婉；不要批评对方。

辞职信的结构：

1. 标题。一般用“辞职信”或“辞呈”即可。

2. 称谓。写辞职信送达的单位名称、领导姓名或职务。

3. 正文。

（1）辞职理由。即说明“为什么辞职”；

（2）表明辞职态度。直接说明自己要辞去什么职务，并请求批准。也可先表明辞职愿望，再写辞职理由；

（3）表示感谢。感谢对方对自己过去工作的支持和帮助，并诚恳地希望对方谅解自己的辞职。

4. 结语。一般用“此致敬礼”、“祝工作愉快”等。

5. 署名与日期。写辞职者姓名和辞职时间。

二、公关书信的写作要求

（一）沟通性

公关活动可以借助于写公函、拍电报、写书信、发请柬、发聘书、送慰问信、送表扬信等，达到传递信息、安排工作，争取社会效益和经济效益的目的。公关工作的沟通是双向的，公关书信的使用也要考虑反馈效应，可以作为联络的纽带和架设友谊的桥梁。

（二）时效性

作为传播、服务的工具，公关书信必须公开、迅速、通畅地发挥作用。它的写作要快，传递要快，反馈要快。要及时地抓住时机开展工作，求得高速度、高效率。时间就是生命，就是金钱，任何迟滞都会使公关书信失去作用。

（三）务实性

公关书信的写作是一种实用写作，每种文书的起草都要明确写作目的，从公关工作实际出发，提出和解决现实中的问题。

（四）简洁性

公关书信是处理公关事务的应用文，为便于沟通、交往与传播，必须去芜求精，简明概括，切忌拖泥带水。

（五）规范性与准确性

为便于流通与管理，提高用文的效率，公关书信的写作必须按习惯通用的格式与要求进行写作。运用语言的准确严密、合乎逻辑与语法、合乎事实与政策，是公关书信用语的基本要求之一。

三、外经贸公共关系书信及其作用

（一）外经贸公共关系书信

外经贸公共关系书信，是公共关系书信在对外经济贸易活动中的应用，它是为了建立一个良性的国内外市场环境，增强自己的商业竞争能力，保持一个畅通的货物销售渠道，最大限度地获得经济利益而进行的一系列文书活动。因此，外经贸公共关系书信与一般的公关书信相比具有特殊性。

（二）外经贸公共关系书信的主要作用

1. 融洽关系，增进友情

对外贸易是一种双向贸易。贸易双方在互利的基础上达成协议，有时这种协议是在锱铢必究的谈判中完成的。而公共关系书信能为紧张的商业谈判提供一个轻松环境，将纯粹的商业关系转换成具有一定人情味的朋友之交，有利于贸易伙伴的长期合作。

2. 化解矛盾，点石成金

在对外贸易活动中，难免会出现利益的冲撞，这时如果生搬合同条款、法律条文，会使矛盾激化。而一封公关书信，阐述自己的处境，表达自己的歉意，提醒对方的义务等等，使矛盾于和风细雨中化解。留住了商业伙伴，表达了自己的诚意，变不利因素为有利因素，这正是公共关系的神奇之处。

3. 宣传形象，推销产品

企业形象需要宣传，企业产品需要推销，而宣传和推销需要艺术的方式。公共关系书信能将企业的目的更婉转地传达给对方，使企业形象具有了文化内涵。

【例文一】

贺　　信

安徽省××水泥厂全体职工：

喜闻十月二日是贵厂建厂30周年纪念日，谨此表示热烈祝贺！

三十年来贵厂全体职工发扬了艰苦创业、自力更生、增产节约、多做贡献的可贵精神，不仅为祖国的工业建设提供了新产品，而且培养了大批技术人才，支援了兄弟单位。多年来，贵厂在技术力量方面，给我厂以无私的帮助和支援。为此我们表示衷心的感谢，并决心以实际行动向贵厂全体职工学习，努力钻研技术，提高产品质量，为达到同行业的先进水平而努力。

最后，祝贵厂全体职工在四个现代化的新长征中取得更大的成绩。

此致

敬礼

安徽省××厂

二〇〇八年九月二十日

【例文二】

感　谢　信

青岛康美工艺品公司并张总经理：

首先让我们向您致以衷心的感谢！

日前，我们“中美贸易和投资洽谈会”青岛分团正着急为赴美选带什么礼品时，是您总经理毅然伸出友谊的手，康美公司的姑娘们昼夜加班，赶制出一份丰厚独特的礼品，使我们深深感到，贵公司的礼品美，你们的姑娘们手巧、心灵更美。

让我们再次感谢总经理和贵公司姑娘们的支持和诚挚友情。

此致

敬礼

“中美贸易和投资洽谈会”青岛分团

二〇〇九年三月九日

【例文三】

推 荐 信

尊敬的女士/先生：

您好，我是王华，皖华公司的总经理。得知我公司优秀员工蒋云女士想要出国深造，我感到非常高兴和无比欣慰。在我看来，这样一个上进的年轻人应该接受良好的教育，拥有更辉煌的未来。因此，我很荣幸能向贵校推荐这位优秀青年。

蒋云女士曾在大四时来我公司实习。尽管对业务不很熟悉，工作经验相对匮乏，但从不服输的她一刻也不放弃学习的机会，利用闲暇时间大量阅读有关业务的书籍，虚心向其他员工请教。逐渐她开始精通各项业务，并取得了一定成绩。对此她并没有骄傲满足，相反，遇到难题，她仍然虚心向同事求教。鉴于她在实习期的出色表现，我公司破例招收她为正式员工（通常我公司不考虑应届毕业生）。

现在，作为我公司的一名业务精英，蒋云女士工作更加认真负责，为所有同事树立了榜样。付出就有获得，她因此被评为本公司优秀员工，并享有高额奖金津贴。

虽然从某种程度上来说，如此优秀的员工即将踏上留学之途是我公司的损失，但是考虑到她的前途，我依然毫不犹豫地支持她远赴贵校深造。真诚期望贵校能同样支持她，给她一个实现自己梦想的机会。谢谢。

总经理：王华

二〇〇八年四月十日

【例文四】

求 职 信

尊敬的主管领导：

您好！

首先对您能看完这封信表示深深的感谢。本人欲申请贵公司的外贸及相关工作。我自信符合贵公司的要求。

2009 年 7 月，我将从吉林大学国际贸易专业毕业。中国已加入 WTO，国际贸易的工作人员对任何一个试图扩大销路、进军国际市场的企业来说都是必不可少的。

在大学期间，我多次获得奖学金，担任过体育部干事、软科学协会和七色天文学社的工作人员，具有很强的组织协调能力。事业心和责任感使我勇于面对任何困难和挑战。对体育的偏爱和对身体的重视，加上长期的体育锻炼，使我具备了坚忍、不怕苦的个性和良好的生理、心理素质。我自信能够很好地完成上级下达的各项工作。

在校期间，我完成国贸专业大量的经济学基础课程之后，又主修了国贸专业的有关课程，还辅修了第二专业商务英语和二外日语。因此，我认为自己具备一个外贸工作人员的基本条件，同时也有能力从事文秘、营销及相关工作。

随函附有我的个人简历。如有机会与您面谈，将十分感激。

相信您的信任和我的能力将为我们带来共同的成功。

此致

敬礼

李　明

二〇〇九年五月

第三节　公共关系广告

一、公关广告的含义

公关广告是公关实务活动中塑造实体形象、传递新信息的一种宣传方式。它公开面向广大公众，具有传播性和告知性。它借助一定的媒介进行有计划的、非个体的活动，具有接受性和说服性。它融语言、文字、音乐、美术、摄影等于一体，具有综合性。它对传播信息、加速流通、认识与审美具有重要作用。它常用的媒介有：印刷媒介、电子媒介、物体媒介等。一般而言，公关广告侧重于介绍、宣传社会组织的情况，建设其社会形象，提高其知名度和美誉度。

公关广告与商业广告，无论在构思创意，艺术表现，还是在传播方式等方面，差异都不大，不过仔细考虑，还是有所区别的：

（一）广告目标不同

商品广告目标是有效传递商品信息，促发消费热情，实现直接经济利益。公关广告的目标，则主要是向社会、公众介绍组织的相关情况，如组织规模、资源状况、营运情况及发展前景等，争取社会公众对组织的关心、了解、赞许和合作。公关广告可以形象地称之为“攻心广告”。

（二）广告作用不同

商品广告的作用就是直接地、迅速地、及时地传播经济信息，而公关广告则体现着组织的经营管理理念，在组织的经营管理中处于全局性、战略性的地位，贯穿于经营管理的全过程。社会公众也通过这种广告认识组织。

（三）传播周期不同

商品具有时间性的特点，制约了商品广告的时效，故而商品广告的传播周期比较短。而公关广告旨在宣传介绍组织本身，公众对组织的认识、接受需要经过一个相对漫长的时间。因此，经常地、不间断地对组织进行广告宣传是唯一奏效的手段。

二、公共关系广告的类型

公关广告因具体目标不同分为不同类型。

（一）公司（企业）广告

公司（企业）广告是以提高企业的知名度和树立良好形象为主要目标的广告形式。任何企业都有一块招牌，它的名称（包括商标）和声誉如同企业的财产一样，是构成企业存在的基石。从某种意义上说，牌子比财产还重要，没有财产，可以创造财产；牌子要倒了，企业的生命也就完结了。为此，许多企业家十分重视企业广告。比如，当你踏入北京车站地下走道时，就会迎面看到一块大型灯箱广告，上写：“诸位旅途辛苦了，欢迎您到北京来”。这块广告牌，在塑造北京车站的良好形象方面，立下了极大的功劳。

（二）响应广告

每个组织与社会各界都有密切的关联，一方面有需要各界广泛理解和支持的意愿，另一方面也有希望通过一种途径向社会表达自己乐于支持政府和各界活动的意愿，因而就产生了“响应广告”。其主要内容是对政府的某种活动或社会生活中的重大事件表示响应和支持；另一种常见的“响应广告”是祝贺性的广告。如某公司新开业，以同行的身份刊登广告致以热烈祝贺，这是表示愿意携手合作，共同繁荣，也是表示欢迎正当竞争。许多时候，这类广告的做法是，向新开业单位赞助若干广告费，并在该单位的开业广告上署名祝贺，该单位通常也会以某种方式表达谢意。祝贺广告对受贺方和祝贺方都有好处。受贺方可以极大地提高自己的知名度，有效地向社会显示自己的横向联系能力，从而含蓄地表现自己的光明前景，同时也可节省一笔广告费用；至于祝贺一方，虽说是出钱为别人做广告，但也不无裨益：首先可以借助这类广告，广结良缘，建立友善关系；其次可以提高声望。这对一个小的或原先知名度甚低的企业来说，花不多的钱把名字登在报上，是值得的，况且若能多次以祝贺者姿态出现，那声名必定会日渐远扬。

（三）倡议广告

倡议广告是以企业名义，率先发起某种社会活动，或提供某种有意义的新观念的广告。如“献给母亲节有奖征文启事”。每年 5 月第二个星期日是母亲节，《北京青年报》与中华乌鸡精厂决定共同举办“中华乌鸡精献给母亲节”有奖征文，讴歌无私的母爱，提倡尊重母亲的风气。倡议广告一般来说要有明确的主题和目标，以表明企业对社会活动的关心、支持与积极参与的态度。

（四）致歉广告

致歉广告，顾名思义，是表示歉意的广告。常见的致歉广告有两种：

1. 向公众赔礼道歉的致歉广告。刊登这类广告，往往是由于刊登者本身出现了差错，并殃及某些公众利益。这类广告的制作，并无多大窍门，关键在于是否有勇气。不少企业明知做错了事，损害了部分公众利益，但怕事态扩大，败坏形象，因而想方设法为保全面子，遮盖真相，不敢主动认错。这种做法常常适得其反。明智的做法是：除采取补救措施（如停产整顿，查办失职人员，向客户退赔损失等）外，还应公开刊登广告赔礼道歉。这样才能挽回损失，重新树立自身的良好形象。

2. 让公众消除误解的致歉广告。这类广告是以致歉的形式，向公众更正事实，消除公众的误解。如消费者手持劣质产品，上门责难，经检查责任又不在生产厂家或发现是冒制品，这时应该怎么办？登报“严正声明”未尝不可，但从公关角度看，用硬碰硬的“声明广告”不如改用语气谦和的致歉广告为好。1986 年山东一家洗衣机厂收到了许多顾客的投诉后，立即派人调查。结果发现，导致洗衣机质量低劣的根本原因在于铁路部门野蛮装卸。于是，该厂在报上登了一则广告，内称由于未能及时发现运输环节存在的问题，致使已损坏的产品到达顾客手里，为此深表歉意，并表示今后尽力避免类似事故发生。这种主动从自己身上找过失并公开致歉的做法，同发表义正词严的声明相比，前者更能显示企业真心服务大众的诚意。

（五）公益广告

公益广告是就某些行为、观念、道德或哲理向社会公众进行告知、提示、劝导和警示的社会性广告。其主要内容涉及社会的方方面面，诸如社会公德、文明礼貌、风俗习惯、生态环境保护、慈善救灾、交通安全、禁赌戒烟、防火防盗、心理教育、亲情友情等等。公益广告具有双重作用，对于社会来说，其作用在于提高整个社会公民的素质，唤起整个社会公民对社会责任和社会问题的正确认识和密切关注，以促进社会的文明进步和健康发展。如："江河并非万古流，生命离不开水"；"还记得天空的颜色吗？保护环境，减少大气污染"；"知识的富有才是真正的富有"等。从另一方面讲，公益广告对社会组织来说，由于它是社会良知的体现、社会进步的象征、社会文明的标志，因此它也可以给组织带来无法估量的社会效益。例如："夜深了，请您调低电视机音量，以免影响邻居休息"，"今天下雪路滑、保险公司提醒市民请注意交通安全"等，这种细心、及时、真诚的提示，缩小了公众与组织之间的心理距离，树立了组织对公众的关心、爱护，赢得了公众的喜爱。公益广告成功的基础在于抓住公众的心理，研究公众的需要。例如，"曾几何时，我们奔波于事业，陶醉于爱情，却忽视了饱经沧桑的母亲。回家，哪怕打一个电话！"这则朴素的广告词，唤醒了忙碌在现代社会的人们对亲情的珍视，对家的思念，很容易使人们产生共鸣。

由于公益广告用极其凝练、富有艺术性的文字和创意性的画面与公众达成一种感情上的沟通和心理上的契合，因此很容易使公众对组织生产某种认同感，从而改善和强化公众对组织的印象，是社会组织树立形象、赢得公众信任和支持的一种有效手段和策略。

三、公关广告写作时考虑的因素

（一）目标

——必须清楚地了解所要达到的目的，而且必须是了解广告的单一目标而不是多重目标，广告中的一切都应该为目标服务。在编辑广告的时候，要去掉任何没有对目标进行深入发掘的词句或影像。

（二）事实

——只有在对所有与事件相关的事实进行谨慎而全面的检查之后，才能为广告选择出一个特定的目标。只有这样，才能根据信息就你和竞争对手的优劣势做出有意义的判断，并且找到一个能利用你的优势或攻击对手劣势的广告目标。公关广告文案写作中要严格遵循客观事实，语言表达精确清晰，正确处理好艺术表现与客观真实的关系。

（三）公众

——在进行广告写作前，应该对目标受众的特性有全面的了解，知道他们的欲望、需求和价值观。

（四）媒体

——在撰写公关广告前，必须清楚正在为哪个或哪些媒体写稿。首先要考虑的问题就是满足媒体的技术要求。一个为报纸准备的广告可能不符合杂志的要求，肯定也不符合电台、电视台或互联网的要求。

四、公关广告文案的写作艺术

公关广告文案一般包括标题、正文、广告词和随文四个部分构成。

（一）标题

标题的拟写在公关广告文案的写作中有特殊的意义。公关广告的主旨体现在标题上。标题应当具备“立即引起注意”和“阅读向导”功能，要能有效抓住公众心理，使之瞩目，形成一种视觉冲击力，把广告主旨迅速传递给公众。如一化妆品公司的广告标题“如何让 35 岁以上的女人看上去更年轻?”；一个鲜奶广告的标题“从台湾第一至世界金牌，统一鲜奶就是最好的鲜奶”。前者一下就能抓住读者的注意力，而后者则以简洁的文字把产品的高品质、权威认证及企业的自豪感、荣誉感等主要信息都集中在标题中予以呈现。

公关广告的标题写作在形式上可以分为直接标题、间接标题和复合标题。直接标题要求把最重要的事实和情况开门见山地公之于众。直接标题的优点在于简洁明了，不足之处在于信息传递过于直露浅白，往往不能诱导公众阅读下文；间接标题则不在标题中明确显示广告的主要信息或主题，采用含蓄、迂回的手段，巧妙地引发公众的兴趣，使之关注正文，获取信息；复合标题在形式上常由两个或两个以上标题复迭构成，与多行式新闻标题相类似，在创意上往往将上述直接式和间接式两种类型的标题有机组合而成。

（二）正文

正文应当解释公共关系的主旨，向公众提供企业和组织信息的细节。公关广告的写作体式，常见的有陈述体、说明体、论证体、文艺体。叙述是陈述体文案的主要表达方式，以陈述性的语言来介绍广告内容，有脉络清晰、交代明白、立见主干的效果；说明体文案旨在用说明的方法将广告内容介绍和解释清楚，往往给公众以客观、实在的感觉；论证体文案主要是展示有关权威的鉴定评价、获奖情况、典型用户的见证、典型的实例来说明广告内容的真实性、可靠性；文艺体文案主要借助文艺的形式，如诗歌、散文、故事来表现广告内容，具有生动活泼、形象鲜明、感染力强的特点。

（三）广告词

广告词，也可以说是广告口号，它是组织在广告运作中长期而反复使用的、简明扼要的、具有口号性质的、表现组织精神理念或商品特性的语句。广告词经反复宣传，便能不断地强化公众对组织形象及其品牌的一贯印象。广告词的语句一定要简短易记，朗朗上口。语句过长，就难以理解记忆，难以广为流传。一般，广告口号字数最好控制在十字之内，最长不宜超出二十字，语言风格越趋向口语越佳。

（四）随文

随文也称附文、结尾语，是广告文案的结尾部分。随文中一般标出组织名称、地址、电话、网址、联系人员等信息。这一部分不是广告文案的必备部分，可以根据实际需要决定写或不写。

【例文五】

《远洋摩托车》——草原篇

（电视广告脚本）

一望无际的草原上传来一阵急促的马蹄声和催马扬鞭“驾”的焦急吆喝声。地平线上跃出二位策马飞驰的牧民纵马狂奔闯进草原医院的护栏。牧民神情紧张地边敲窗户，边大声喊着：“大夫！大夫！”

……

一个医用救护箱挎在了医生的身上。

医生用脚发动远洋摩托车，

牧民连忙打开栅栏，医生飞车冲出。

牧民跨上马列，调头疾追。

摩托车、骏马奔驰在辽阔的草原上。

医生驾车冲过河溪。

牧民策马直追。

遇到沟坎，医生飞车一跃而过。

马匹却在沟边踌躇不前。

摩托车终于驰到蒙古包前。

夕阳西下，远洋摩托车醒目地停在蒙古包外，牧民们焦急地在等待着。

忽然一声婴儿高亢的啼哭震动了寂静的草原。

母子平安，牧民们脸上露出兴奋而宽慰的笑容。

日落草原，远洋摩托车停立在蒙古包外，格外醒目。

结尾字幕："有多少远洋摩托车，就有多少动人的故事。"

第四节　演讲词

演讲词俗称演说词、讲话稿或演讲稿，是指在重要场合或群众集会上发表讲话的文稿。在各种会议和场合，它可以用来交流思想、表达感情、发表意见和主张、提出号召和倡议。

一、演讲词的类型

（一）叙事型演讲词

——以叙述为主要表达方式，辅以适当的议论、说明和抒情。叙事演讲词通过对人物、事件、景物的记叙和描述，表达演讲者的思想感情，反映社会生活的本质和规律。

（二）说理型演讲词

——以议论为主要表达方式，它应具有正确、深刻的论点，使用确凿而充足的具有说服力的论据，进行富有逻辑性的论证。

（三）抒情型演讲词

——以抒情为主要表达方式，在演讲中抒发演讲者的爱恨、悲喜等强烈的感情，对听众动之以情，以"情"这把钥匙来开启听众的心灵。

二、演讲词的特点

（一）针对性

撰写演讲词，要考虑听众的需要，讲话的题目应与现实紧密结合，所提出的问题应是听众所关注的事情，所讲内容的深浅也应符合听众的接受水平。同时，演讲又要注意环境气氛，既要注意当时的时代环境，又要了解演讲的具体场合：是庄严的会议或重大集会，是同志间的座谈和讨论问题，是欢迎国宾，还是一般的友人聚会。不同的场合，演讲有不同的内容、不同的讲法。

（二）鲜明性

演讲的内容不能只是客观地叙述事情，还必须表明自己的主张，阐明自己的见解。赞成什么，反对什么，表扬什么，批评什么，均应做到立场鲜明、态度明确，不能含糊。好的演讲总是以其精密的思想启发听众，以鲜明的观点影响听众，给听众以鼓舞和教育。

（三）条理性

要使讲话易被听众听清、听懂，就要条理清楚、层次分明，否则所讲内容虽丰富、深刻，但散乱如麻，缺乏逻辑性，亦会影响讲话效果。

（四）通俗性

演讲的语言，总的说来应该通俗易懂，明白晓畅。要做到这一步，关键是句子不要太长，修饰不要太多，不宜咬文嚼字，要合乎口语，具有说话的特点。同时，也应该讲究文采，以便雅俗共赏。

（五）适当的感情色彩

演讲既要冷静地分析，即晓之以理；又要有诚挚热烈的感情，即动之以情，这样才能使讲话既有说服力，又有鼓动性。

三、演讲词的写作格式

演讲词没有固定的形式，可以根据不同的对象、时间以及所讲的问题自由灵活地安排结构方式。尽管如此，从众多的演讲词中仍可看出，其写作格式主要有标题和正文两部分。

（一）标题

标题的形式有三种：一种是报刊编辑者在登报时加上去的，不是作者自己拟定的；一种是由作者拟定正题，发表时编辑者再加上副题的；一种是作者拟定正题，题下注明作者姓名的。

（二）正文

正文的结构，一般开头先是针对会者的称呼，接着开始讲话，要造成一种气氛，引起听众注意，控制会场的情绪。主体部分全面展开论述，突出讲话中心，把全部所要表达的内容逐层交代清楚，给观众留下深刻的印象，结尾部分总结全文，表明态度。

四、演讲词的写作应注意的几个方面

（1）要弄清演讲的目的，就是为什么而讲，这是演讲词写作的前提。

（2）要弄清听众，就是要弄清对什么人讲，这样才能根据听众的特点有的放矢，才可能引起听众的共鸣。

（3）内容要新鲜，材料要充实，这样才能有吸引力，听众才会觉得有收获。

（4）结构要清晰，条理要层层展开，要有一以贯之的线索，这样才能有较强的逻辑性，才会有较强的说服力和感染力。

（5）语言要生动，口语化，多用短句，流畅而有节奏，这样才适宜于演讲的氛围。

【例文六】

比尔·盖茨清华大学演讲

尊敬的顾校长，清华大学的老师、同学们：

获得清华大学这所世界一流大学的名誉博士学位，让我感到非常荣幸。清华是一所有着百年历史的名校，这里诞生了很多杰出的科学家、商业和政治领袖。

我上一次访问清华是在1997年。当时，中国学生的才华、热情和创造性给我留下了很深的印象。之后，我决定在中国设立微软亚洲研究院。在沈向洋博士的领导下，在清华等大学优秀毕业生的协助下，微软亚洲研究院取得了成功，为微软公司做出了巨大贡献。在各种国际会议上都可以见到他们的身影。他们也为微软的新产品如Windows Vista的诞生，付出了辛勤的努力。在计算机科学迅速发展的今天，身为清华的学生是件激动人心的事。

我们才刚刚开始接触到软件魔法带来的奇妙体验。全世界有十亿计算机用户，他们才刚刚开始分享信息。随着半导体、光纤技术的发展，软件可以做更多的事情：

今天的电视还是被动的，在未来，你可以从因特网下载节目，电视将能和人交流、互动；

昨天我参观了中国农科院稻米研究所，看到那里的技术人员开始用软件来区分不同的稻米，为其排序，以后还可以通过软件的分析计算，用较少的农药培育出高产量的优良品种；

医学界已经开始用软件来管理数据库；

今天的手机已经成为我们的“数字钱包”，可以显示地图，上网查找信息，未来它还将可以和人交流；平板电脑的出现，使得在教室可以无线上网，用电脑录音、识别手写的文字。这样，学生无需课本就能实现更有效的学习，老师也可以看到世界各地的优秀教案。

当然，软件的未来还面临很多挑战，比如：如何使得用户更容易掌握？如何实现人工智能？但不管怎样，就计算机科学而言，我们所处的都是最激动人心的时代。

中国正在快速发展，对世界经济、科技创新正在做出越来越大的贡献。微软公司愿意帮助中国公司的成长，帮助所有的中国公民享受到计算机科学进步所带来的成果：

微软已经开展项目，帮助中国的进城务工人员、残疾人尤其是盲人享受科技成果；

微软已经捐资设立了五所希望小学和五所网上希望小学；

微软也同中国政府及大学合作，设立了很多学术交流项目，鼓励优秀外国专家来华讲学；

有来自39所亚太地区大学的超过2000名学生曾在微软亚洲研究院实习，并有120人获得了研究资助，其中清华所占学生人数最多；

本学年，微软亚洲研究院的研究人员将在清华开设一门课程：“计算机研究的热门领域”。

我还想借此机会宣布，微软公司将在清华设立“杰出访问学者”项目。在该项目下，微软亚洲研究院每年将邀请一位世界知名的计算机专家到姚期智教授领导的理论计算机科学研究所讲学。第一位获邀来访的是美国麻省理工大学的弗朗斯·凯斯霍德教授。

总之，我今天非常高兴来到贵校，并在接受我的母校哈佛大学颁给我名誉博士学位之前就成为清华的名誉博士。

刚才，我和大家分享了软件领域在未来可能出现的一些突破，以及它们会给企业带来的机会、为残疾人和学生提供的帮助。我希望大家都能像我一样乐观：只要可以上网，就能获得平等的受教育机会。

微软公司对于中国市场的专注是长期的。我们对于以学术严谨闻名的清华大学有着很高的期望。让我们携手努力，共创信息技术未来的辉煌！

谢谢大家。

附：　演讲技巧 101

1. 写讲稿时请切记：删减，删减，再删减。
2. 组合相同论点来立论。
3. 务必使听众听讲前后的感觉有所不同。
4. 时刻提醒自己：是与听众交谈，而不是对他们说话。
5. 要尽可能使听众参与演说。
6. 要预先观察演说场地，熟悉环境设施。
7. 要为演说作好时间安排。
8. 长途者可随身携带工作以消磨旅途时间。
9. 一小时演说，十小时准备。
10. 要清楚会议组织者拟订的议程安排。
11. 务必了解清楚演说嘉宾的专长。
12. 对听众要先研究再邀请。
13. 要检查演说场地的一切细微之处，即使是看似微不足道。
14. 要确定照明开关的位置，以便必要时调暗灯光，使用视觉辅助。
15. 确定视觉辅助的投放位置。
16. 预先计划好如何退场。
17. 务必了解如何操作扩音设备。
18. 要为迟到者留座。
19. 要围绕三四个要点构思演说。
20. 可来几段相关的趣闻逸事以保持听众的兴趣。
21. 务必将你演说的主要概念阐述清楚。
22. 每个要点都要用一句话总结。
23. 研究信息时勿忘自己的主要目的。
24. 要查找各种信息源，看哪种最有用。
25. 未能立即获得某一信息尚可，而不识好的信息源则实可悲。
26. 要决定演说中有多少要点。
27. 演说务必结束于一个强劲有力、积极向上的要点上。
28. 构思演说时要清楚界定一个要点的结束和下一个要点的开始。
29. 不要过频变换语调，这样听起来很假。
30. 要记住写讲稿不同于听人念讲稿。

31. 找出表达同一意思的不同方式，选用最自然的一种。
32. 对讲稿引用的东西要严格挑剔。
33. 千万不能将演说构思写得太繁杂，以免令人费解。
34. 讲稿每张纸仅需打或写一面，并用大号字体。
35. 写完讲稿务必逐页编号。
36. 在坚挺纸张或索引卡上记提要。
37. 每次排练时都用选定演说时用的视听辅助。
38. 首次要求听众看视听辅助时，应停顿。
39. 幻灯片需编号以免混乱。
40. 可以用卡通画使严肃话题轻松。
41. 可以在投影幻灯片的边框上写按语。
42. 演说时非用不可的视听信息应该一式二份。
43. 要排练：忘记某点在讲稿上的位置而又能设法找到。
44. 练习用正常语调、最大音量清楚地说。
45. 要变换演说节奏并判定哪种节奏最有效。
46. 听众是你的盟友，都想从你这儿学到一些东西。
47. 如果你举止自然，听众就会对你热情。
48. 要像看待一小伙听众一样看待大量听众。
49. 可以照镜子研究自己，看给人什么印象。
50. 不能穿戴任何分散注意的东西。
51. 演说时手不能插在口袋里。
52. 身体语言必须反映说话内容。
53. 要学会放松脸部肌肉并微笑。
54. 演说时应穿舒适的鞋子。
55. 头发千万不能垂到脸上。
56. 演说前可以含一粒薄荷味或蜂蜜味的糖。
57. 可考虑练瑜伽功以加大呼吸深度。
58. 练习变换若干句子的语调。
59. 自我伸展并想象你比实际高。
60. 试以端坐不动的姿势放松 10 分钟。
61. 罗列出令你对演说紧张的因素。
62. 仅在笑得自然的时候微笑。勉强的笑总显得虚假造作，令人不信。
63. 演说前夜睡个好觉，以使自己精神饱满。

64. 每次演说前都要例行这种临场仪式。
65. 可想象自己在作一流演说。
66. 可利用某些紧张能量活跃演说。
67. 深呼吸，放松，微笑，然后慢慢地开始演说。
68. 讲稿每次不能多看，要集中注意于演说流利。
69. 每当讲到要点时都要短暂停顿。
70. 讲段大家喜欢的、不跑题的趣闻逸事可缓解紧张。
71. 可与某位你觉得易接近的人进行最初的目光接触。
72. 要不失时机地与听众中某人进行目光接触。
73. 关键数词要重复，如“15个星期，十……五……个星期。”
74. 不要怕用大手势和长停顿。
75. 不要让视觉辅助显示过久，这样会分散听众注意。
76. 不要草草收场，好似要匆匆离开一样。
77. 每次演说都要以一个精彩有力的总结收场。
78. 总结时，要用同声共韵制造感染力。
79. 总结与问答之间要有休息。
80. 要尽可能多地听先讲的人演说。
81. 要让听众知道你很了解他们的感情。
82. 可于常规间顿中提问以使听众发言。
83. 请注意悄悄抬起掩饰呵欠的手。
84. 注意脚拍地的声音，这是一种强烈的不耐烦表示。
85. 可找你的朋友对练即席问答。
86. 无论听众提问的语气或目的如何，你都要保持冷静。
87. 对羞怯或紧张的提问人要鼓励道：“提得好！”
88. 将怀有敌意的提问转给提问人自己或听众回答。
89. 要向全体听众，而不是仅向提问人回答。
90. 要用知识赢得听众。
91. 要小心避免以听众的恩人自居。
92. 对确信会提的问题要预先准备一两个较长的回答。
93. 请记住敌意针对的是你的观点而不是你个人。
94. 应当避免过长的目光接触，那样可能激怒人。
95. 如果你讲的是事实，就应当摆出证据说服人。
96. 如果你坐着演说，这时应该起立以维护自己的权威。

97. 要尽量发现一些你与听众的共同点。

98. 可指引提问人找其他信息源。

99. 即使没人提问也要等待。

100. 要说真话，因为听众会很快识别出虚假，从而有损于你的威信。

101. 要既处之悠然又保持警惕，这样你便会得意于你的演说。

第五节　国际公共关系

一、国际公共关系的含义

国际公共关系是指一组织针对本国以外公众所进行的公关活动或对国外有着显著影响的公关活动。

在企业中，国际公共关系是指企业为增进公众的信任和支持，利用传播手段以及各种形式的国际交往，树立企业的良好形象，协调企业与社会、企业与消费者，以及企业与其他同行关系的活动。

二、国际公共关系的影响因素

1. 在开展国际公关时要遵循国际交往的国际惯例、当地的法律法规和我国对外开放的总原则；

2. 要尊重当地的文化和风俗习惯，力求实行本土化策略；

3. 要注意不同的组织在开展国际公关时应运用不同的方法。

三、国际公共关系的传播意义

1. 发展国际公关，为对外开放服务；

2. 运用跨文化传播手段，促进组织形象的国际化。

四、国际公共关系的基本原则

1. 具备全球眼光，重视地方特色，遵守国际惯例；

2. 维护国家利益，相互尊重，平等互利；

3. 了解外国公众的态度及有关的经济、政治和社会情况，了解并善于运用外国公众经常接触的新闻传播媒介；

4. 运用跨文化传播手段，使自己的信息符合外国公众的语言、文化、信仰、习惯，从而为他们所接受。因为国际公共关系的实质是跨文化传播。

五、国际公共关系的趋势

1. 为适应新形式，求得公共关系自身的生存和发展，要充分利用现代信息技术改造和处理传统的关系问题；

2. 全球经济一体化要求公共关系首先要注意传播的国际化、一体化、多元化，追求“有效传播”；

3. 新世纪的公共关系运作需要改革，提高档次，重视信誉形象，树立高效、公正、专业化、优质服务的全球形象；

4. 中国公关界在新世纪面临的挑战和问题还包括同信息产业相结合，研究公共关系在信息产业化革命和现代工业化进程中如何发挥作用，在信息化社会和知识经济时代所带来的机遇和挑战中去充分展现公共关系的价值。

附：《国际公共关系协会行为准则》

一、国际公共关系协会成员必须竭诚做到以下各条：

第一条　为建设应有的道德、文化条件，保证人类得以享受《联合国人权宣言》所规定的诸种不可剥夺的权利作贡献。

第二条　建立各种传播网络与渠道以促进基本信息自由流通，使社会的每一成员都有被告知感，从而产生归属感、责任感、与社会合一感。

第三条　牢记由于职业与公众的密切联系，个人的行动——即使是私人方面的——也会对事业的声誉产生影响。

第四条　在自己的职业活动中尊重《联合国人权宣言》的道德原则与规定。

第五条　尊重并维护人权的尊严，确认各人均有自己作判断的权利。

第六条　促成为真正进行思想交流所必需的道德、心理、智能条件，确认参与的各方都有申述情况与表达意见的权利。

二、所有成员都应保证：

第七条　在任何时候任何场合，自己的行为都应赢得有关方面的依赖。

第八条　在任何场合，自己均应在行动中表现出对他所服务的机构和公众双方的正当权益的尊重。

第九条　忠于职守，避免使用含糊或可能引起误解的语言，对目前及以往的客户或雇主都始终忠诚如一。

三、所有成员都应力戒：

第十条　因某种需要而违背真理。

第十一条　传播没有确凿依据的信息。

第十二条　参与任何冒险行动或承揽不道德、不忠实、有损于人类尊严与诚实的业务。

第十三条　使用任何操纵性方法与技术来引发对方无法以其意志控制因而也无法对之负责的潜意识动机。

综合训练

□知识训练

1. 什么是公共关系广告？公关广告的特点和类型是什么？
2. 国际公共关系工作的原则是什么？在新时期下国际公关有哪些新趋势？

□能力训练

1. 自拟演讲题目、演讲词并在班级发表一次演讲。
2. 学习写作贺电、感谢信和求职信等公关书信。

第十二章　外经贸礼仪文书

学习提示

本章节的学习是为了让学生了解礼仪类文书的含义和作用，礼仪文书的特点，理解礼仪类文书的写作要求和写作注意事项。重点引导学生掌握邀约类、庆谢类文书、迎送类文书的格式和写作。

第一节　礼仪文书概述

一、礼仪文书的含义

礼仪文书，是指社交礼仪方面的书面文字材料。在社会生活的交往中，人与人之间、人与组织之间、组织与组织之间用来调整、改善和发展相互关系的书面文字，就是礼仪文书。

礼仪文书是现代社交礼仪的基本方式之一。在现代社会中，个人之间，机关、企事业单位及社会团体之间时常发生各种交往，有时就用书面形式沟通、联络，如邀请客人出席招待会、开业典礼、座谈会、宴会、交易会、沙龙、学术讨论会的柬帖；迎来送往、欢送告别、喜庆场合的欢迎词、答谢词、欢送词、祝酒词；向有关单位及公众宣布事项的启事；还有书信、名片、题词及婚丧寿诞方面的文书等。礼仪文书不仅用于交际，也关系到个人的工作效率和交际活动的效果，乃至事业上的成败。

二、礼仪文书的特点

（一）交际性

作为社会交往、礼仪活动的文体，礼仪文书主要体现交际双方（有时可能是多方）的愿望、喜好、情感，反映的是一种双边关系，只不过它是用书面的形式来进行互相接触、互通信息、交流情感，以便能达到相互了解、彼此吸取对方的长处和积极因素的目的，为增进友谊、加强合作、促进人际关系的和谐起催化剂作用。礼仪文书富含感情。礼仪文书是在社交场合、人际交往中使用的，它既要表示出应有的礼貌，又要具有感染力，因此感情都比较真挚、充沛、热情和亲切。

（二）礼节性

礼仪文书注重“以礼相待”，强调因人、因事、因地、因时地待人接物。在对人生的各种美好祝愿上，多以全社会通行的人生重大礼仪方式进行，像婚嫁礼仪、生辰寿筵礼仪、丧祭礼仪、节日庆典礼仪，在日常交际应酬中的小礼，如迎来送往、寻求访见、宴请聚会、答谢辞行、邀约请托、问候抚慰、致谢道歉、勉励规劝等等，大多是用书面的文字材料加上礼仪活动，来充分地展示丰富的礼仪内容。

（三）规范性

礼仪文书一般都具有比较固定的格式和用语，是一种比较规范化的文体，有时要特别注意。礼仪文书的写作要注意做到以下几个方面：一要热情、亲切、充满感情；二要有礼有节、不卑不亢；三要符合一定的身份、地位和场合。礼仪文书大都简洁明快，篇幅一般比较简短，语言精练明快，表达的意思直截了当，不故弄玄虚，不有意渲染。

三、礼仪文书的作用

礼仪文书多种多样，我国古代就广泛地使用，尤其是改革开放的现代。中国作为文明古国，礼仪之邦，在与国际友人的交往中，在国内人民团体之间的交往中，礼仪文书的使用更加频繁，而且也非常讲究。因为它不仅是表示礼仪的形式，而且是沟通感情、密切关系的桥梁。它可以增强友好气氛，显示彬彬有礼的风范。礼仪文书在社会交往中起着不可忽视的重要作用。

第二节　聘书、邀请函

一、聘书

（一）聘书的含义

聘书也称聘请书，是用来聘请本单位或外单位人员担任本单位某项职务或承担某项任务时使用的专用文书。聘书的作用在于：一方面是为了向应聘人表示敬重；另一方面也是为了守约。

（二）聘书的特点

1. 明确性

发给应聘者的聘书，一般应写明受聘者担任的职务、聘期、工作职责、工作条件、工作要求等，有利于工作任务的圆满完成。

2. 协作性

聘书能加强各部门的横向联系，是交流人才，调配力量，加强协作的重要手段，有利于人力资源的合理配置，更好地做到人尽其才。

3. 信任性

聘书可以作为应聘者担任某项职务或承担哪项工作的凭证。

（三）聘书的写作

1. 写作要求

(1) 明确工作职责。聘书要交代清楚聘请人姓名、担任何种职务，承担某项工作及聘期，不能含混不清。

(2) 语言文字要简洁。聘书只需写清有关内容，不做细致说明，具体细节可在聘用合同中写明。

(3) 形式庄重。聘书是以单位名义发出的，故必须加盖公章方为有效。

2. 写作方法

聘书篇幅短小，行文简洁，内容概括，常用以下格式：

(1) 标题

在聘书的封面或内页首行正中写上“聘书”或“聘请书”的字样即可。有的还另署名称，如“××公司聘书”。若聘书是折页纸，一般有彩色硬塑封、封底，封面正中印有“聘书”或“聘请书”字样，在内页仍写有“聘书”或“聘请书”字样。

(2) 称谓

在正文之前顶格写明受聘者的姓名，在姓名之后加“同志”，“先生”等称呼，也有的把此项放到正文中写，不另起行，如“兹聘请××……”。

(3) 正文

聘书正文一段到底，其内容包括：聘请原因（有的不交代），受聘者担任的职务或负责的工作，聘用单位对受聘者的要求和希望，聘期起止年、月、日，受聘者的待遇酬金（有的不写）。

(4) 结尾

正文之后的结尾处写上表示敬意、致谢的文字，如“此致敬礼”，“不胜感激”等，以示对受聘者的尊重。

(5) 署名和日期

结尾下方写上聘用单位全称，在单位名称下方署上颁发聘书的年、月、日。最后加盖公章。

【例文一】

聘　书

兹聘请赵××同志为××家电集团维修部总工程师、主任，聘期自×年×月×日至×年×月×日，聘任期间享受集团高级工程师全额工资待遇。

××家电集团（章）
×年×月×日

【例文二】

聘请书

为提高我院的科研水平，本院成立了科研项目评估.委员会，特聘请×××教授为该委员会学术顾问，指导我院的科研工作。

此致

敬礼！

××市社会科学院（盖章）
院长：×××（盖章）
×年×月×日

二、邀请书

（一）邀请书的含义

邀请书即邀请信，又称请帖，请柬。是用来邀请对方参加本单位（或本人）举办的纪念会、订货会、物资交流会、学术报告会以及婚宴等有关活动时使用的一种公关应用文件。

（二）邀请书的写作

1. 写作要求

写作邀请书应直截了当，邀请谁，邀请做什么写出来即可。邀请书要交代清楚有关事项，如邀请对方参加学术报告会，并让被邀请者会上发言，应在邀请函中注明，以便做好准备。邀请书用语要简洁、明确、热情、庄重。

2. 写作方法

邀请书写作格式包括：标题、称谓、正文、署名和时间。

（1）标题

标题，在封面或第一行居中写上“邀请书”，或“请柬”字样。

（2）称谓

称谓即被邀请单位或个人的名称或姓名、职务、职称，另起一行，顶格书写。

（3）正文

正文应写明活动的内容、时间、地点，如有参观和文艺活动，还应附上入场券；如有宴请，应写明“敬备菲酌”字样，并写明地点和时间；如需乘车乘船，应交代路线及有无专人接站等。

（4）署名

邀请单位（或个人）名称，写于正文右下方。

（5）时间

在落款署名的右下方写明发出邀请书的年、月、日。

【例文】

北京舞蹈学院2009届毕业生供需见面会邀请书

尊敬的用人单位：

北京舞蹈学院将于2009年3月19日～21日隆重举行“2009届毕业生供需见面会”，为此我们诚挚地邀请您的光临，并衷心感谢贵单位对北京舞蹈学院就业工作的支持和信任！祝愿贵单位事业蒸蒸日上，愿我们能携手并肩，共同为中国的文化艺术事业多做贡献！

北京舞蹈学院是我国舞蹈教育最高学府，世界知名的舞蹈院校，多年来为国家培养了众多优秀的舞蹈表演、编导、理论、教育和相关管理人才，遍布在国内外各个地区，北京舞蹈学院被誉为“舞蹈家的摇篮”。现有在校研究生和本科生共1300余人，设有中国古典舞、中国民族民间舞、芭蕾舞、舞蹈编导、舞蹈学、社会舞蹈、音乐剧、艺术传播、艺术设计等九个系，还有继续教育学院、舞蹈考级教育管理中心、青年舞团和被国家列为重点中专的附属中等舞蹈学校。

为做好2009届毕业生就业工作，我院就业指导中心对西部、沿海部分用人单位进行供需调研，通过就业指导课鼓励毕业生赴西部、沿海及地方基层就业。供需见面会期间，我们将提供应届毕业生的专业简介和基本情况，并分专业进行精彩的毕业生专业展示，还提供现场招聘的平台。我们衷心地期待贵单位的到来。

第三节　祝酒词、欢迎词、答谢词

一、祝酒词

（一）祝酒词的含义

祝酒词是国家机关、企事业单位、社会团体的领导人以及个人在喜庆佳节、外宾初至或个人纪念庆典时，举行宴会前，所发表的表示热烈欢迎和诚挚感谢的讲话文稿。

（二）祝酒词的写作

1. 写作要求

（1）祝酒词的写作要具有针对性，要掌握出席者的情况，这是祝酒词遣词造句的主要依据。

（2）祝酒词措词要得体，符合一定的对象、场合，尤其是外交场合的祝酒词更应体现这一点，既要措词谨慎，表明立场，又要感情真诚，气氛友好。

（3）篇幅简短，语言精练，感情色彩浓烈而又把握分寸。

2. 写作方法

一篇完整的祝酒词的结构，包括以下四部分：

（1）标题

祝酒词的标题一般由致词场合、致词人及职务和文种四个部分组成。如《在国庆招待会上××主席祝酒词》，几个部分的排列顺序可有变化，也可酌情简化。

（2）称谓

祝酒词的称谓即是对出席者的称呼。称呼要热情友好，可以加上头衔，或表示欢迎尊敬的词语，并注意称呼的准确性和包容性。

（3）正文

正文是祝酒词的主体部分，可以分层表述：一是致词者在什么情况下，代表谁，向出席者表示欢迎、感谢和问候。二是回顾过去，概括已往所取得的成就及其现在的变化和发展。三是放眼全局，展望未来，联系当前面临的光荣而艰巨的使命等。

（4）结尾

结尾另起一行，写上“现在（最后），我提议……”或者是祝酒词语“干杯”后面用感叹号作结。

【例文】

李肇星部长致祝酒辞

（欢迎参加朝核问题北京六方会谈的各国代表）

各位团长、朋友们：

我代表中国政府，欢迎各位来北京参加六方会谈，祝贺会谈的举行。

钓鱼台曾是中国清朝一位年轻皇帝送给他一位老师的礼物，是一个充满善意和可能给这里的人带来好运气的地方。

身处此地，一种历史感会油然而生。

这座花园目睹过许多重大外交事件。在这里，通过对话，冰山可以消融，敌意可以化解，信任可以培育。钓鱼台历史的最好启迪就是：和平最可贵，通过对话争取和维护和平最可贵。

进入新世纪，各国人民更加渴望和平与发展、友谊与合作。但东北亚地区仍未完全摆脱冷战阴影。

朝鲜半岛核问题的发生，在使我们面临挑战的同时，也为有关各方尽释前嫌，实现东北亚持久和平与稳定提供了机遇。

今天的会谈就是各方求同存异、增进互信和和解的难得契机，值得珍惜。

中国古诗曰：“任凭风浪起，稳坐钓鱼台”。这里的钓鱼台泛指世界各国的钓鱼台，也包括我们所在的这个钓鱼台。希望并相信各位同事将以自己的远见、智慧、耐心、勇气和对和平事业的诚意寻求共赢。

为此，我提议，为北京六方会谈成功，为大家在钓鱼台“稳坐”愉快，为和平、健康干杯！

二、欢迎词

（一）欢迎词的含义

欢迎词是在宾客初到、设宴洗尘或在隆重典礼、喜庆仪式、公众集会上，欢迎宾客光临时，由主人出面，对宾客表示热诚欢迎时使用的讲话稿，有时欢迎词和祝酒词可以互用。

（二）欢迎词的写作

1. 写作要求

（1）欢迎词对宾客的称呼要用尊称，在姓名前面可以加上头衔或亲切的词语，不可用简称或代称。

（2）用语上要表现出礼貌待客，诚恳热情尊重对方的风俗习惯，不讲对方忌讳的话。

（3）内容上要注意有礼有节，巧妙、恰当地表达自己的原则立场。

（4）结语部分要求比祝酒词简练一些，只写上表示欢迎、祝愿的话即可。

（5）篇幅要简短，语言要精确、友好、热情。

2. 写作方法

欢迎词与祝酒词有很多相似的地方，所以在结构安排上、格式上可参考祝酒词。

【例文】

致××董事长的欢迎词

尊敬的××董事长先生，尊敬的贵宾们：

××董事长先生与我们合资建厂已经两年，今天亲临我厂对生产技术、经营管理进行指导，我们表示热烈的欢迎。

两年来我们感到高兴的是，我们双方合资建厂、生产、经营管理中的友好关系一直稳步向前发展。

我应当满意地指出，我们友好关系能顺利发展，是与我们双方严格遵守合同和协议、相互尊重和平等协商分不开的，是我们双方共同努力的结果。

我相信，通过这次××董事长亲临我厂进行指导，能进一步加深我们双方相互了解和信任，更能进一步增进我们双方友好合作关系的发展，使我厂更加兴旺发达。

最后，让我们以热烈的掌声，向董事长表示欢迎！

三、答谢词

（一）答谢词的含义

答谢词是在国际、国内比较隆重地欢迎、欢送客人的活动中使用的讲话稿，客人对主人的盛情接待表示衷心的感谢，用答谢词。

（二）答谢词的写作

1. 写作要求

（1）写作答谢词要特别注意礼貌、热情、诚恳、真挚，要表达出内心的真情实感。

（2）答谢词措词要委婉，致词中既要表示亲切友好，又不能丧失原则立场，这就要求用语严谨，准确，慎重，要将自己的原则、立场通过巧妙婉转的方式表达出来。

（3）答谢词要篇幅短小精悍，语言简练明快活泼，语气热情友好，要表现出谦虚和礼貌。

2. 写作方法

答谢词一般包括标题、称谓、正文三部分。

（1）标题

答谢词的标题有两种写法，一种是只写“答谢词”即可，另一种是在“答谢词”之前加上修饰、限定性的词语，这种修饰、限定性的词语一般由致词人的姓名、职务和会议名称组成。

（2）称谓

答谢词的称呼要用尊称，一般是在姓名前加上表示亲切的修饰语，如“尊敬的”、“敬爱的”、“亲爱的”等，在姓名后加上职务、职称等，称呼对方姓名要用全称。

（3）正文答谢词

正文分开头、主体、结尾三部分。开头部分，写感谢之类的话。主体部分，写双方之间的交往与友谊，双方合作取得的成就，写来访的意义与收获。结尾部分再一次表示衷心的感谢，并要写出表示祝愿与希望的话。

【例文】

加拿大淡水鱼研究所所长的答谢词

女士们，先生们：

我荣幸地代表来自世界各地21个不同国家的科学家，在这里答谢陈教授刚才热情洋溢的欢迎词。

使我感到特别荣幸的是我能代表所有参加此次国际会议的外宾讲话，因为这是我们第一次有幸在中国参加这一学术会议。

我感谢大会组织委员会对我们的邀请，感谢他们为这次会议的准备工作所付出的辛勤劳动和心血。我们刚到武汉不久，但大会的计划组织工作已给我们留下了深刻的印象。我们同时也感谢中国主人对我们的盛情厚谊。

科学是不分国界的，科学使我们走到一起。我希望今后几天的接触交流将使我们大家感到满意。看到这样盛大的国际聚会，我感到愉快，我向参加今天会议的所有人员表示祝贺。我相信他们的研究工作达到了本领域的高水平。

陈教授，谢谢你热情的欢迎词，同时也感谢你们埋头苦干的组织委员会。此外，我们还要感谢武汉市政府和人民，因为他们为了我们在这里过得愉快和留下深刻的印象已经做了并且还在做大量的工作。

谢谢！

第四节　贺电、致敬电

一、贺电

（一）贺电的含义

贺电是公共关系中的一种应用文，是用于对节日、寿辰、成绩、胜利等喜庆的事情表示祝贺、称颂的一种电文。它常以领导机关或领导人、知名人士的名义发给有关国内外的组织机构、社会团体或个人，多用于国际国内的重要会议召开，某一组织的成立，重大工程的竣工，某一重要研究项目的成功等等。贺电可直接发给对方，又可以登报、广播。

（二）贺电的写作

1. 写作要求

贺电写作要注意以下三点：

（1）语言精练，篇幅短小。

（2）态度鲜明，感情真挚。

（3）拟稿迅速，拍发及时。

2. 写作方法

贺电写作包括开头、正文、署名三个环节。

开头顶格书写收电单位名称或个人姓名和称呼。正文简要说明祝贺什么事项，包括重大成就及其重大意义，对将来的希望与要求以及表示祝贺的心愿。署名在正文右下方，写明发电单位或个人姓名，并写明发电的年、月、日、时。

【例文】

中国出版杂志社致《读者》杂志社的贺电

《读者》杂志社：

我们怀着十分欣喜与钦佩的心情通知您，贵刊在刚刚结束的“中国期刊奖”暨“第二届全国百种重点社科期刊”评选中荣获“中国期刊奖”暨“第二届全国百种重点社科期刊”称号。在此，向贵刊表示衷心的祝贺与诚挚的敬意。

处于世纪之交的“中国期刊奖”与“第二届全国百种重点社科期刊”的评选，是本世纪最后一次对全国期刊界的检阅，承先启后，继往开来，预示着新世纪中国期刊业进一步繁荣、腾飞的灿烂前景。吮吸着悠久历史的芬芳，化育着时代奋进的精神，祝愿贵刊早日成长为中国期刊之林的一棵参天大树。

中国出版杂志社敬贺

1999 年 11 月 29 日

二、致敬电

（一）致敬电的含义

致敬电是公共关系中常常用到的一种应用文。它是向对方表示敬意和谢意的电报。多用于重要会议结束时或喜庆的日子里，或者在某项生产、科研取得重大成果时，以集体的名义给有关单位或个人发电。

致敬电有两种类型：一是在重大会议结束时以大会全体成员的名义向国家政府或中央机关及其领袖发出的致敬电；一是在喜庆日子或取得重大成就时，向有关领导机关发出的致敬电，它具有致敬和报喜的双重作用。

（二）致敬电的写作

1. 写作要求

致敬电的写作，要求必须符合发电者的身份、地位、职业等特点，做到感情热烈，饱满朴实，致敬电的内容要求具体、真实、合情合理，表述要恰到好处。语言要求精练、准确、力求辞清意显。

2. 写作方法

致敬电写作，一般包括五个环节，即标题、称呼、正文、结尾、署名和日期。

（1）标题

致敬电的标题在第一行正中间书写“致敬电”三个字，字体稍大而且醒目。

（2）称呼

致敬电的称呼在第二行顶格书写，写上收电单位或领导人的名称，在姓名和职务前，可加上“敬爱的”等限制语，表示亲切和尊敬。

（3）正文

致敬电正文一般包括三个方面内容，一是向对方的关怀、支持和鼓励表示由衷的感谢和敬意；二是具体叙述由于对方的关怀和帮助才能在某些方面取得显著成就，正是致敬电的主要内容；三是表示今后的愿望与决心。

（4）结尾

另起一行空两格写祝愿或表示敬意的话。如“我们向您致以崇高的敬礼”等等。

（5）署名和日期

在结尾的右下方写明发电单位或个人姓名，在署名下边注明年、月、日。

【例文】

党的十一届七中全会给刘伯承同志的致敬信

敬爱的刘伯承同志：

我们，正在举行中国共产党第十一届中央委员会第七次全体会议的同志，谨以全会的名义，向您致以亲切的问候和崇高的敬意！

从一九四五年在延安召开党的第七次全国代表大会以来，您是历次党代表大会的代表，都当选为中央委员会委员。由于年龄和健康状况，您不能再参加即将召开的党的第十二次全国代表大会，也不能再继续担任党和国家的领导职务。您对中国革命的贡献和崇高的品德，将为我们全党所永远怀念和敬佩。

您在青年时代就投身于辛亥革命和反对北洋军阀的战争，就是一位英勇善战的爱国军人。在党的领导下，您发动四川泸（州）顺（庆）起义，又参与发动和领导南昌起义，您是中国人民解放军的缔造者之一。土地革命战争时期，在反"围剿"战争和二万五千里长征中，您作为中央军委总参谋长，迭挫强敌，战功卓著，并同张国焘的分裂活动进行了坚决斗争。抗日战争时期，您转战华北敌后，发展人民游击战争，是创建晋冀鲁豫根据地主要领导人之一。解放战争时期，您正确执行党中央的军事部署，在一九四七年率领十万大军渡过黄河，挺进中原，构成了我军战略反攻的光辉篇章。您在一系列重要战役中，特别是在上党、平汉、淮海、渡江战役中，在进军解放西南战役中，表现出了卓越的军事才能。您为战胜日本帝国主义，打败国民党反动派，创建中华人民共和国，建立了不朽功勋。建国以后，您为培养我军的高级指挥干部付出了辛勤劳动，为建设现代化、正规化的革命军队作出了新的重大贡献。您的指挥艺术和作战谋略是毛泽东军事思想的重要组成部分。您不愧是身经百战的元帅，马克思主义的军事理论家，坚强的无产阶级革命家。

您忠于祖国，忠于人民，忠于共产主义事业。十年内乱期间，您身患重病，仍关心党和国家安危。您勤奋学习，严守纪律，从不居功自傲。您艰苦奋斗，廉洁奉公，先天下之忧而忧，后天下之乐而乐，与人民群众和士兵同呼吸，共命运。您的高尚品德，在党内外深孚众望。全党、全军和全国各族人民一定永远铭记您的功绩，您永远是我们的学习榜样。

我们党即将举行的第十二次全国代表大会将在马克思列宁主义和毛泽东思想指导下，总结经验，制定实现新时期任务的方针和措施；通过新的党章；选举新的中央委员会，使我们党中央成为更加朝气蓬勃的战斗指挥部，领导全国人民为全面开创社会主义现代化建设的新局面而努力奋斗。毫无疑问，老一辈无产阶级革命家艰难缔造的事业必将得到新的发展。这是我们可以向你保证和告慰的。

衷心祝愿您长寿！

中国共产党第十一届

中央委员会第七次全体会议

一九八二年八月六日

第五节　讣告、悼词、唁电

一、讣告

（一）讣告的含义

讣告亦称“讣闻”或“讣文”。它是把某人不幸去世的消息通知死者的亲属、好友和有关方面的一种应用文体。讣告的基本形式有三种，即普通式、公告式和新闻报道式。党和国家领导人或知名人士去世，一般用公告、消息照片等形式，通过报纸、广播、电视予以公布，这实际上是更为隆重、更高规格的一种讣告形式。但最为常见的是普通式讣告，它可以张贴在死者所在单位，也可以印成单张作为报表通知，送达有关人士。

（二）讣告的写作

1. 写作要求

讣告的写作要注意以下三点：

（1）语言要求准确、简练、严肃、庄重，以寄托人们的哀思，体现悼念之情。

（2）要准确掌握死者的逝世情况，生前主要经历以及丧事安排的具体内容。

（3）对死者的评价要非常慎重，有些方面，需经有关领导的研究审定，方可正式印发。

2. 写作方法

讣告一般由标题、正文、署名和日期组成。

（1）标题

讣告的标题在首行正中写上“讣告”二字，正楷书写，字体稍大，如果用铅字排印，则用黑体。

（2）正文

正文是讣告的主体部分，通常包括三层意思：一是写明死者的职务、姓名，逝世的时间、地点、原因和终年岁数。“终年”用法比较普遍，而用“享年”多是长辈或人们尊敬的知名长者。二是简介死者的生平事迹。三是写明举行吊唁或召开追悼会的时间、地点及有关注意事项，最后以“特此讣告”或“谨此讣文”作结。

（3）署名和日期

讣告的署名在正文右下方，写明发讣告个人的姓名或团体名称。在署名下方写明发讣告的时期。

【例文】

中国共产党中央委员会

中华人民共和国全国人民代表大会常务委员会

中华人民共和国国务院

公告

中国共产党中央委员会、中华人民共和国全国人民代表大会常务委员会、中华人民共和国国务院以极其沉痛的心情宣告：我国爱国主义、民主主义、国际主义和共产主义的伟大战士，杰出的国际政治活动家、卓越的国家领导人、中华人民共和国名誉主席、中华人民共和国全国人民代表大会常务委员会副委员长宋庆龄同志因患慢性淋巴细胞白血病，于一九八一年五月二十九日二十时十八分在北京逝世，终年九十岁。宋庆龄同志的逝世，是我们国家和全国人民的巨大损失。决定为宋庆龄同志国葬，以表达我国各族人民的沉痛悼念。宋庆龄同志治丧委员会已经成立。

我国爱国主义、民主主义、国际主义和共产主义的伟大战士，卓越的国家领导人宋庆龄同志永垂不朽！

一九八一年五月二十九日

二、悼词

（一）悼词的含义

悼词是追悼会上向死者表示悼念与哀思的文辞。一般由死者单位的某一领导人或具有一定身份的人在追悼会上宣读，目的在于寄托对死者的哀思，化悲痛为力量，以激励生者。

（二）悼词的写作

1. 写作要求

悼词写作时应注意：

（1）对死者的评价要实事求是，既不要夸张渲染，文过饰非；也不要随意贬低，抹杀功绩，更不能苛求死者。

（2）语言要简洁、朴实、庄重。

（3）对死者要饱含深情，沉痛悼念，但不要感伤悲观，要以化悲痛为力量作为基调，激励生者奋发前进。

2. 写作方法

悼词的写作一般按照以下两个环节：

（1）标题

在起草过程中，悼词的标题常用“悼词”二字作为临时标题，而在报刊发表时，常用《在×××同志追悼会上的悼词》为标题，标题下用括号注明致词的确切日期，并写明致词者的姓名。

（2）正文

悼词的正文一般包括四个层次：一层表明以什么样的心情，悼念谁。介绍死者生前的身份、职务、逝世原因、时间、终年岁数。第二层次介绍死者的简历，以简洁的语言追述死者的生平。介绍死者的籍贯，生年，经历，以及生平业绩和主要贡献。第三层次是对死者作出评价，要对死者的功绩作出总的评价，也可以从几个方面概括死者的高尚品德和突出贡献。第四层是结语，表示对死者的悼念，并向与会者提出希望，激励生者。最后以“永垂不朽”、“精神永存”、“愿×××同志安息”结尾。正文部分以记叙死者生平业绩为主，适当地结合议论和抒情，着重阐述死者的思想、品德，激发人们学习死者的崇高思想和优秀品德。

萧三同志追悼会悼词

1983年2月4日9时55分，中国共产党优秀党员萧三同志与世长辞了。我们党失去了一位老一代的无产阶级革命家，一位杰出的无产阶级文化战士，国际著名诗人，一位为中国革命和世界革命、为保卫世界和平和促进各国人民的友谊和文化交流作出了积极贡献的政治活动家和国际活动家。此刻，我们的心情非常沉重和悲痛。

萧三同志1896年10月10日生于湖南省湘乡县萧家冲。少年时代，他曾和毛泽东同志在湘乡县东山小学同学，之后一起在长沙湖南第一师范求学。他和毛泽东、蔡和森等同志一起创建了“新民学会”，并为毛泽东同志主办的《湘江评论》撰稿。此后，他参加了“五·四”运动。1920年与赵世炎等同志一同赴法国勤工俭学。在法期间，他参加了以“实行社会革命，改造中国与世界”为宗旨的“工学世界社”的组织工作，加入了赵世炎、周恩来等同志组织的“少年共产党”（即“社会主义青年团”）。1922年他经胡志明同志介绍和王若飞等五位同志加入法国共产党，同年转入中国共产党，协助陈乔年、邓小平等同志出版刊物《少年》1923年到莫斯科东方劳动者共产主义大学学习。1924年1月与任弼时等同志代表中共莫斯科支部参加了列宁的葬礼及护灵活动。同年夏回国。曾任共青团湖南省委书记、中共湖南省委委员、共青团北方区委书记、中共张家口地委书记、共青团中央组织部部长和代理书记等职。1927年参加上海工人三次武装起义的筹备、组织工作，同年出席中国共产党第五次全国代表大会，1945年出席党的第七次全国代表大会。全国解放后，先后出席了第一、二、五届全国人民政治协商会议和第一、二届全国人民代表大会，并当选为第五届全国政协常委。

萧三同志对中国无产阶级文艺运动和世界各国人民的斗争以及文化交流事业作出了重要贡献。早在1928年，他在莫斯科东方大学任教期间，就开始从事文学活动。1930年他作为中国左翼作家常驻代表，出席了在苏联哈尔科夫举行的国际革命作家会议，并主编该会刊物《世界革命文学》的中文版。1934年他出席了苏联作家第一次代表会议，会见了高尔基，并代表中国左翼作家联盟作了大会发言。经我党组织批准他参加过苏联共产党，担任过两届苏联作家协会党委委员。在苏期间，他与鲁迅保持着密切的通讯联系，并通过文艺作品向全世界介绍了中国工农红军、土地革命及其领袖人物，写了毛泽东、朱德等同志的传略，写了大量的诗歌、散文和一些小说、报告文学等作品，被译为俄、保、英、德、法、西、日、捷等多种文字，在国际上产生了广泛的影响。

萧三同志的作品，充满高度爱国主义和国际主义精神，歌颂党和党的领袖，揭露国民党反动派，反映了国内外人民的革命斗争。他坚持文艺的革命性、战斗性和群众性，力求使文艺和革命血肉一体。他的《毛泽东同志的青少年时代》一书，一直在我国人民中广泛流传，同时也受到国外读者的重视和欢迎。由他主编《革命烈士诗抄》及其续集，成为进行革命传统、革命理想和革命情操教育的宝贵教材。他坚持诗歌民族化与大众化的方向，努力探索革命文艺的道路，积极宣传、实践毛泽东文艺思想，为中国新文学和新诗歌的成长、繁荣，付出了毕生的辛勤劳动。他的主要诗集有：《和平之歌》、《友谊之路》、《萧三诗选》、《伏枥集》，俄文诗集《湘笛集》、《我们的命运是这样的》、《埃弥·萧诗集》、《萧三诗选》等。萧三同志是著名的文学翻译家，是广为流传的《国际歌》歌词的主要译者之一。为了密切配合革命斗争的需要，他翻译了剧本《马门教授》、《新木马计》、《光荣》和影响广泛的剧本

《前线》以及《列宁论文化与艺术》等名著。

萧三同志对我国文学运动的贡献是多方面的，他长期担任文艺界各种领导职务，做了大量的工作。1939 年春回延安后，任鲁迅艺术学院编译部主任、陕甘宁边区和延安文协常委，文化俱乐部主任、中共中央宣传部文委委员，并主编《大众文艺》、《中国导报》和《新诗歌》等杂志。1946 年任华北文协主任。全国解放后历任中国文联委员、中国作协书记、顾问、作协外国文学委员会主任和国际笔会中心副会长等职，为我国文学事业的发展作了长期不懈的努力。

萧三同志又是一位著名的国际文化活动家和保卫世界和平的战士。他曾担任中华人民共和国文化部对外文化联络事务局局长、中国人民对外文化协会常务理事、中国人民保卫世界和平委员会委员、中苏友好协会副总干事、世界和平理事会常务理事及书记处中国书记，并常驻书记处工作两年。作为一位著名的文化战士和中国人民的和平使者，常年奔走于世界各地，出席历届保卫世界和平会议，访问过许多国家，两次出席亚非作家会议。参加了亚洲及太平洋区域和平会议，为保卫亚洲和世界和平做出了有益的贡献。

萧三同志一贯坚持马克思列宁主义、毛泽东思想，坚持社会主义，时刻以普通党员的标准严格要求自己，尊重组织，关心群众。1962 年他把自己主编的《革命烈士诗抄》全部编辑费上缴。1981 年又把《萧三诗选》的全部稿费捐赠给四川灾区人民。

在十年内乱中，萧三同志受到林彪、江青、康生一伙的诬陷和迫害，被非法关押七年多，他和“四人帮”及其爪牙进行了面对面的斗争，无情地揭露和谴责了“四人帮”和康生的阴谋活动。恢复自由以后，他虽然已是八十高龄，体弱多病，但始终以老骥伏枥的精神顽强工作，还尽力参加各种社会活动。晚年，他写了大量的革命回忆录和诗歌。他在辛勤劳动和与疾病顽强斗争中走完了他生命的最后历程。病危期间，他还认真学习党的十二大文件，表示完全拥护党的十一届三中全会以来的党的路线方针、十二大的决议，他念念不忘未竟的事业。去年 12 月 4 日他口授了一封给胡耀邦同志的信，再次表达了这位老革命家对党的无限忠诚。他写道“……我是无限感激也无限惭愧：我要为党做的事都没有做完。我的诗文集，特别是延安以来的日记还没有头绪，命在旦夕时，我不曾想到死。开始清醒时，我想到的第一件事，也是这批资料，我一定要把它贡献给党，决不能‘带走’。我为此同疾病奋战，坚持自己的誓言：生命不息，战斗不止……趁我还有余力，还有记忆，请求再帮助我一次：组成几个人的班子，加速完成上述资料整理工作，一旦此事告终，我死也瞑目。”

胡耀邦同志迅速批准了他的要求，并向萧三同志转达了他的殷切希望和关注。萧三同志是中国人民和我们党的忠实儿子，是世界进步人类的忠实朋友，他为中国人民的革命事业和人类的进步事业奋斗了一生，鞠躬尽瘁，献出了自己的一切。我们要学习他对敌斗争的顽强精神、一丝不苟的工作作风、热爱人民的高尚品质、严于律己的崇高精神。萧三同志永远是我们学习的榜样！

萧三同志和我们永别了！我们要化悲痛为力量，在十二大精神鼓舞下，为把我国建设成为一个高度民主、高度文明的社会主义现代化国家，为开创我国社会主义文学事业的新局面，为促进中外文化交流，为发展同各国人民的友好事业和保卫世界和平，而努力奋斗！

三、唁电

（一）唁电的含义

唁电是公关应用文的一种。它是向丧家表示吊唁的电文。拍发唁电主要是由于发电单位或个人与丧家相隔较远，惊闻噩耗之后，又不能前往吊唁，就以唁电的形式来表达慰问之意。唁电有两种类型：一是以机关团体名义向丧者亲属或所在机关、团体、单位拍发的。这种唁电的对象多属重要领导人或在某市和建设中曾经有过卓著贡献的政治家、科学家、文艺家以及英雄、模范、先进工作者。二是以个人名义向丧家发的唁电。这是唁电者与逝世者生前交往甚密，志同道合，或深受其关怀、教诲与帮助，在惊闻噩耗后，又相隔两地，谨以唁电表示吊唁和慰问。

（二）唁电的写作

1. 写作要求

唁电的写作一要感情深沉，纯朴自然，既催人泪下又不可滥用修饰语；二要在叙述死者生前的功绩、品德、情操时突出本质，把握主流，不可本末倒置；三要语言精练、文字简短。

2. 写作方法

唁电的写作包括开头、正文、结尾、署名和日期几部分内容。

（1）开头

唁电的开头写明致唁电单位名称或丧者家属名称。

（2）正文

唁电的正文有四层意思：第一层次表达惊闻噩耗传来后的悲痛心情；第二层以沉痛的心情简述死者生前的光辉业绩，高尚品德，激起人们的缅怀之情；第三层次表示哀者要继承其遗志，学习与发扬其伟大精神的决心和行动；

第四层次向丧者家属表示慰问。

（3）结尾

唁电的结尾常以“特电慰问”或“肃以电达”作结。

（4）署名与日期

唁电的署名在正文右下方，写明发电者单位名称或个人姓名；在署名之下写清年、月、日。

【例文】

毛主席就埃得加·斯诺先生逝世致斯诺夫人的唁电

夫人：

获悉埃得加·斯诺先生不幸病逝，我谨向你表示沉痛的哀悼和慰问。

斯诺先生是中国人民的朋友。他一生为增进中美两国人民之间相互了解和友谊进行了不懈的努力，做出了重要的贡献。他将永远活在中国人民心中。

毛泽东

一九七二年二月十六日

致许广平女士的唁电

上海文化界救国联合会转许广平女士鉴：

鲁迅先生逝世，噩耗传来，全国震惊。本党与苏维埃政府及全苏区人民，尤为我中华民族失去最伟大的文学家，热情追求光明的导师，献身于抗日救国的非凡领袖，共产主义苏维埃运动之亲爱的战友，而同声哀悼。谨以至诚电唁。深信全国人民及优秀的文学家必能赓续鲁迅先生之事业，与一切侵略者、压迫势力作殊死的斗争，以达到中国民族及被压迫的阶级之民族和社会的彻底解放。

肃此电达

中国共产党中央委员会

苏维埃中央政府

一九三六年十月廿二日

综合训练

□知识训练

一、填空题

1. 欢送词从表达方式上可分为（　　）欢送词和（　　）欢送词。

2. 写贺信时要注意感情要（　　），内容要实事求是，不要（　　）。

3. 祝词的特点具体表现在：（　　）、（　　）和（　　）等方面。

4. 欢迎词的标题一般由（　　）、（　　）和（　　）三个要素构成。

二、选择题（每个选择题有四个待选答案，其中至少有一个是正确的）

1. 申请书的特点包括：

A. 单一性　B. 有惯用的格式　C. 专业性　D. 官方性

2. 欢送词核心部分的内容包括：

A. 回顾和阐述双方在合作或访问期间的基本情况

B. 双方的合作和交流的重要性和深远意义

C. 双方的合作和交流者对合作事项的意见分歧及领导的态度

D. 向来宾表达今后增进友谊、加强合作的愿望

3. 请柬的写作要注意：

A. 真实具体的地点、时间

B. 文字简洁明了

C. 版式规范

D. 要求人们参加活动

4. 邀请书（信）的特点有：

A. 确指性　B. 法定性　C. 礼仪性　D. 揭示性

5. “我市是一个贫困地区，在这次会议期间，可能给大家带来了许多不便，敬请原谅。预祝大会圆满成功！”一句用于：

A. 开幕词　B. 闭幕词　C. 欢迎词　D. 竞选演讲

6. 对“年近四十的我对人生、对事业也有自己的感悟”一句分析不正确的是：

A. 谈内心的感受，进一步以情动人

B. 谈个人的经历，表明经验丰富

C. 谈内心的感受，表明感情丰富

D. 谈内心的感受，表明思想深刻

7. 欢送词是行政机关、企事业单位、社会团体或个人国家机关或单位在公共场合欢送友好团体或亲友出行时致辞的讲话稿，所以它具有：

A. 计划性　B. 总结性　C. 口语性　D. 确指性

□能力训练

一、修改下面这份欢迎词，并说明修改的理由。

××学院旅游管理系的部分师生去慈湖宾馆参观学习，宾馆总经理在欢迎仪式上致词。欢迎词如下：

欢 迎 词

尊敬的各位教师、各位同学们：

在此谨代表本宾馆的全体员工欢迎阁下同志们光临慈湖宾馆。

慈湖宾馆坐落于风景秀丽的东湖岸边，三面环水，环境幽雅。具有岛国风情，是岳川市委、市政府接待和开放的窗口。希望我们的服务能够让阁下有宾至如归的感觉，在此将宾馆内设备及服务向你们作一介绍。

我们将忠诚地为阁下服务效劳，并希望你们能够提出宝贵意见。

慈湖宾馆

总经理谨致

二、下面这份请柬有毛病，请予以修改。

兹定于二零零×年×月××日上午×时，为犬子×××举行隆重的婚礼，届时敬请光临。

敬启

恭　请

×××同志

三、文体写作

1. 大学三年毕业在即，请代表你班起草一份请柬，邀请有关领导和任课教师出席毕业典礼、毕业合照和毕业聚会活动。班名、时间、地点自拟。

2. ××省高职高专学生社会实践交流会将于2009年8月22日在×市开元大酒店举行，请你以×市开元大酒店总经理的名义写一篇祝词。

3. ××职业技术学院院长带领分院酒店管理系的部分师生到北京万盛酒店参观学习，受到了酒店领导和员工的热情欢迎和款待。万盛酒店在师生到来时召开了欢迎会，临别时召开了欢送会。请你为酒馆总经理写一篇欢迎词和欢送词，为院长写一篇答谢词。

1. 翟年祥，丁乐飞．公共关系教程（第2版）．合肥：安徽大学出版社，2006.
2. 宋俊华．应用写作学教程．广州：广东人民出版社，2005.
3. 孙玲，秦万山．财经应用文．北京：对外经济贸易大学出版社，2001.
4. 张晔，王粤钦．新编财经应用写作（第三版）．大连：大连理工大学出版社，2006.
5. 赵新战．应用文写作．西安：西北出版社，2004.
6. 张秉钊．新编应用文写作．广州：中山大学出版社，2005.
7. 邱宣煌．财经应用文写作．大连：东北财经大学出版社，2001.
8. 马述明．应用文写作．北京：中国电力出版社，2006.